与大象对话

改变行为的设计体验

[美] 朱莉·德克森（Julie Dirksen） ◎著

刘文勇 ◎译

TALK TO THE ELEPHANT

Design Learning for Behavior Change

Authorized translation from the English language edition, entitled *Talk to the Elephant: Design Learning for Behavior Change*, ISBN:978-0-13-807368-8, by Julie Dirksen, published by Pearson Education, Inc., Copyright © 2024 by Julie Dirksen.

All rights reserved. No part of this book may be reproduced or transmitted in any form or by any means, electronic or mechanical, including photocopying, recording or by any information storage retrieval system, without permission from Pearson Education, Inc.

Chinese simplified language edition published by China Machine Press, Copyright © 2025.

Authorized for sale and distribution in the Chinese Mainland only (excluding Hong Kong SAR, Macao SAR and Taiwan).

本书中文简体字版由 Pearson Education（培生教育出版集团）授权机械工业出版社在中国大陆地区（不包括香港、澳门特别行政区及台湾地区）独家出版发行。未经出版者书面许可，不得以任何方式抄袭、复制或节录本书中的任何部分。

本书封底贴有 Pearson Education（培生教育出版集团）激光防伪标签，无标签者不得销售。

北京市版权局著作权合同登记　图字：01-2024-1457 号。

图书在版编目（CIP）数据

与大象对话：改变行为的设计体验 /（美）朱莉·德克森 (Julie Dirksen) 著；刘文勇译 . -- 北京：机械工业出版社，2025.2. -- ISBN 978-7-111-77434-1

I. G442

中国国家版本馆 CIP 数据核字第 2025Z7N170 号

机械工业出版社（北京市百万庄大街 22 号　邮政编码 100037）
策划编辑：张　莹　　　　　　　　责任编辑：张　莹　王华庆
责任校对：高凯月　杨　霞　景　飞　责任印制：常天培
北京铭成印刷有限公司印刷
2025 年 5 月第 1 版第 1 次印刷
185mm×205mm・12.5 印张・254 千字
标准书号：ISBN 978-7-111-77434-1
定价：79.00 元

电话服务	网络服务
客服电话：010-88361066	机　工　官　网：www.cmpbook.com
010-88379833	机　工　官　博：weibo.com/cmp1952
010-68326294	金　书　网：www.golden-book.com
封底无防伪标均为盗版	机工教育服务网：www.cmpedu.com

译者序

本书深入浅出地探讨了人们是如何学习的，以及怎样的学习设计才能够有效促进知识的吸收并据此改变行为或习惯，旨在指导包括但不限于教师在内的"学习设计者"，利用行为科学的基本原则来创造更有效的学习体验，并据此促进行为改变。

作为一名老教师，我时常揶揄自己，"将自己的想法植入别人的脑袋"。这显然是一句俏皮话，但却道出了教师所面临的困境：在任何时候，改变一个学生的行为都是极度困难的，如果不是完全不可能的话。这种无力感几乎伴随着我的整个教学生涯。

即便你不是教师，只要你是一个"改变学习行为"的设计者，这本书仍然适合你。比如你可能是一个想要让自己的同事遵循某一种特定工作流程的项目运营者，或是一个想要说服玩家尝试与过往完全不同的行为模式的游戏策划者，甚至只是一个想要改变自己的生活状态，尝试养成良好习惯的积极生活者。我想如果我们愿意，这个适合阅读本书的读者列表还可以变得更长：所有尝试通过学习改变行为的人，无论是主动者还是设计者，都能从这本书中汲取养分。

"改变行为"显然是一件极度困难的事，但令人吃惊的是，我们似乎没有接受足够的学习就开始了这份世界上最困难的工作。我们总是在工作中碰了壁才反应过来这份工作——"通过设计学习过程来**改变行为**"有多么困难，才开始思考自己能够接受何种培训、阅读哪些书籍。尽管我们都曾接触过古代伟大教育家的教育理论，从孔子的"闻斯行诸"到苏格拉底的"产婆术"，但这些理论往往与现代社会的教学设计挑战有些距离。朱莉·德克森的这本书就像是一座桥梁，连接了理论与实践，为我们提供了操作指南，可帮助我们更有效地设计学习模式和流程。这本书在深奥的学术理论与直接的教育实践设计之间找到了一种微妙的平衡，使其成为一本极具实践性的手册。

我希望每位读者都能从这本书中获得启发，正如我自己在翻译过程中所得到的那样。另外，作为译者，我在翻译这本书时遇到了一些与文化及背景相关的挑战，譬如朱莉·德克森常常提及自己的美国中西部背景，因而不擅长谈判。这是因为美国中西部的文化通常被认为是比较保守、传统的。在这种文化中，人们通常认为应该避免冲突、尊重权威。这种文化可能会导致大家在谈判中表现得比较被动、不自信，从而影响谈判的结果。在书中，我尝试使用"译者注"的方法来做此类情况的解释说明。

如果你愿意与我交流你通过本书所获得的启发，或者想与我进行更多的沟通，欢迎在 Bilibili 上与我联系，我的账号用户名为"文勇图书馆"，我也会在 Bilibili 上尝试用更多的视频课程来和大家共同进步与学习。

刘文勇

2024 年 4 月 1 日于清华园

前　言

你可能会问:"本书的目标读者是谁?"

其实,如果你此刻正在网站上预览本书的部分内容,或者你正在书店里考虑这本书对自己是否有用。这个问题很合理。

本书读者对象

本书是为创造学习体验的人准备的。更具体地说,是为那些旨在通过设计、创建或实现学习体验改变自身或学习者行为的人准备的。

创造学习体验的涵盖范围很广,可以包括:

- 针对食品服务工作者的"安全程序培训"课程。
- 金融服务网站上关于"如何为退休储蓄"的教程。
- 帮助初中教师学习"如何支持学生积极沟通的特质"的课程。
- 针对大学生"在线学习技巧"的课程。
- 针对老年人"如何保持身体强壮和灵活性"的社区教育课程。

你可能已经注意到,这份清单主要是关于成人学习体验的。我从事学习材料的制作大约 30 年了,参与的项目几乎都是面向成人受众的,要么是在职场,要么是在高校。

尽管在本书中讨论的很多内容也适用于学龄儿童,但那并不是我的专长领域,所以我不会就如何将这些材料应用到哪些年龄段发表意见。

当我在写这本书时，行为设计这一领域在各个组织中迅速扩张。像"行为设计师"和"行为策略师"这样的角色在许多组织和咨询公司中越来越常见（目前主要是咨询公司）。虽然我不清楚这个领域将如何发展，但我认为有理由假设培训和指导将继续在许多行为改变计划中发挥作用。本书的目的不是教授行为设计师如何进行教学设计，但当他们所设计的"干预部分"依赖于创建有效学习材料时，书中将有许多选项供他们参考。

本书组织结构

每年有数十亿美元用于职场培训，其中大多数都是为了让参与者在离开培训环境并返回工作场所后能有所不同。

目前还不清楚这些培训在支持行为改变方面的成效，但我认为"我们可以做得更好"并不是什么有争议的观点。在过去的十几年里，行为科学领域有大量新的研究出现，但很少有研究被应用到学习领域和高等教育中。

此外，培训和教育通常是行为科学家设计的干预措施的一部分，将教学设计与行为设计相结合可以让这些学习体验更加有效。

在本书中，我分享了一些工具和策略，以帮助人们创建支持行为改变的学习材料。下面是每一章内容的简要概述：

- 第 1 章 "与大象对话"：解释了为什么本书的书名是"与大象对话"，以及当我们试图帮助人们应对复杂的行为改变的挑战时，我们需要如何以不同的方式思考进行学习设计。
- 第 2 章 "系统视角"：行为改变通常需要非常细致地关注行为，但过于细致的关注可能会使我们忽略更多的系统性原因。本章分享了如何同时考虑特定行为和影响该行为的更广泛系统的案例。
- 第 3 章 "沿着改变之路前进"：改变是一个过程，而非一个独立事件，本章涵盖了改变的各个阶段以及如何在改变过程的不同点上支持学习者。
- 第 4 章 "传达价值"：大多数学习领域的专业人士都需要传达 WIFFM（对我有什么好处），但我们通常在传达价值时未能达到预期的效果。本章将探讨大象是如何感知价值的,以及如何制作学习材料来帮助学习者接受行为改变。

- 第 5 章 "理解动机":这一章涵盖了一些最有用的动机模型,以及如何构建学习体验以支持内在动机、自主性和主动性。
- 第 6 章 "分析行为":分享了如何构建框架、排列优先序和选择行为,以及如何使用"行为改变轮"和"COM-B 模型"来分析一个行为。
- 第 7 章 "确定是不是培训问题":从事学习工作的专业人士经常面对的问题并不总是真正的培训问题。本章讨论了一些最常见的培训问题,并探讨了我们能做什么、不能做什么。
- 第 8 章 "映射解决方案":本章探讨了如何采用 COM-B 对行为进行分析,并将分析结果映射到不同类型的行为改变干预措施中。
- 第 9 章 "运用说服和激励技巧":本章举例说明了与说服和激励相关的行为改变技巧。
- 第 10 章 "计划、实践和反馈":本章举例说明了与计划、实践和反馈相关的行为改变技巧。
- 第 11 章 "环境和社会支持":本章举例说明了与环境和社会支持相关的行为改变技巧。
- 第 12 章 "价值观和身份":本章举例说明了与价值观、身份和所有权相关的行为改变技巧。
- 第 13 章 "负责任的设计":本章探讨了行为设计中涉及的伦理问题,以及确保尽可能负责任地进行设计的方法。
- 第 14 章 "综合应用案例":本章通过一个案例,展示了如何使用到目前为止讨论过的所有工具,并将其应用于特定的行为改变挑战中。
- 第 15 章 "真实世界的例子":为了总结本书,我们将听取行为学习设计者的意见,并检验行为设计过程的不同实例。

本书写作缘由

当别人问我从事什么工作时,我通常会说"我是一名教学设计师"。大多数时候,这常使听者略带困惑地歪着头并犹豫地回答"好的……"(其他的教学设计师知道我描述的情形)。我的研究领域是"教学系统技术",我从事成人学习材料和体验的设计工作近 30 年，并有 15 年在研究生院研究人机交互——我们现在更常称之为 UX（用户体验）设计。

21 世纪初，我对行为设计产生了兴趣，因为我觉得我的工具箱里缺了点什么，在过去的十几年里，我通过书籍、媒体、研究论文、实际应用和正式的研讨会，对行为设计的原理和模型进行了深入的学习。

许多关于行为设计的书籍都出自学术研究人员之手，他们将自己的研究成果转化为大众读物，这是一件了不起的事情。然而，即使是写得最好的行为科学书籍，也很难将其与应用领域中的实用指导联系起来。我不是一名研究人员，而是一名试图将研究转化成实际应用的实践者。我试图以谦逊的态度对待所有这些主题，并强烈建议在你的环境中与你的受众一起测试任何建议或解决方案。某件事在一个环境中有效并不意味着它对你也会有效，但这些概念和模型确实为你提供了一个解决问题的起点。

感谢你阅读本书，祝你好运。

Julie

目 录

译者序

前　言

页码	章 / 标题
2	**第 1 章　与大象对话**
4	1.1　为什么明知应做而不为
4	1.2　人的天性
5	1.3　学习促进但不决定行为改变
6	1.4　其他重要因素
6	1.5　认识大象
7	1.6　大象与骑手的区别
8	1.7　大象与骑手的视角
11	1.8　既要与骑手对话，也要与大象对话
12	1.9　本书示例
13	1.10　关键要点
13	参考文献
14	**第 2 章　系统视角**
16	2.1　系统问题的解决与系统结果的归因
18	2.2　系统思维
24	2.3　调整一个系统
25	2.4　如何影响行为改变项目
25	2.5　如何影响学习设计
26	2.6　关键要点
27	参考文献

页码	章 / 标题
28	**第 3 章　沿着改变之路前进**
30	3.1　改变过程如何影响学习设计
31	3.2　方法 1：对整个过程进行设计
31	3.3　方法 2：与所处的阶段相配（因材施教）
32	3.4　方法 3：沿途留下工具
32	3.5　改变阶段
34	3.6　改变阶梯
38	3.7　学习之旅
42	3.8　关键要点
43	参考文献
44	**第 4 章　传达价值**
46	4.1　描述价值
50	4.2　计算价值
65	4.3　邮件影响培训的例子
70	4.4　关键要点
70	参考文献
74	**第 5 章　理解动机**
76	5.1　只是懒惰吗
77	5.2　创造条件使他人自我激励
77	5.3　动机的持久性
77	5.4　内在动机和外在动机
80	5.5　动机理论

页码	章 / 标题
84	5.6　动机作为一个连续体
94	5.7　培养动机的策略
98	5.8　与学习者交流
98	5.9　关键要点
98	参考文献
102	**第 6 章　分析行为**
104	6.1　行为改变轮
112	6.2　明确行为
114	6.3　COM-B 模型
117	6.4　使用 COM-B 分析行为
119	6.5　关键要点
120	参考文献
122	**第 7 章　确定是不是培训问题**
124	7.1　问题诊断：原因是什么及学习的作用
125	7.2　缺乏反馈
127	7.3　目标不明确
129	7.4　忘记现有的行为习惯
130	7.5　对后果或大局不了解
131	7.6　缺乏环境或流程支持
132	7.7　焦虑 / 恐惧 / 不适
134	7.8　对能力缺乏信心
135	7.9　不信任
136	7.10　社会证明
137	7.11　缺乏自主权 / 主导权
139	7.12　习得性无助
140	7.13　不恰当的激励
141	7.14　缺乏身份或价值观的一致性
143	7.15　情绪反应
144	7.16　总结洗手案例

页码	章 / 标题
144	7.17　案例：大学毕业生的人际网络
145	7.18　关键要点
146	参考文献
148	**第 8 章　映射解决方案**
150	8.1　认识米格尔和丽莎
151	8.2　干预类型
153	8.3　COM-B 与干预类型的映射
154	8.4　行为改变技术
155	参考文献
156	**第 9 章　运用说服和激励技巧**
158	9.1　认识 Evan
160	9.2　行为改变技术
170	参考文献
172	**第 10 章　计划、实践和反馈**
174	10.1　认识安吉丽卡
176	10.2　行为改变技术
193	参考文献
194	**第 11 章　环境和社会支持**
196	11.1　认识安
198	11.2　行为改变技术
206	**第 12 章　价值观和身份**
208	12.1　认识内特
210	12.2　行为改变技术
221	参考文献
222	**第 13 章　负责任的设计**
224	13.1　行为改变设计中的伦理问题
229	13.2　需要提出的关键问题
230	参考文献

页码	章/标题
232	**第 14 章　综合应用案例**
234	14.1　认识 Rita
234	14.2　理解挑战
236	14.3　选择一种或多种行为
242	14.4　研究与分析
243	14.5　哪里遇到困难
244	14.6　是不是培训问题
244	14.7　使用 COM-B 模型
245	14.8　干预领域
247	14.9　选择 BCT
248	14.10　学习策略
250	14.11　格式选择
251	14.12　实施计划
251	14.13　评估
251	14.14　总结
252	参考文献

页码	章/标题
254	**第 15 章　真实世界的例子**
257	15.1　项目 1：在卢旺达培养妇女的创业技能
263	15.2　项目 2：MindGym 领导力发展
266	15.3　项目 3：澳大利亚体育诚信——运动员反兴奋剂教育
271	15.4　项目 4：为 BecomeAnEX.org 设计的数字应用（Truth Initiative 的一部分）
275	15.5　项目 5：Harness Hero 及行为改变游戏
278	15.6　项目 6：Project Valor——利用社交媒体营销推广虚拟 HIV 咨询和转诊
287	**总结**

第 1 章

Talk to the Elephant

与大象对话

我们在其中遇到了大象并解开了一些非常人性化的难题

当人们知道应该做什么,但仍然没有做时,你会怎么办?

我是一名教学设计师。这意味着我设计的学习体验有助于人们学习和记住应该做什么。但当学习和记忆不足以解决问题时,你会怎么做?当你的学习策略工具箱无法帮助你解决实际问题时,你又会怎么做?

如果人们知道答案但仍然没有这样做,意味着这实际上并不是一个知识问题。如果不是知识问题,那么更大声、更加强调地告诉人们同样的事情可能也不是解决方案。

在成长过程中,我们在学校里获得的学习体验更多地侧重于学习和记忆,因为我们的教育系统注重培养学生必要的基础技能,以便他们能够在生活或工作中继续学习并掌握更复杂的技能。随着人们年龄的增长,教育体验的重点从基础技能转向生活或工作场景的应用。当你在工作中参加培训时,重点几乎完全从"知"转向了"行"。

因此,如果一个学习体验创建了知识但没有加强落地实践,那么也许我们需要考虑用其他方式来设计学习体验。

1.1 为什么明知应做而不为

那么为什么人们明知应该做某件事情却不去做呢?除了帮助人们学习和记住材料之外,我们还需要哪些工具?这些将是本书要解决的主要问题:

- 如何诊断和理解行为发生或不发生的原因?
- 如何设计支持和激励行为改变的学习体验?

本书还讲述了如何识别在什么情况下"学习确实不是解决问题的方案"。

1.2 人的天性

那么,人们不去做应该做的事是因为天性固执、无知或懒惰吗?

不是。

也许我应该对此稍作扩展。天性固执/无知/懒惰这个观点存在几个问题,我将在整本书中讨论它们。

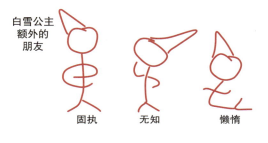

人们有一种倾向，即将其他人的行为归因于他们的天性，而将自己的行为解释为环境所致。例如，你会相信一个人在网上表现粗鲁是因为他本质上就是一个粗鲁的人，但如果你自己表现粗鲁，那只是因为那个人通过发布一些极其愚蠢的东西激怒了你。

人们的天性可能确实会影响他们的行为，但还有许多其他因素也会影响他们的行为，而当你试图帮助人们改变行为时，试图改变他们的天性并不是时间或资源的最佳利用方式。如果你对你的受众及其处境持有轻蔑态度，那么你不太可能为他们设计出有用的解决方案。

1.3 学习促进但不决定行为改变

学习是改变行为的关键工具，但学习通常不是帮助人们改变行为所需的唯一因素。例如，我打赌你已经知道用牙线清洁牙齿是预防蛀牙和牙龈疾病的好方法。那么这种知识是否意味着你真的会使用或坚持使用牙线呢？也许你会（那对你来说是好事！），但也许你和我们大多数人一样，尽管心里有最好的意愿，但却并没有真的行动起来。

所以，再次强调，如果问题不在于知识（人们知道用牙线是个好主意），也不在于技能（许多知道如何有效使用牙线的人可能仍然不会经常这么做），甚至不在于动机（人们可能想要经常用牙线但仍然无法做到），那么更多关于用牙线的说教可能会改变这种行为吗？

这取决于具体情况。如果这种说教是指更大声、更加强调地告诉人们用牙线是个好主意，那么这种策略可能不会有帮助。如果这是改变行为的有效方式，那么大多数吸烟者都会戒烟，我们都会每天锻炼，我在写本书时也会一直保持着符合人体工学的正确姿势。

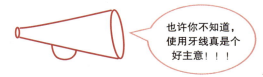

这并不意味着说教在促进良好口腔卫生方面没有作用。当然有作用，只是这不是我们唯一需要的，有些类型的教育体验将比其他类型更有效，这些我将在后面的章节中讨论。

1.4　其他重要因素

在"每日使用牙线"这个案例中，除了说教之外，还有许多其他影响因素：

- 能否轻易地拿到牙线？它是否容易找到？还是说牙线只是牙医给的那种小赠品，被放在浴室抽屉的最里面？
- 有专门用来使用牙线的时间吗？还是只有当牙齿之间夹了烦人的东西时才会想到它？
- 有某种提醒机制吗？若没有设置提醒，可以在手机或电脑上设置每日提示。
- 是否会把用牙线与已有的习惯联系起来？例如，当试图改善服用维生素的习惯时，会把维生素放在咖啡容器旁边，因为冲咖啡是一个非常稳定的现有习惯。
- 看到其他人用牙线了吗？通常是看不到其他人用牙线的，所以这对加强使用牙线没有帮助。
- 喜欢用牙线的感觉，还是觉得不舒服？若觉得用牙线很不错，这有助于使用牙线。

上述这些只是可能影响定期使用牙线的众多因素中的几个。那些没有学过用牙线的人，几乎肯定不会定期用牙线，但学会用牙线的知识只是整个问题的一部分。

1.5　认识大象

那么，本书的书名是什么意思呢？

社会心理学家乔纳森·海特曾提出一个隐喻。在他的《幸福假说》(The Happiness Hypothesis)一书中，他将大脑比作骑手和大象：

骑手是……有意识的、受控的思考。相比之下，大象则包括其他所有东西，如构成大部分自动系统的直观感觉、本能反应、情感和直觉。（Haidt, 2006）

他在谈论的是这样一个观点，即你的大脑有两个独立的部分——有意识的、语言的、理性的大脑和自动的、情感的、本能的大脑。

1.5.1 大象

我们的大脑和认知系统的某些部分专注于感知和察觉周边状况、在空间中导航、自动地做事以及情感反应等事情。在这个隐喻里，这些事物被统一归类为大象。

1.5.2 骑手

大脑中的"骑手"是大脑与身体其他部分进行内部对话的部分。这也是大脑解决数学问题、通过逻辑思考找到答案、小心谨慎并深思熟虑，以及为假设的未来事件做计划的部分。

许多使用这种双过程理论的决策模型都有这样一个观点，即我们的大脑有多个系统影响我们的选择和行为。丹尼尔·卡内曼在他的书《快思慢想》(*Thinking Fast and Slow*)中描述的系统 1 和系统 2，以及约瑟夫·勒杜的低路和高路认知概念就是两个例子。我偏好海特的大象与骑手的隐喻，因为我认为它很直观并且容易记住，但我会将几种不同的心理学理论和模型整合到本书中大象和骑手的概念中。

1.6　大象与骑手的区别

当我们设计学习体验时，我们倾向于与"骑手"对话。主要关于信息传递的学习体验是针对"骑手"的。例如,如果你曾经制作过一个主要由项目符号组成的演示幻灯片,那么你实际上只是在与"骑手"对话,而忽略了"大象"。

骑手和大象关注的事物非常不同:

骑手注意的事物:	大象注意的事物:
信息	个人经历
事实	你可以触摸、品尝、
程序	感觉的东西等
规则	故事
逻辑论证	情感

1.7 大象与骑手的视角

在本章开始时,我谈到了一个问题,即当某人知道应该做什么但仍然没有去做时会发生什么。这种情况经常发生在"骑手"和"大象"对某件事情的重要性持有不同看法时。

例如,让我们来谈谈安全眼镜。

我们经常看到有关在工厂、建筑工地、实验室及庭院等工作场所佩戴适当安全装备

以预防受伤的培训课程。与眼睛相关的伤害在不同的工作场所和家庭场景中每天都在发生，佩戴合适的眼部防护装备可以减轻或预防这些伤害。但是，是"大象"来理解这一点还是"骑手"来理解这一点呢？

去年我用一种喷雾泡沫产品来封闭我车库里的一些裂缝。这个插图或多或少地展示了我的"大象"和"骑手"之间的互动。

从理智上讲，我知道我不应该在没有适当的安全装备的情况下使用可能导致眼睛受伤的加压化学品。但根据我的个人经验，我在过去用类似的方法都没事，而且我真的不想花费时间去五金店购买。而且，我有一副旧太阳镜，嗯……你懂的。

幸运的是，我意识到只需在手机上点几下，就可以让人把安全眼镜寄到我家里，从那以后，我愈加频繁地佩戴安全眼镜了。

大象与骑手看待这个世界的视角不同，关注的事物也不同。

1.7.1 感性体验

与理智知识相比，大象更加关心感性或个人体验。

1.7.2 情绪与感觉

大象更容易受到情绪和感觉的影响。广告商对此非常清楚。下一个例子准确地反映了我的大象是如何看待蹦极的。

1.7.3 习惯与冲动

大象与习惯和自动行为密切相关,比如反射和冲动。这也是大象能保护我们的一部分原因,但当你需要用不同的行为来打破原有习惯时,这可能会成为一个问题。

1.7.4 当前的偏见

大象非常专注于当前发生的事情,更看重即时的回报,而不是那些需要额外努力或随时间推移才能获得的长期回报。

基于未来预测　　　　　　　　基于目前的偏见

1.7.5 重点：大象并不笨

我需要强调：大象并不笨，也不懒，也不一定是错误的。真正的挑战在于，大象有时候没有全局观念。它不能预测未来，也不会考虑后果，还可能会阻止我们付出必要的努力。（大象是个出色的拖延者。）大象所有的行为都源自功能性的需求，尽管这些行为在新的情境下并不总是具有功能性的。

例如，人对高热量密集食物的热衷是一种生存机制。食用甜的或油腻的食物可使人类祖先在狩猎和采集社会中生存下来。但当大象被转移到一个食物并不稀缺的新环境（例如，你常见的便利店）时，过去有用的冲动和习惯可能不再适用。这并不是说大象的冲动总是不好的，但它确实会带来一些挑战。

当骑手和大象不一致时，骑手通常可以暂时拖着大象走，但这样做很耗力并且通常会很快失败。更好的主意是看看有没有一种信息能同时吸引骑手和大象。

1.8 既要与骑手对话，也要与大象对话

过去，在学习设计中我们往往只关注与骑手对话，忽视了与大象对话。作为学习设计师，需要确保既要与骑手对话，也要与大象对话。

为了做到这一点，我们需要确保我们真正了解大象的情况。这比看起来要难。如果我们跳过真正了解大象感知和感觉的步骤，我们通常会解决错误的问题。我们需要确

保与设计对象交谈,并真正了解他们的需求和挑战。

我的前老板迈克尔·艾伦(一位著名的学习技术专家)曾经告诉我一个故事,是关于他如何鼓励他 90 多岁的父亲去健身房锻炼力量和稳定性的。

他父亲对此非常不情愿,费了很大劲才弄清楚这其中的原因。结果发现,并不是因为他父亲"不想付出努力"或"不认为健身是有价值的",而是因为他父亲认为他必须穿短裤去健身房,但他不喜欢穿短裤,尤其是在公共场所。

一旦他确信自己可以穿长裤,他就乐意尝试了。我想说的是,我们不能假设我们知道人们的"大象"在想什么。

在本书的其余部分,我们将查看有助于我们了解人们的"大象"和"骑手"可能发生什么的格式和框架,以及如何将其与学习设计中的策略相匹配。我们还将介绍一系列关于这一理论在不同情境下实践的访谈和示例。

1.9　本书示例

在开始之前,我想提一下本书中所使用的示例。我非常相信理解这些方法和技巧需要示例,并已在书中包含尽可能多的应用示例。

在本书的末尾将有关于实际案例的采访,但在本书的前半部分,我使用了与培训挑战相关的常见示例(涉及安全、合规性、财务、医疗等主题)。在某些情况下,这些示例与我作为一名教学设计师参与的项目有关(尽管特定细节已更改和虚构)。

需要注意的是,我并不是这些领域的专家。我已尽力请教专家或使用学术文献来核实细节,但我肯定会犯一些错误,对此我先在这里道歉。此外,事物会发生变化,未来几年的最佳实践可能会有很大不同。这一点适用于示例中的材料以及本书中的行为设计方法。行为设计领域仍然相对较新，毫无疑问会继续发展，因此本书的内容应被视为一个起点。

我已尽力使用尊重的语言和术语来描述书中的人和挑战，但语言变化迅速，因此我为任何可能出现的问题道歉，并欢迎任何关于如何可以做得更好的反馈。

让我们开始吧！

1.10 关键要点

- 无论你多么大声和坚定，都不能只是告诉大象要改变。
- 大象关注个人经历以及可以触摸、品尝、感受的事物。它对故事和情感有反应。
- 你猜不到大象关心什么。你必须与你服务的受众进行实际对话，了解他们的需求。

参考文献

Haidt, Jonathan. *The Happiness Hypothesis: Finding Modern Truth in Ancient Wisdom* (New York: Basic Books, 2006), 17.

LeDoux, J.E. *The Emotional Brain* (New York: Simon and Schuster, 1996).

Petty, Richard E., Cacioppo, John T. "The Elaboration Likelihood Model of Persuasion," *Advances in Experimental Social Psychology* 19 (1986): 124–129.

第 2 章

Talk to the
Elephant

系统视角

大象只是整个生态系统的一部分

2.1 系统问题的解决与系统结果的归因

2.1.1 培训作为系统问题解决的一部分

当一个系统出现问题时,"培训"几乎总是作为解决方案的一部分。以下是一些例子:

- 在 2018 年,为了处理有关星巴克员工歧视行为的投诉,星巴克咖啡公司让大约 8 000 家星巴克门店同时闭店一天,让大约 175 000 名员工参加了"旨在预防门店歧视的种族偏见教育"。
- 警察每年花费数千小时参加"武力使用"课程,旨在教导他们避免使用不必要或过度的武力。
- 每年都会有数十亿美元花费在诸如"领导力"培训等项目上。

不难看出,对于这些情况,培训很可能只是真正实现重大变革需要的一小部分。

2.1.2 系统的学习设计决定系统结果

有一句话我非常赞同:每个系统的学习设计都是为了获得想要的结果。

每当我们面对系统问题、挑战或困难时,始终值得提出以下问题:

- 造成系统结果的学习设计因素是什么?
- 系统的学习设计如何影响系统中人的行为?

当我们将结果归因于人们的态度(例如,"他们只是懒惰")或能力时,我们忽略了一个关键点,那就是通常有某种原因导致了某人的行为,如果我们不询问可能的原因,就会错过可能帮助其改变情况的重要数据。根据标准操作程序,一种行为可能是"错误的",但从某种意义上说它仍然是"正确的",因为在环境或系统中存在着某种导致该行为的功能性原因。

例如,一名店员可能会猜测物品的价格,而不是在顾客排队等待时按照官方流程检查价格。一些商店认识到,严格遵守像价格检查这样的程序可能会损害更大的目标,比如提供良好的顾客体验,因此他们故意允许店员在处理小额商品时行使判断权,以提供更好的顾客体验。

2.1.3 非理性和偏见

在行为改变方面,非理性和偏见的影响已经受到了很多关注。

有一些令人印象深刻的信息图展示了人的

认知偏见。关于人的非理性方面也出版了好几本书，这些书通常是有趣且富有娱乐性的，我们可以从中学到重要的东西，但它们也并不总是有用的。将这些偏见视为有趣的现象，忽视了它们与背景和环境之间的关系。丹尼尔·卡尼曼（因其对行为经济学的贡献而获得诺贝尔奖）在他的重要著作《思考，快与慢》中解释了一个谜题，用来测试他所描述的"懒惰系统2"：

一只球棒和一个球的总价为 1.10 美元。
球棒比球贵 1 美元。
那么球的价格是多少？

许多人会回答 10 美分，但实际答案是 5 美分，球棒价格为 1.05 美元（正好比球贵 1 美元）。卡尼曼在他的书中描述了"懒惰系统2"如何"分配注意力给需要费力的心智活动，包括复杂的计算"，但他接着解释说，"这个简单谜题的独特之处在于它引发了一个直观、诱人但错误的答案"。这就是卡尼曼所说的"懒惰系统2"。

因此，让我们看看这个问题在大象看来是什么样的：

- 这显然是个历史性问题。现在的球和球棒的价格要高得多，这是一个谜题。它不是一个真正的、具有实际意义的问题，所以对大象（指代某种象征或个体）来说，这有点无关紧要。

- 这是一个奇怪的方式。如果我想知道物品的价格，我永远不会用这种方式提问，也不会期望任何人为我提供两种不同物品的价格信息（物品一的价格比物品二高得多）。例如，如果我与某人分摊账单，我可能会比较两种类似物品的价格（例如，两杯葡萄酒），但我永远不会告诉任何人，"我的主菜比你的甜点贵 28 美元"。这种故意混淆的方式欺骗了大象。

- 它接近于我们习惯的方式。更常见的对话可能是：
  球多少钱？
  它的价格是 1.10 美元，而球棒需要 1.00 美元，所以……"
  你可能在生活中多次进行过类似的对话。你可能从未遇到过卡尼曼书中的那种提问方式。

- 这是微不足道的。对大多数人来说，正确答案（球价 5 美分）与直观答案（10

美分）之间的差异微不足道，所以这是一种后果不太重要的事情，因此人们不会花很多精力去弄清楚。这也在向大象传达一个信号，即答案并不是特别重要。

因此，这个例子向大象传递了几个信号，表明在这里"快速猜测一个答案"就已经足够了，而你认为这是"一种懒惰的行为"还是"一种高效的选择"取决于你看待这个问题的方式。

可能很多人会指出我错了。他们是对的，我并不是说人们弄错了事情并不重要。但如果我们问问自己他们弄错的原因——这是一个普通人永远不会使用的奇怪方式，而且所有信号都在告诉我们这是一个不值得关注的问题，即使弄错了也不会有多大后果——我们就会更好地了解如何识别人们需要提高注意力或面临错误风险的情况，以及如何帮助人们避免这些错误。

2.2 系统思维

在讨论某种行为时，我们如何将环境中存在的所有其他变量考虑在内呢？在本书后面的章节中，我们将专注于非常具体的行为，因为这种锐利的关注有助于我们分析和诊断，但过于细微的关注也可能导致我们忽略其他原因和解决方案。

唐妮拉·梅多斯是经典著作《系统之美：决策者的系统思考》(*Thinking in Systems: A Primer*)的作者，她将系统描述为"一组东西——人、细胞、分子或其他东西——以某种方式相互连接，以至于它们随着时间的推移产生自己的行为模式"。试图理解整个系统的复杂性可能会让人感到不知所措，但能够既关注个体行为又牢记整个系统对于任何严肃的行为改变工作来说，都是必要的平衡之举。

例如，我们知道塑料会导致许多生态问题，因此你可以将注意力集中在"人们需要始终如一地正确回收"这一狭隘的行为上。但值得一问的是，这种狭隘的行为是否会带来足够大的改变。也许人们更频繁、更准确地回收会显著改变现状，但我们可能需要从更宏观的角度来看待整个系统，并考虑回收设施的成本和可用性、再生塑料的市场、制造商使用更少塑料的激励措施等。

我们可以用系统映射这一工具来考虑系统如何运作。这种映射没有单一的方式，我在这里只使用最简单的示例。如果你想进一步探索这个主题，可以参考彼得·圣吉的《第五项修炼》和唐妮拉·梅多斯的《系统之美》。

彼得·圣吉解释说，构建块即强化过程、平衡过程和延迟过程。让我们来看一个强化过程。如果你在学习与发展或高等教育领域工作了一段时间，你可能非常熟悉"课后调查"。

下图显示了这个过程。评估数据应该被用来改进课程，从而提高评估分数。

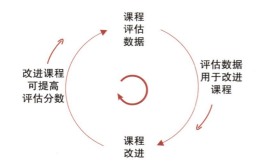

最终，当评估数据和课程质量无法再提高时，系统将会达到平衡。每个人都会受益！

理论上应该是这样运作的，但实际情况通常并不完全如此。我曾经看到一些组织的情况是，评估数据被收集起来之后并没有实际用处，只是象征性地存在。

如果一个系统应该按特定方式工作而实际情况并非如此，那么就值得问为什么。

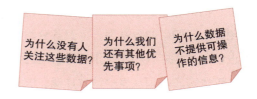

你可以深入研究这些问题，例如，询问为什么数据没有可操作性，或者谁应该负责关注这些数据。

假设你是职能部门的负责人，你决定让团队对所有数据进行评估并分配资源，以改进课程和业务成果。这听起来不错！但是，这当然还涉及其他事情，比如新项目的资源分配、利益相关者支持等。如果你再考虑这些因素是如何相互作用的，情况将很快变得复杂起来。

如果我们试图弄清楚这些因素是如何相互作用的,我们可能会发现,将资源分配给改进现有课程并不会增加团队的整体资源,因此这些资源必须从其他地方抽调。这意味着用于新项目的资源减少,这会让一些利益相关者不悦,从而导致新项目产生的业务成果下降和资金支持减少,因此你现在无法填补你指望用于支持改进的空缺职位。

仔细思考这些关系可以帮助你识别系统中的关键点,确定在哪些地方进行干预和调整来获得有益的改变。

系统视角有助于显示哪些地方改进得不够,哪里存在意外效应,或者哪里难以看到反馈可能会导致问题。

2.2.1 意外结果

任何行为改变干预措施都可能产生意想不到的结果。例如,大多数合规培训计划的预期结果是员工不会做违法或有问题的事情,或者在公司被起诉时具有法律辩护能力。

但是,如果我们创建了与受众不相关的合规培训,并且传递的信息是你只需要勾选完成框即可,那么我们可能不喜欢强制合规培训在不相关或不必要的情况下的意想不到的后果。

我与克里斯蒂安·亨特交谈过,他这样描述道:

在银行工作时,我经常感到沮丧,因为我的助手不得不接受与她无关的、她根本不理解的晦涩难懂的法规培训。这对她的工作没有任何帮助。所以她会坐在那里说:"这又是那些家伙们弄的另一个无聊的贸易课程了。"因此,即使是相关的培训,她也会坐在那里说:"这又是那些不懂我的白痴们搞出来的没用的东西,我要无视它。"我们正在教人们无视我们的培训。

我认为这一切的关键是我们正在与有感情的

人类打交道。因此,他们会对我们所做的事情做出反应。在试图评估我们的培训是否有效时,需要记住测试本身会向员工传递一个信号。如果你教给他们一些你声称很重要的事情,但随后评估却很愚蠢——你让他们只是鹦鹉学舌地重复你刚刚告诉他们的话或给他们一个"人人都知道"的测试——那并不是真正的测试,他们也会认识到这一点。因此,在试图测试效果时,我们往往会使情况变得更糟,并破坏测试中的主题。

2.2.2 反馈在哪里变得可见

在行为改变项目中,我们通常会决定一系列行为会产生预期的结果。这时,值得问一问:"行为的后果会在哪里变得可见?"

下面是一些行为示例:

- 销售人员应提高涡轮零件的销售量(期望结果:提高涡轮零件的销售量)。
- 医院的医疗提供者应根据政府指导方针洗手(期望结果:减少患者感染)。
- 当简的兄弟和侄女们来访时,她需要购买额外的牛奶(期望结果:早餐和其他餐点会有足够的牛奶)。
- 经理需要确保为新员工提供的薪资是公平合理的(期望结果:员工将根据其资质和责任得到适当的薪酬)。

行为的结果可以在不同的层面上显现出来。下面从个体、群体和系统三个层面来描述。

2.2.3 个体层面的结果

简的行为将在个体层面上变得可见。她将看到是否有足够的牛奶,或者她是否需要购买更多。在个体层面上,很容易观察到行为和结果。

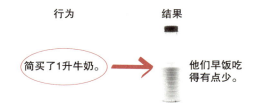

销售示例也可能是同样的情况。大多数组织都在个体层面上跟踪销售结果,因此我们可以看到特定销售人员的表现,如下图所示。

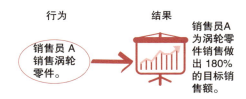

因此，购买牛奶和销售涡轮零件都在个体层面上有可见的结果。

2.2.4 群体层面的结果

有时，评估结果可能需要跨群体进行比较。例如，销售额达到目标的 180% 听起来很不错，但如果每个人都做得差不多，那就没那么令人印象深刻了。然而，如果销售团队中的大多数其他人的销售额都达到目标的 100% 左右，那么 180% 的销售额无疑是出色的。

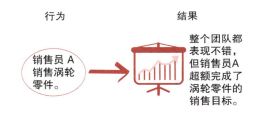

在大多数医疗机构中，洗手的结果在个体层面上非常难以衡量。在医院环境中，患者只与单一医疗提供者接触的可能性极低。实际上，影响只能在群体层面上才能可见。

由于在个体层面上几乎不可能看到结果，因此必须在群体层面上进行检查，但这可能还不足以进行比较。

如果一名经理正在雇用一名新员工，该经理可能有各种各样的理由来解释为什么新员工的薪资比目前做同样工作的人少 15%。新人可能经验较少或资历不同，或者现有员工可能已经在这个职位上工作了几年，并且多年来得到了绩效上的提升。

经理可能会根据部门内几个做相同工作且具有类似资历的其他人来判断薪资提供的公平性，或者他们也可能没有其他人担任相同的角色。

因此，销售目标、洗手行为和薪酬报价需要比较或汇总数据才能具有相关性。我们需要有一些比较的基础，才能知道销售额或患者感染率是否处于良好的水平，而如果不与类似的报价进行比较，就不能判断

单个薪酬报价是否公平。

2.2.5　系统层面的结果

有时，结果只能在整个系统层面进行评判。如果不能与类似医院或全国平均水平进行基准对比，医院可能不知道其感染率是否过高。当结果或后果在个体层面上可见时，专注于改变个体的行为变化将最为容易。

当你被要求设计针对行为改变的学习，而个体学习者无法获得反馈，因为没有系统可以衡量群体或系统层面的效果时，重要的是要认识到这将是一场艰难的战斗，你应该让利益相关者意识到培训本身可能不足以支持变革。

例如，如果没能比大多数招聘经理获得更多的数据，判断工作邀约的公平性可能会非常困难。

2.2.6　薪酬平等的例子

Salesforce 公司开始研究薪酬差距的问题。在《连线》杂志的一篇文章中，Salesforce 公司的首席执行官马克·贝尼奥夫和两名高级执行团队成员辛迪·罗宾斯和莱拉·谢卡提出了性别薪酬平等的问题，并建议对所有员工的薪酬进行审计。贝尼奥夫表示他们当时已经进行了几年的平等倡议，所以他没有期望审计会显示出很大的差距。

查看数据并不简单。他们"组建了一个跨职能团队，并与外部专家一起开发了一种方法，分析了整个员工群体，以确定是否存在无法解释的薪酬差异"。贝尼奥夫惊讶地发现，确实存在显著的薪酬差距，约 6% 的 Salesforce 公司员工需要调整薪水，总成本约为 300 万美元。他们发现，在接下来的一年里，他们不得不进行类似的调整（主要是因为收购的公司将自己原本的薪酬差距带了进来）。该公司发现这需要持续的努力，并在其网站上发布关于目标和进展的年度更新。

贝尼奥夫描述了薪酬不平等并非系统中故意为恶的人造成的。没有任何坏人正在策划以种族或性别为由向人们支付更少的工资。他将薪酬不平等描述为"商业中一个顽固而难以解决的问题"。他还解释说，解决薪酬不平等的原因与声誉无关，甚至与做正确的事情无关，而是因为根据麦肯锡公司和其他机构的研究，多样性和公平对商业有益。

这个例子的重点不是要推广薪酬平等（虽然我是支持者），而是要展示在这里专注于个体行为是不够的。多年来，我参与了许多多样性培训项目，这些培训都有像这样的学习目标：

管理人员将能够描述公平和平等对待的重要性。

管理人员将能够识别何为公平和无偏见的薪酬。

但在 Salesforce 公司的例子中，如果没有一个用于测量和纠正问题的系统，他们就无法清晰地看到问题。在初步审计之后，他们"设计了一套新的工作代码和标准，并将其应用到每一个新整合的公司"。有了这些措施，也许可以在个体层面上解决问题，因为与这些标准不符的差距将在个体基础上变得可见。

2.3 调整一个系统

行为改变的倡议通常被视为一个活动、一堂课或一个事件，但在 Salesforce 公司的例子中，他们发现一次纠正是不够的。相反，他们建立了持续的系统，并在他们的网站上每年公开发布他们的成果。

我们倾向于将培训课程视为一个"开始 > 学习 > 完成"的过程。你现在知道你需要学习的东西，然后继续进行下一件事或走出去并使用你的知识。

行为改变并不总是像这样，可能需要持续的努力来强化和调整。用一个恰当的比喻来讲，它不像一段旅程，而更像一个需要在生长时照料的花园或一个需要随着时间推移进行调整的恒温器。

如果这样说不太好理解，我们可以使用网络安全这个例子。行为是学习者应该创建强大的、唯一的密码。有一个非常有趣和引人入胜的课程，人们会想出他们能想到的最难的密码，每个人都准备做正确的事情。这种状态可能会持续六周左右，然后使用较弱、重复使用的密码的行为会开始重新出现。

我不想在这里深入讨论具体的解决方案，但有许多种行为可能永远不会有一次性解决的培训方案。

2.4 如何影响行为改变项目

如果你作为学习设计师被要求设计课程或资源来帮助解决系统中个人的行为，而结果在个人层面不可见，那么这并不意味着你不去尝试或它不能成为解决方案的一部分，但与利益相关者进行讨论以适当地设定期望可能很有用。

- 如果医护人员没有时间与患者谈话，那么教导医护人员如何与患者谈论是无济于事的。
- 如果缺乏干净的水和充足的供应，那么教导人们正确的洗手方法的用处有限。
- 如果没有可回收商品的市场，那么教人们如何对其回收物进行分类也不会阻止塑料被送到垃圾填埋场。

我并不是一个悲观主义者！在本书的后续内容中，我将乐观地谈论我们作为学习设计师影响或改变行为的能力。如果我对这个话题不乐观，我是不会写这本书的。话虽如此，我想尽可能清晰地说明仅仅聚焦于行为的局限性，解决方案通常需要成为更广泛系统方法的一部分，学习设计师也应成为这些更广泛系统讨论的一部分。

2.5 如何影响学习设计

在这一章的开头，我谈到了如何经常利用培训来帮助解决大型系统性问题。让我们看一个关于偏见判断的小例子。

你可能听过这样的信息，即根据人们的外貌来判断他们是不对的，即"不要以貌取人"等。《芝麻街》让我在四岁的时候就知道根据外貌判断人是不好的。而且，通过看新闻，我们并不难发现，以外貌为基础的判断会导致可怕的后果。让人们意识到无意识偏见是许多培训计划的重要组成部分。

但想象一下，假如你住在一个公寓大楼里，一名送货员通过对讲机联系你，告诉你需要签收你订购的一个包裹。你走进大厅，看到下图这三个人。

如果你走向穿着制服并拿着送货箱的人，我不认为你有什么问题性的偏见或不合理行为。

重点不是说"以貌取人"是可以接受的。重点是,"以貌取人"有时是可以接受的,有时是不可以的,而难点在于如何区分两者。

因此,学习目标不是帮助学习者了解"这种偏见存在",而是帮助学习者"识别在哪些环境和情境下,我需要格外小心,以确保我没有做出不公平的假设"。

对于前者,你要告诉骑手关于人的一个有趣的心理现象;对于后者,你可能需要持续练习某种技能或习惯,以帮助骑手和"大象"都得到发展。

这对于学习设计来说是一个重要的区别,因为学习设计将看起来非常不同。如果你正在描述一个有趣的现象,你可能只需要演示文稿中的一张幻灯片,但帮助人们发展一种技能或习惯需要有实践、反馈机制和长时间内的强化的学习活动。

学习何时何地需要提高你的警觉性是你所处环境的产物、影响你学习行为的因素,以及你已经适应的线索。

这种行为就像大象一样,从来都不是孤立存在的。大象总是在其所存在的社会和物理环境中运行。如果我们想设计有效的学习体验,就需要考虑这些因素。

2.6 关键要点

- 培训经常被要求提供解决困难问题的方案,但通常还存在更大的系统性问题,仅仅侧重于培训的干预通常是不够的。
- 每个系统都是为了获得其得到的结果而精心设计的,所以要经常问:"现在是什么原因导致这种行为发生或没有发生?"
- 如果一个行为的出现被归咎于态度或能力,那么重要的是要深入挖掘,看看是否有系统或环境中的任何因素导致了这

- 绘制一个系统,并考虑哪些力量在促进改变,哪些力量在抑制改变,可以帮助你确定在该系统中进行干预的最佳位置。
- 紧密关注个体行为可以帮助你设计行为改变,但你确实需要定期放大并考虑整个系统,以确保个体行为支持最终结果。
- 始终询问行为的反馈或结果将在哪里变得可见。如果它在个人层面可见,那么为个体学习者提供反馈将更容易。如果反馈只能在群体层面或系统层面可见,那么需要制定机制来衡量和评估群体层面或系统层面的影响。

参考文献

Hunt, Christian. *Humanizing Rules: Bringing Behavioural Science to Ethics and Compliance* (Hoboken, NJ: Wiley, 2023).

Kahneman, Daniel. *Thinking, Fast and Slow* (New York: Farrar, Straus and Giroux, 2011), 20 and 43.

Langley, Monica and Marc Benioff, "How Salesforce Closed the Pay Gap Between Men and Women," Wired.com, October 15, 2019, https://www.wired.com/story/how-salesforce-closed-pay-gap-between-men-women/.

Meadows, Donella H. *Thinking in Systems: A Primer* (White River Junction, VT: Chelsea Green Publishing, 2008), 1.

Parker, Kim. "When negotiating starting salaries, most U.S. women and men don't ask for higher pay," Pew Research Center website, April 5, 2023, https://www.pewresearch.org/fact-tank/2023/04/05/when-negotiating-starting-salaries-most-us-women-and-men-dont-ask-for-higher-pay/.

Senge, Peter M. *The Fifth Discipline: The Art and Practice of the Learning Organization* (New York: Currency Doubleday, 2006).

Starbucks Coffee Company. "Starbucks to Close All Stores Nationwide for Racial-Bias Education on May 29." Starbucks press release, April 17, 2018. On the Starbucks website. https://stories.starbucks.com/press/2018/starbucks-to-close-stores-nationwide-for-racial-bias-education-may-29/, accessed May 22, 2023.

第 3 章

Talk to the Elephant

沿着改变之路前进

大象按照自己的节奏蜿蜒地走在改变之路上

改变是复杂的，因为人是复杂的，而我们正生活在一个复杂的世界。因此，我们可以得出结论，支持行为改变的设计没有简单的答案。我认为我们可以相当有信心地说（在绝大多数情况下），改变是一个完整过程，而不是一个单一事件。

当然，人们会突然做出决定，比如突然决定放下烟盒再也不吸烟、突然选择成为素食主义者、因为某次开车时发短信差点出事故而发誓不再在开车时使用手机等。这些例子并不是一个很好的设计模型，因为你不可能真的安排人们被闪电击中（字面意义或比喻意义）。

人们通常不会那么容易改变，这是一件好事。我提供的那些例子实际上并不是真正的"霹雳一击"。在所有这些案例中，我们至少可以假设，这个人已经接触到了有关行为的信息，并已经被引导去考虑做出改变。

3.1 改变过程如何影响学习设计

我会在本章末尾和本书后面的章节更详细地讨论学习设计的解决方案，但"改变是一个过程"这一观点对学习有几个明显的影响。为了更好地展开这一观点，让我们使用一个非常简单的改变过程的例子。认识一下 Joe，他对更规律地使用牙线略感兴趣。让我们假设他的改变之旅如下图所示。

现在，我们假设 Joe 使用牙线的改变过程如下：

第一步：由于与牙医关于牙龈疾病的谈话，Joe 开始考虑更多地使用牙线。他思考了他目前的状况，以及他需要做哪些改变才能更规律地使用牙线。

第二步：Joe 开始认真对待使用牙线的事情，并开始制订计划。他在家里找不到质量好的牙线，只有劣质的无蜡旅行装，所以他计划在商店里买几包质量好的牙线。他会把它们放在牙膏旁边，这样他就很容易找到。

第三步：Joe 尝试每天都使用牙线。虽然有时会遗忘，但他绝大多数时间都没有忘。

他发现工作出差会打断他使用牙线的习惯，所以他购买了一些质量好的牙线的旅行装。几个月后，他仍然几乎每天都使用牙线，所以他认为这是一个胜利。

Joe 自己做得相当不错，但假设全国牙科基金会希望你制作一个短信学习体验，牙医可以提供给他们的患者。为了简单起见，我们假设观众中的人们与 Joe 相当相似（尽管很少有这么容易的情况）。

你可以采取几种不同的方法，这些方法并不是独立的选项，你可以组合使用以下这些策略。

3.2　方法 1：对整个过程进行设计

第一种方法是设计一种体验，引导人们完成整个过程。例如，你可以每周创建一个带有短视频的文本，持续三周：

- 第一周，你可以聚焦于使用牙线的重要性和牙龈疾病的后果。
- 第二周，你可以帮助人们养成使用牙线的习惯，并确定哪种牙线最适合他们。
- 第三周，你可以编辑鼓励和建议的信息，解决他们可能遇到的任何困难。

这种方法的好处是，它引导用户完成整个过程，并将其分散在一段时间内，以便参与者可以逐渐适应每个部分。缺点是，并不是每个人都在同一时间表上。有些人可能准备跳过第一周，直接进入准备阶段。有人可能在第二周度假并忽略他们的手机，然后他们可能觉得第三周收到的信息与他们无关。

对于像数字短信课程这样的东西，人们有可能根据自己的经验来选择。你可以让他们在准备好时选择进入下一步。有些人可能会在三天内完成这些步骤，而有些人可能需要三个月。

对于同步体验课程，如面对面课程或虚拟在线课程，这更为困难。例如，如果你正在创建一个关于时间管理的四周虚拟课程，并每周举行视频会议，你无法根据每个与会者的进度调整每堂课的内容。

3.3　方法 2：与所处的阶段相配（因材施教）

另一种方法是尝试与人们目前所处的阶段

相配。例如，你可以向观众发送信息，让他们决定是否仅希望了解这种行为，是否准备好制订一个计划，或者是否需要帮助或支持他们已经在执行的计划。他们就能控制自己能获得哪些资源或支持。

当每个人都在教室或虚拟会议中时，适应个体观众的需求就更为困难，但你可以让活动或家庭作业变得灵活，以尝试与学习者在他们所处的阶段进行互动。

时间管理课程活动

你在时间管理方面面临的最大挑战是什么？当我们继续上课时，请返回此处并记下可能有帮助的策略。

挑战： 策略：

3.4 方法3：沿途留下工具

最后一个主要选项是设计一条路径，并沿途留下相应的工具。这要求学习者具有相当的自主性。例如，你可以设计一个网站，其中包含各个阶段的课程、工具和支持，以便在学习者需要时使用。

这些方法并不相互排斥。很可能某种方法组合最为合适，因为几乎不可能让整个观众群体都在同一时间处于完全相同的阶段。

3.5 改变阶段

考虑某人是如何经历改变的以及他们在这一过程中可能需要什么是非常有用的。没有一种单一的方式可以让所有人做出改变，但人们很可能会执行以下各项：

- 考虑改变：有人正在考虑做出改变。
- 计划改变：有人打算很快采取行动。
- 进行改变：有人正在采取具体的公开行动进行改变。
- 维持改变：有人正在努力巩固行为并防止重复旧习惯。

并非每一种改变都需要维护。例如，如果改变是购买人寿保险或制定遗嘱，那么人们在做出这种改变后可能不需要付出任何额外的努力来维持这种改变。

你会在许多改变模型中看到这些阶段,例如,普罗查斯卡和德克莱门蒂的跨理论改变模型。所以,让我们来看看它们是如何运作的。

让我们先来认识亨利。他是一家科技公司的数据库管理员,也是泰勒·斯威夫特的铁杆粉丝。他现在的困扰是他那永无止境的电子邮件收件箱。他管理数据库没有问题,但他会告诉你,他目前用来管理收件箱里的海量未读电子邮件的方法根本不起作用。

阶段	发生了什么
考虑改变	亨利知道存在一个问题,但他并没有真正解决它的意图,甚至也不知道什么行为会有所帮助。一天,他在浏览社交媒体动态,寻找新的泰勒·斯威夫特舞蹈挑战时,他看到了一个推荐视频,该视频承诺可以帮助他清空收件箱 他点击了这个视频。视频中介绍了一种名为"超级清空师"的收件箱管理方法,声称只要按照方法操作,就能成为清空收件箱的超级英雄。基于这次点击,他的社交媒体推荐了 26 个相关视频。亨利观看了其中一些视频,并对这种方法产生了浓厚的兴趣
计划改变	亨利下定决心一定要这么做,于是开始考虑实施细节。他在网上找到了一个准备清单,安装了一些有助于管理收件箱的浏览器扩展,并制订了一个启动计划。他还报名参加了一个两小时的在线课程,这个课程指导他如何管理自己的收件箱

(续)

阶段	发生了什么
进行改变	他参加了课程并开始实践这个方法,这对他来说效果还不错。开始时,他归档了大约 1000 封未读的邮件,但他觉得如果需要的话,他可以重新找到它们
维持改变	使用这个方法几周后,效果还可以,但他注意到他没有像以前那样频繁地"超级英雄式"地管理他的收件箱。他说服了他的工作伙伴 Mai,同时尝试使用 SuperNBox,于是他们打了一个赌:如果其中一个人发现另一个人有超过 100 封未读电子邮件,那个人就必须在泰勒·斯威夫特主题的卡拉 OK 中买饮料 六个月后,亨利从其他 SuperNBox 用户发布的视频中学到了一些额外的技巧,并意识到他在不假思索的情况下也遵循了这个方法。

这个例子的主要目的是考虑在这个过程的每个阶段,什么样的支持和材料对亨利最有帮助。具体的方法指导(最常见的学习干预方式)在准备和行动阶段最为有效。

阶段	什么帮助了亨利
考虑改变	在正确的时间出现带有正确信息的介绍性视频,大致解释该方法,并具有关于该方法的优点的有说服力的信息
计划改变	"入门"清单 技术支持(浏览器扩展) 在线课程
进行改变	在线课程中关于清理收件箱的指导 支持改变的参考资料

阶段	什么帮助了亨利
维持改变	故障排除小提示 与同事 Mai 的承诺协议 关于如何优化该方法的专家视频

（续）

这个故事的另一个版本可能是因为亨利在合适的时间找不到他需要的东西而失败。在思考阶段，详细的指导可能会让人感到不知所措，而缺乏支持机制可能会导致亨利开始时表现强劲，但却难以维持。

3.6 改变阶梯

对我来说非常有用的一个工具是"改变阶梯"。我使用的特定版本基于研究人员（Perski 等人，2021；Gould，2016）使用的几种风险评估阶段，试图将信息传递给参与行为改变的人。我发现它是一种有用的方式，可以考虑某人可能经历的通往行为改变的路径，并用作受众研究的一部分。它比改变的阶段更为详细和具体。

当涉及某人改变某种行为时，有可能：

- 对它（这种行为）一无所知。
- 知道它，但并没有真正理解（不明白它为什么重要）。
- 理解它，但并不真正相信（他们还没有被说服）。
- 相信它，但有其他优先事项。
- 把它作为优先事项，但不知道如何改变。
- 把它作为优先事项，但认为它太难了。
- 把它作为优先事项，但缺乏自信。
- 准备好了，但需要帮助才能开始。
- 已经开始，但不能持续。
- 一直在坚持，但维持起来有困难。

这种列表还有其他版本，它肯定不是每个人都遵循的道路，但它是人们可能卡住的潜在点的良好集合。

我发现这对我的实践很有帮助。因为如果你轻易假设自己知道人们在哪里遇到困难，这可能导致无法给他人提供有用的解决方案。例如，如果某人遇到困难，无论他们多么优先考虑这种行为，都认为在当前情况下改变它太难了，那么更大声、更加强调地告诉他们"这真的、真的很重要"是完全没有帮助的。

让我们来看一个例子，看看这可能会如何

进行，以及哪些学习材料可以在整个过程中支持人们的行为。

3.6.1 让我们认识一下简

简是一个专业协会的项目经理，负责为协会成员组织会议和活动。

公司里的每个人都知道，在一年中最大的几个活动期间，大家都会非常忙碌。大多数人在活动结束后都会休息一下，以减轻工作负担。然而，简的老板卡拉注意到，简在其中一个大型活动结束后并没有休息。事实上，她几乎每晚都是办公室里最后一个离开的人。卡拉决定和简讨论这个问题。

卡拉：嗨，最近你好像经常加班到很晚，工作量是不是太大了？

简：不是的，只是有很多事情需要处理。IT部门联系我，他们需要一些帮助来测试新的注册界面。马尔科姆不在，所以我一直在推动他的工作。我还同意加入了品牌委员会，还要帮助审核实习生项目的申请者，还要策划卡利塔的退休派对。我还在参与组织当地的项目管理聚会。

卡拉：嗯……好的。

简：有问题吗？我还在完成我日常的工作职责。

卡拉：没有问题。你做得很好，但听起来你承担了很多额外的事情。你真的有时间做这些吗？

简：嗯，我想我必须得做。还有别的选择吗？

卡拉：实际上，如果你有没有办法对那些额外的项目进行优先级排序，以确保你选择的是对你最有意义、你确实有时间做的项目，那么有时候说"不"也是一个选择！

简：我想我没有。我甚至不确定那会是什么样子。

卡拉：我会找一些资料给你看。我觉得这可能会有帮助。

3.6.2 简的进展

简通过使用一个流程来评估额外的工作请求，以确定她应该对哪些请求说"不"。让我们看看是什么帮助简做到这一点的。再次强调,不是每个人都会遇到每一个难点,但如果简遇到了所有这些问题,那可能是这样的。

- 对它(这种行为)一无所知。

发生了什么	有何帮助
简对卡拉说:"我甚至不知道那会是什么样子。"因此卡拉整合了一些资料发给简,包括一个视频以及一些关于如何将优先事项与价值观结合起来的博客和文章 简浏览了这些资源	信息和教育资源

- 知道它,但并没有真正理解(不明白它为什么重要)。

发生了什么	有何帮助
简在一个在线交流群里与一些项目管理同事聊天,谈到她的老板提到了这个问题,但简真的认为这不是问题 其中有几名成员对简还没有找到解决这个问题的方法感到惊讶,他们坚称无法想象没有一种方法来对他们的工作进行优先级排序 其中一名成员给简发送了一个TED演讲的链接,该演讲为这种行为做了充满激情的阐述	社会建模 有说服力的信息

- 理解了,但并不真正相信(他们没有被说服)。

发生了什么	有何帮助
简正在和大学里最好的朋友阿米拉吃午餐,阿米拉也有项目管理的背景。简向她的朋友描述了整个事情,但最后得出结论说这个事儿太麻烦了 阿米拉问:"你会尊重那样运营项目的项目经理吗?我知道你绝不会那样运营一个项目。你重视你的团队,并且保护你项目中的人。为什么你不为自己做同样的事呢?"	身份认同 价值观的唤起 值得信赖的社交联系

- 相信它,但有其他优先事项。

发生了什么	有何帮助
在与大学朋友对话之后,简确信了,但她感到她已经被承诺的所有事情压得喘不过气来。她觉得自己没有余裕的时间来投资这件事 她与卡拉谈到她准备开始了。卡拉帮助她将一些工作责任转移给其他团队成员,并批准简花半天时间参加该主题的课程	分配资源以促使行为发生

- 把它作为优先事项,但不知道如何改变。

发生了什么	有何帮助
简参加了一个关于优先级排序的特定方法的研讨会,为期半天。她真的很喜欢这个方法,但感觉研讨会就在她刚刚掌握它的时候结束了。她希望有更多的练习机会	正式教学

- 把它作为优先事项,但认为它太难了。

发生了什么	有何帮助
简准备坐下来开始工作，但在研讨会期间她突然意识到，作为过程的一部分，她真的需要舍弃一些当前的承诺。虽然她真的不想让任何人失望或生气，但她必须要这样做 拖延了一个星期之后，她告诉阿米拉这个问题，她的朋友帮助她进行头脑风暴，并思考处理当前工作量的策略	社会支持 实用的故障排除

- 把它作为优先事项，但缺乏自信。

发生了什么	有何帮助
成功地转交了一些现有任务后，简准备使用该方法来评估一些占用她时间的新请求。 她意识到她记不清研讨会上的一些细节，也不确定如何处理一些事情。虽然她有一些研讨会上的工作辅助材料可以参考，但因为她非常关心流程，她希望能确信自己做得对 她与她的交流群组进行了沟通，其中一名目前正在使用该方法的成员提出在一个虚拟通话中帮助她练习一些示例。在练习之后，简感到更加自信	辅导 工作辅助材料 技能练习

- 准备好了，但需要帮助才能开始。

发生了什么	有何帮助
简感到更加自信，准备好了。为了顺利开始，她和艾琳——研讨会上的另一名参与者，已经同意一起经历这个过程以互相支持	负责任的伙伴

- 已经开始，但不能持续的。

发生了什么	有何帮助
当简坐下来专注于使用这个方法时，效果非常不错，特别是在她浏览自己的电子邮件时。但当请求以不同的方式提出时，如同事亲自问或在会议中提出，效果就不太好了 她发现可以要求人们通过电子邮件发送任务或请求给她，这有助于她坚持这个过程	习惯的故障排除

- 一直在坚持，但维持起来有困难。

发生了什么	有何帮助
简使用这个方法已经大约六个月了，她的老板卡拉问她情况如何。简告诉她："前几个月都很好。我一直遵循所有的指导。但我注意到还是有一些东西悄悄地潜入进来。你知道的，有些事情听起来像一个小小的请求，但一旦开始，就变成了一个比预期更复杂的大问题。我从不让我的项目成员低估他们对时间的估算，但我似乎总是合理地认为'不会花那么长时间'。" 卡拉问简是否希望得到帮助以确保所有的请求都通过这个过程。她们决定由卡拉帮助简再次检查简的数据，帮助简保持时间估算的准确性	再次承诺 社会责任

在简改变的过程中，有一些地方需要正式

的指导，但同样有很多地方需要社会支持、责任、练习或故障排除。其中一些元素超出了学习设计师的领域。你不能仅仅通过将一群陌生人放在虚拟会议分组室中来建立可信赖的同行关系。但你可以创造社会学习的空间，并设计材料来引导人们完成整个过程。

3.7 学习之旅

在创建学习体验的材料时，我通常考虑1）预学习；2）学习活动；3）练习/感性体验；4）反馈、辅导和指导；5）工作辅助、资源和即时学习；6）刷新；7）进一步发展。

3.7.1 场景：代码文档化

让我们通过一个场景来了解一下代码文档化。

Mai（Henry 的工作伙伴，也是泰勒·斯威夫特的粉丝）在当地社区大学教授 JavaScript（一种计算机编程语言）课程，情况还不错。她教授 JavaScript 入门课程，并为学生开设 Web 开发训练营，在这个训练营中，学生使用 JavaScript 构建 Web 应用程序。

唯一不太顺利的事情是，她似乎无法说服学生来相信"文档化他们的代码非常重要"。代码文档化是指开发人员在计算机代码中添加有关特定代码段功能的注释。这些注释使得人们以后再次查看代码或其他人需要阅读和修改代码时更容易理解。Mai 的学生写了数十行甚至数百行的代码，但会忘记添加注释以便以后记住每段代码的功能。

3.7.2 预学习

预学习是为学习者准备学习体验而做的任何事情。例如，你可以准备预学习材料以执行以下操作：

- 启动：你能做什么来帮助学习者为学习体验做好心理准备？这可能是一篇文章、一个视频，或一个他们需要考虑的问题。

- 资格审查：这个人准备好参加这个课程了吗？资格审查可能是一个先决条件、一项评估，或一组学习者可以自我提问的问题。
- 激发兴趣和激情：学习者对这个学习体验感到兴奋吗？你可以通过宣传视频、之前参与者的推荐语、激动人心的信息或任何其他方法来提高学习者的兴趣。
- 识别个人内容/相关性：学习者是否理解材料与他们自身的关联？这可以要求学习者识别他们将在课堂上解决的问题或项目，或者问他们一些问题来帮助他们识别这些材料将如何帮助他们。

Mai 意识到，她的学生在代码文档化方面做得不够好，因为他们从未有过阅读大量旧代码并理解其工作原理的体验。为了让学生在接下来的训练营中更好地学习代码文档化，她给了他们 10 个小问题，要求他们找到错误。学生必须至少完成三个问题，但可以选择完成哪些问题。如果他们完成三个问题后还能解决其他问题，将获得额外的学分。一半的示例已被良好地文档化，而另一半则没有被文档化。Mai 没有告诉学生她正在做这件事，但她收集了结果。

预学习活动的一个挑战是，很难让课堂上的每个人都参与进来。在理想情况下，每个人都会完成课前工作，这将使你能够充分利用实际课堂时间，但实际情况很少如此。更好的计划是有一些预学习活动，这些活动可以增强参与者的体验，但实际上并不是必需的。

3.7.3　学习活动

这一阶段选项太多，无法一一列举所有类型的活动。我将在本书后面的章节专注于支持行为的学习策略，但这里有几个值得考虑的快速策略。

- 主动学习：让学习者参与到过程中有助于让他们感觉更容易和更相关。
- 从观众中引出：如果有什么事情你能让你的观众告诉你，而不是你告诉他们，请尽量选择前者。这样不仅能增加他们的参与度，还能为学习者创造更加积极的体验。

使用示例：对于任何复杂或微妙的事物，

例子都是至关重要的，而且越多越好。

在第一节训练营课程开始时，Mai 将预习活动的成果展示给她的学生们。大多数已完成的挑战来自文档化良好的代码示例。然后，她让小组对文档化不佳的挑战进行批判，并列出所有文档化良好的示例与文档化不佳的示例的不同之处。接下来，学生们需要在小组中修复文档化不佳的示例。

3.7.4 练习 / 感性体验

对于任何学习目标，我总是会问："没有练习，他们能否达到熟练的程度？"例如，有人可能在没有练习的情况下就能熟练地填写工时表，但他们不太可能在没有练习的情况下就能熟练地打高尔夫球。

练习可以在学习体验期间进行，也可以在学习体验之后进行，也可以两者兼有。人们第一次做某事时，可能会感到不自在或感觉自己做得不对，但额外的练习几乎总会帮助学习者变得更加舒适和自信。

以下是你在设计练习活动时应该考虑的一些策略。

- 专业知识的循环：不要只提供一个学习者可以操作的示例，尝试用一个简单的概念示例来引导他们了解内容或过程，然后逐渐推进到几个越来越复杂的真实示例，包括他们自己的问题或挑战。
- 升级：确保最初的挑战难度适当，太简单会让学习者觉得无聊，太难会让人感到沮丧。尝试让下一个挑战是他们必须努力才能达到的，但又不是完全无法触及的。
- 现实世界的任务：尝试找出学习者可以将练习带回现实世界的方法，并以一种他们能负责并得到反馈的方式进行练习。

Mai 在整个训练营期间继续为学生设置小型挑战，以便他们识别或修复文档。她还在训练营课程结束时专门留出时间，用于修复或添加文档。

3.7.5 反馈、辅导和指导

练习对于技能发展很重要，但反馈同样重要。练习一个动作并不一定会使它变得完美，但它确实会将这些动作编码到自动记忆中，因此反馈至关重要。一个好的反馈机制可以帮助做到以下几点：

- 调整表现：在像运动这样的身体技能中，

反馈是提高的必要条件。反馈对于提高认知技能同样重要，但人们有时会忘记这一原则。

- 责任心：有一定的责任心可以让人在执行和维持行为方面产生巨大的不同。
- 提高学习者的独立性：对于刚开始学习一项新技能的人来说，通常需要支架（支持或护栏）来帮助他们正确执行技能。逐渐减少支架是帮助学习者达到熟练水平的一部分。

Mai 没有单独地审查和给学生反馈，而是将代码审查作为入门课程和训练营的一部分，并且审查的一部分是批评文档。她还为学生制作了相互评审对方代码的材料。

3.7.6 工作辅助、资源和即时学习

这个类别基本上是学习者实际尝试做某事时会帮助他们的任何事物。他们需要什么材料或支持？以下是一些例子。

- 工作辅助工具或绩效支持：工作辅助工具指可以帮助学习者完成任务的解释性辅助工具。根据经验丰富的教学设计者戴夫·弗格森的说法，工作辅助工具可以分为训练轮和护栏两种类型。训练轮是学习者在达到熟练水平之前使用的工作辅助工具，而护栏则是帮助学习者保持正轨的工作辅助工具。（例如，工作辅助工具包含在给客户打电话时需要阅读的法律免责声明语言。）
- 故障排除帮助：什么资源会帮助人们解决问题？可能是决策树、一系列针对不同问题的资源，或者与教练或导师进行沟通以调整计划，使其在未来更有效。
- 清单：阿图尔·加万德的书《清单宣言》充满了如何用清单支持表现的好例子。这些也可以是学习者进行自我评估的好工具。
- 参考资料：这包括你会为学习者提供的所有资源，例如一系列即时视频、维基百科或支持手册。你可以使用任何对学习者来说是好资源的东西。

Mai 提供了一个文档示例库，并鼓励学生进行补充。她还有一系列他们可以使用的快捷策略。

3.7.7 刷新

如果一个行为很少被使用，很可能需要进

行刷新。刷新有两个主要目的：

- 认知间隔：教育心理学中确立已久的发现之一是：如果不使用，人们的记忆会随着时间的推移而衰退，但定期刺激记忆会使其衰退减慢。因此，定期刷新（例如，电子邮件、文章、视频、问题）可以帮助人们长时间保留知识，即使这些知识很少被使用。
- 提示行为：人们可能会带着关于新行为的许多好意愿完成培训，但随着时间的推移，这些意愿可能会减弱。定期提示可以帮助刷新人们投入该行为的决心。

Mai 让她的学生自己提出小挑战，然后在训练营训练期间每周发送这些挑战。她还将一些挑战发送给训练营的校友，以便之前的学生也能持续刷新他们的知识。

3.7.8 进一步发展

进一步发展是指如果有人想将自己的技能提升到一个更高的水平，可以利用哪些资源？许多培训材料侧重于介绍性内容，而不是帮助人们从初级水平提升到中级水平的材料。为那些不想止步于基础水平的人提供工具：

下一阶段：总是值得问问，如果人们有动力学习更多，什么能帮助他们进入更高水平。做到这一点的一种方法是询问专家是什么经历帮助他们提高了技能，并使用这些信息为中级学习者设计机会和体验。

精选资源：通常，进一步发展是关于策划资源的，因为当人们沿着技能曲线前进时，他们需要的东西变得更加个性化。这不再是一个完全结构化的学习体验，而是为人们提供他们所需的东西。

社交：通常,社交学习解决方案（参与讨论、社交群组、活动和社交媒体）有助于人们提升自己的技能。

Mai 为学生提供额外的资源以帮助他们提高练习水平，并安排一些她的训练营毕业生作为新学生的助教。

3.8 关键要点

这是本章的几个关键要点：

- 了解学习者经历的过程，更有可能让我

们了解他们的需求，并创建支持他们整个过程的材料。
- 对还没有准备好的学习者进行急促推进，可能会让他们产生挫败感或抵触心理。
- 如果你给学习者提供清晰易懂的选择，他们将更容易选择他们当时所需的内容。

参考文献

Ferguson, Dave. "Job aids: training wheels and guard rails." *Dave's Whiteboard* (blog), March 31, 2009, http://www.daveswhiteboard.com/archives/1939.

Gawande, Atul. *The Checklist Manifesto: How to Get Things Right*. Metropolitan Books; 1st edition (December 15, 2009).

Gould, Gillian Sandra, Kerrianne Watt, Robert West, Yvonne Cadet-James, and Alan R. Clough. "Can smoking initiation contexts predict how adult Aboriginal smokers assess their smoking risks? A cross-sectional study using the 'Smoking Risk Assessment Target'." *BMJ Open 6*, no. 7 (2016): e010722.

Perski, Olga, Claire Stevens, Robert West, and Lion Shahab. "Pilot randomised controlled trial of the Risk Acceptance Ladder (RAL) as a tool for targeting health communications." *PLOS ONE* 16, no. 11 (2021): e0259949.

Prochaska, James O., John C. Norcross, and Carlo C. DiClemente. *Changing for Good: A Revolutionary Six-Stage Program for Overcoming Bad Habits and Moving Your Life Positively Forward* (New York: William Morrow and Co. Inc., 1994).

第 4 章

Talk to the Elephant

传达价值

大象将即时的壶铃与延迟的论文进行了比较[一]

[一] "壶铃"与"论文"是本章后面部分将会讨论到的两个重要的类比对象,分别是本章中所描述的具体与抽象的代表。——译者注

4.1 描述价值

大多数行为改变干预的关键部分之一是传达改变的价值。学习和发展行业正在努力解决这个问题。

尽管到处都有传达 WIIFM（对我有什么好处？——稍后将有更多解释）的建议，但对价值的描述几乎总是针对骑手，而不是大象。

讨论价值　　　　寻找零食

我们在第 3 章讨论了相互竞争的优先级问题。大家认为有很多事情值得做，但为了真正实现它们，它们需要比我们用同样多的时间能做的其他 37 件事⊖更值得去做。

例如，假设我正在利用一些属于自己的时间。我有一个小时的时间不需要工作、做家务或照顾家人。这段时间完全由我支配。我想以一种最能使我受益并符合我的价值观和目标的方式来利用它。

一些选项可能包括：

- 做健康的食物。
- 做一些有创意的事。
- 阅读一本有启发性的书。
- 在户外散步。
- 在大自然中消磨时光。
- 做瑜伽。
- 与朋友共度时光。

⊖ 此处的"37 件事"是一个泛指，并不代表具体的 37 件事情。它用来强调有很多其他的事情可以在同样的时间内去做。这个数字只是为了让读者感受到时间的紧迫性和需要优先处理某些任务的重要性。——译者注

- 在流媒体服务中浏览，决定观看什么，最终选择了一个我实际上已经看过的电视剧集。

如果你从未选择最后一项，那对你来说是好事。不过我很确定，我不是唯一做过这件事的人。我并不是说花时间放松或消费媒体不好。这两件事都能为我们的生活增加很多价值。但要了解如何传达一种行为的价值，我们需要更仔细地研究如何计算这个价值。一种行为不仅需要有价值，还需要比其他 37 件事更有价值。

4.1.1 价值——努力

下图显示了评估和传达价值的最基本的方程式。

很简单：我得到的价值是否超过做某事的努力？还有一些变量也可以纳入这个方程式。如果这在数学上不成立，那么这种行为可能就不会发生。

让我们看一些常见的任务，看看每个任务在这个方程式上的表现如何。首先，我们来看一些有价值的场景。

工时表	填写工时表 价值：你会得到报酬，从而能支付房租、食物和其他生活必需品（价值 = 高）
纳税	报税 价值：你不会被税务部门罚款，也不会因为未缴税而面临法律诉讼（价值 = 非常高）
沙拉	为晚餐做沙拉 价值：你一直想多吃水果和蔬菜，所以这是一个很好的方式，而且你确实喜欢吃美味的、制作精良的沙拉（价值 = 相当好）

好的，那么让我们考虑一下相同情境下的努力。

工时表	填写工时表 努力：公司更新了工资系统，所以你需要找到如何登录以更新工时表的说明。当然，他们实际上并没有通过在主页上放一个工时表按钮来让它变得容易。上次你登录时，它拒绝了你的密码，你必须做那种"视觉检测非机器人"的验证工作，即点击包含红绿灯图片的方块。你花了太多时间弄清楚这是否包括红绿灯挂着的电线，以及你把记下小时数的便签放在哪里了（努力 = 比应该的要高得多）
纳税	报税 努力：其实也不算太糟，因为你觉得使用 SimpliTax 在线应用填写表格挺有成就感的。但你仍然需要翻找那个装满收据的鞋盒，并将它们与你的出差相匹配。距离报税截止日期还有一个月，但今晚《权力的游戏》就要重启了，所以你就是提不起劲（努力 = 翻完那个鞋盒后其实还好）
沙拉	为晚餐做沙拉 努力：这其实不会太糟，因为你非常了解自己，知道需要买预洗的生菜。但它已经在冰箱里放了一个星期，一些生菜开始看起来有点黏黏的，所以你需要挑选一下。而且沙拉酱几乎用完了，所以你需要想办法把它挤出来。或者你可以直接做冷冻披萨。这种披萨上有一些青椒、蘑菇和橄榄，所以这些还算是蔬菜，对吧（努力 = 下次我会做得更好）

因此，虽然所有这些活动的价值都很大，但努力至少意味着这些行动将被推迟，直到紧迫性增加或努力减少。另外，这些主题都不是特别令人兴奋，这其实正是重点。我们经常为一些必要且重要但却并不那么令人兴奋的事情创建学习体验。

4.1.2 WIIFM——对我有什么好处

任何在学习和发展领域工作过的人都听说过这样的建议：你需要为观众提供 WIIFM（对我有什么好处？——读作"whiff-em"），他们绝对是对的。但事情也比这更复杂。

让我们看看一些职场培训材料的四个不同目标⊖，以及每一个目标的 WIIFM。

行为 1	行为 2	行为 3
医疗人员需要安全地处理疫苗注射针或其他锐物	销售人员需要使用咨询式销售来建立客户关系（而不是基于产品的销售）	管理人员需要有效地使用新的绩效评估系统，该系统将用于季度或月度绩效评估（而不是年度评估）

⊖ 此处需要注意，作者一共列举了三个案例，提供了对四个不同群体的培训目标。其中，第三个关于"使用新的绩效评估系统"案例中，分别针对管理者和普通员工同时描述了两个培训目标。——译者注

如果我们问为什么这些行为是有价值的，很容易看到每个行为的论点。

行为	价值
医疗人员需要安全地处理疫苗注射针或其他锐物	有助于预防医护人员和清洁人员受伤或感染
销售人员需要使用咨询式销售来建立客户关系（而不是基于产品的销售）	潜在收益包括改善客户关系、基于客户需求进行交叉销售，以及建立更持久、更值得信赖的客户关系，这可能会转化为更高的总销售额
管理人员需要有效地使用新的绩效评估系统，该系统将用于季度或月度绩效评估（而不是年度评估）	如果这个系统能按设计的方式运行，那么管理人员就只需更新正在进行的评估，而不是从头开始撰写新的评估，因此每次绩效评估的工作量可能会减少。员工更不太可能受到突发问题的惊吓。员工可以获得更及时的反馈，提高他们的绩效并改善他们与管理人员的关系

这些都相当有价值，对吧？我们将在第5章中更多地讨论内在或外在的奖励，但这些都是直接与执行行为的人的工作角色相关的好处，这应该有助于使它们成为强大的激励因素。

想象一下，你是一名管理人员，收到了人力资源部门的一封电子邮件。

> EMAIL
> ------------------
>
> 主题：SYSWORKSHOP 2876B——强制性绩效评估系统培训

在以下选项中，你认为你最可能有什么反应？

a. 太棒了！这是一个绝佳的机会，可以提升我的管理能力，建立一个更强大、更成功的团队！

b. 哦，天哪，我现在真的没有时间。他们不能给我发个作业辅助材料吗？

c. 叹气。又一个新系统？我们以前不是也经历过这个吗？

d. 其他反应。

如果你选择了第一项，那太棒了。世界需要优秀的管理人员，所以我希望这是你职业道路的一部分。

根据我多年来参与的类似项目经验，我认为其他选项在类似项目中更常见。而且这不是因为参与培训的人不是优秀的管理人员，他们真心关心团队的福祉。其实这是因为他们很忙，而且他们以前曾经历过类似的事情，虽然花费了很多时间，但实际上并没有带来太多好处。

那么大象会如何看待这个邮件的标题呢？

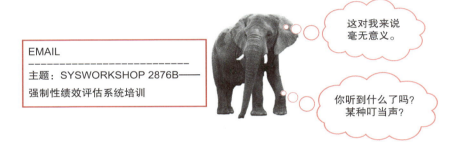

4.2 计算价值

所以，如果我们问大象是如何感知价值的，它不能仅仅是一个抽象的好东西。如果要激发行动并使自己超越其他 37 个可能的时间和精力投资选项，它还需要具备其他一些特性。

要理解如何传达价值，有必要考虑以下几个问题：

- 奖励或后果有多么重要？
- 奖励或后果有多么即时？
- 奖励或后果有多么可感知？
- 奖励或后果有多大的可能性会发生？

4.2.1 价值——重要性

如果有人问你："25 美元的礼品卡是一个好的奖励吗？"你可能首先会回应："做什么的奖励？"

如果这是回答一份"关于你在当地零售商的客户体验的五个问题的调查"的奖励，

那这或许是个不错的奖励。但如果这是对你在公司项目上花费数月的辛苦工作、加班、付出额外努力和牺牲个人时间的认可，那这实际上并不是一个很好的姿态，甚至可能令人沮丧。

在培训界有一种说法："如果你给某人一百万美元，他们就能做到，那么这个问题就不是培训问题。"这意味着，如果他们知道如何去做，并且在有足够大的激励下就能够做到，那么问题就在于管理、激励或与培训无关的其他事情。

这个说法或许足够正确，但"重要性"在不同的背景下可能意味着非常不同的事情。

例如，多年来我参与过几个与医疗保健相关的项目，其中一个挑战就是让医疗工作者对解决方案进行用户测试（这是任何设计过程的一个必要部分）。

在某些项目中，我们能够通过临时人员派遣机构找到护士。我们需要他们花一个小时的时间来完成课程并测试解决方案，但通常他们最短的班次是四个小时，所以我们会支付四个小时的工资，而只需要他们花大约一个小时的时间。他们通常对这个过程有点困惑，但很满意。按照他们的常规收费标准，四个小时的工资是对这种行为的可接受奖励。

当我们有一个针对医生的项目时，找到测试对象要困难得多。现在有一些用户测试机构可以进行这种类型的招募，但在早期的项目中，我们无法获得这些机构的服务。

支付给医生的实际金额往往会超出项目预算。由于各种原因，医生不像护士那样对四个小时的薪资感兴趣。即使这笔钱在我们的预算之内，医生的整体收入也更高，所以额外的钱就没有那么吸引人了，而且由于工作时间长，他们往往需要珍惜自己的空闲时间。

所以，当我们需要医生进行用户测试时，我们通常依赖与我们一起工作的医生来招募医生朋友和同事进行用户测试。我们通常根本不提供金钱给这些人。他们做这件事只是为了帮助朋友或同事，将金钱纳入方程式可能只会让事情变得尴尬。

对于护士来说，四小时的工资已经"足够

重要"，但对于医生来说，如果还有社交联系的元素，零美元也是可以的。假设需要钱（如果我们有无限的预算）来作为对医生有激励作用的有偿奖励，那这个金额很可能会远远超过四小时的标准工资。

因此，"重要性"并不是影响奖励或结果价值计算的唯一因素，还有其他因素需要考虑。让我们来看看其中的几个。

行为	价值
医疗人员需要安全地处理疫苗注射针或其他锐物	有助于预防医护人员和清洁人员受伤或感染
销售人员需要使用咨询式销售来建立客户关系（而不是基于产品的销售）	潜在收益包括改善客户关系、基于客户需求进行交叉销售，以及建立更持久、更值得信赖的客户关系，这可能会转化为更高的总销售额
管理人员需要有效地使用新的绩效评估系统，该系统将用于季度或月度绩效评估（而不是年度评估）	如果这个系统能按设计的方式运行，那么管理人员就只需更新正在进行的评估，而不是从头开始撰写新的评估，因此每次绩效评估的工作量可能会减少。员工更不太可能受到突发问题的惊吓。员工可以获得更及时的反馈，提高他们的绩效并改善他们与管理人员的关系

所以，不管新的培训计划带来预期奖励或避免负面结果的可能性有多大，对于学习者来说，这种可能性通常并不显而易见，这会让他们更不容易将这种行为视为有价值的。

4.2.2 价值——即时性

你何时获得奖励或承受后果可能同奖励或后果的大小一样或更重要。让我们从本章开始时谈到的行为入手，来探讨奖励或后果的时间安排。

工时表

填写工时表

奖励/后果	时间
你会得到报酬	一般是一两周后
你会得到完成一项讨厌的任务的满足感	立刻
你会避免因迟交工时表而被唠叨或责骂	一般是几天后

报税

奖励/后果	时间
你已经履行了纳税义务，可以不再想今年的税务了	立刻
获得退税（如果你能获得）	几周之后
你避免因未缴税而被罚款或审计	这取决于你离截止日期有多近，可能是几分钟或几个月

为晚餐做沙拉

奖励/后果	时间
如果你喜欢吃沙拉，你将吃到你喜欢的东西	立刻
增加蔬菜的摄入量对你的健康有益	几天到几周内，你可能会注意到饮食变化带来的益处

这些项目的奖励（或后果）有不同的时间范围，从"即时"到"几周或几个月"。这会影响你如何对它们进行优先级排名，相对于你可以用同样的时间或努力做的其他37件事。

4.2.3　延迟奖励

从逻辑上讲，即时的奖励最具吸引力，但当奖励或后果被推迟到未来时会发生什么呢？行为经济学中有一个现象可以帮助我们理解这一点。（我以前写过这个问题，但这是一个关键点，所以我在这里要重申一下。）

请回答以下问题：

问题1：如果有人在发放免费的钱，你更愿意要10美元还是11美元？

问题2：如果有人在发放免费的钱，你更愿意今天要10美元还是明天要11美元？

问题3：如果有人在发放免费的钱，你更愿意今天要10美元还是一年后要11美元？

行为经济学中有一个术语叫作"双曲贴现"。大致为，如果奖励或后果是即时的，其估值将是最大的，然后会急剧下降。估值在一段时间后会趋于平稳。所以在我的例子中，如果第11美元是在11个月或12个月后提供的，其价值可能不会有太大的不同。

我已经多次向一组人提出了问题1，几乎每个人都选择了11美元的选项。这是一个相当合逻辑的选择（这不是一个陷阱问题）。

对于问题 2，回答希望立即得到 10 美元和愿意稍微等待得到 11 美元的人的比例大约是 1∶1 或 3∶2。

至于问题 3，除了偶尔有个例外（他们通常想和我谈谈利率）之外，所有人都选择现在就要 10 美元。如果你选择今天要 10 美元，那么你就是绝大多数人中的一员。

所以，如果能立即得到，每个人都想要多出的那 1 美元，大约一半的人愿意等一天，几乎没有人愿意为 1 美元等一整年。如果我们绘制一个图来表示谁想要多出的那 1 美元，结果大致如下图。

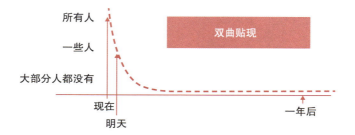

一旦我们将奖励推迟到未来，人们就会开始对它的价值评估略有下降。在实验中，这种价值评估下降得相当快，然后随着时间的推移趋于平稳。

对于我们人类来说，拥有延迟奖励或后果的行为往往是一种难以控制的行为。例如，吸烟可以立即给吸烟者带来满足感（通过消除渴望），但吸烟可能带来的潜在生命威胁的后果可能会延迟数年甚至数十年。

我不想过分简化戒烟问题（这是一个涉及化学和生物成分的复杂挑战），但方程式的一部分可能是延迟的后果。

戒烟信息已经认识到，对于那些试图戒烟的人来说，遥远未来的健康后果可能显得不那么引人注目，因此健康传播也开始更多地突出戒烟对吸烟者更为明显和即时的健康益处，这在疾病控制中心的通讯中就有体现。

当你戒烟时：

| 在几分钟内你的心率下降 | 一天之内血液中的尼古丁含量降至零 | 几天后血液中的一氧化碳下降到非吸烟者的水平 | 1～12个月内呼吸急促和咳嗽症状减轻 | 1～6年内心脏病发作的风险急剧下降，患冠心病的风险降低了一半 | 5～10年患口腔癌和喉癌的风险降低了一半，中风风险降低 |

资料来源：The Health Consequences of Smoking: What It Means to You-a 2004 summary of Surgeon General's Report on the Health Consequences of Smoking.

当谈到像锻炼这样的活动的动机时，有研究表明，即时的奖励被认为是锻炼的更有力的动机（Segar，2011）。例如，我下午遛狗的可能原因有：为了在会议之间清醒一下，确保我不会以一身疲惫和酸痛结束工作日；为了提高我的心血管健康。

可以说，提高心血管健康可能是一个比清醒头脑更重要（更有意义）的目标，但可能需要几周或几个月的时间我才能注意到自己感觉更好或看到一些生理变化。这是一个长时间的动力维持过程。

但第一个目标有更直接的奖励：几乎就在我进行这项活动后，我就会感觉头脑更清晰，身体也不那么僵硬。此外，贝拉（一只雪纳瑞犬）通常会欣喜若狂，而我经常会在走路时与我的朋友丽贝卡进行社交。总体而言，我从这项活动中得到了足够多的奖励，以至于这变得不言自明。我不再觉得我必须锻炼，而是觉得我有机会去散步。因为收益是即时的，所以付出的努力感觉微不足道。

一项关于不同类型的目标如何影响参与者锻炼的研究（Segar等人，2011）发现，与更遥远的目标如"健康老化"相比，参与者更注重即时的"生活质量"目标，并将其视作锻炼的更好理由。

如果我们回到填写工时表、报税和做晚餐沙拉的行为，它们在即时奖励方面稍显不足。工时表和税单只能带来完成任务的满足感。如果你喜欢沙拉并且沙拉很美味，它是唯一可能有内在即时奖励的任务，这意味着这些任务可能会被延迟。

显然，你的情境很重要（例如，你是否会得到税收退款，你是否需要尽早得到那笔钱等）。

完成任务带来的满足感可能因人而异。我那些做事果断的朋友似乎从完成任务清单中获得的满足比我更多。未完成的任务似乎让他们感到困扰，所以完成它们是一次大胜。我喜欢从任务清单中划掉任务，有时写下一项已经完成的任务，只是为了得到划掉它的满足感，但我不会像他们那样，直到最后期限开始逼近，才会为未完成的任务感到不适。

即时性如何影响学习者？

如果我们回到学习者的行为，我们需要问他们将多快看到这些行为的价值。

行为	价值	时间跨度
医疗人员需要安全地处理疫苗注射针或其他锐物	有助于预防医护人员和清洁人员受伤或感染	对于医护人员来说，安全处置锐器可以立即受益，但这种受益并非带来积极的结果，而是规避消极的结果（受伤或感染）。这种成就感可能取决于学习者对以前受伤或感染水平的了解程度
销售人员需要使用咨询式销售来建立客户关系（而不是基于产品的销售）	潜在收益包括改善客户关系、基于客户需求进行交叉销售，以及建立更持久、更值得信赖的客户关系，这可能会转化为更高的总销售额	由于销售人员需要时间适应新方法，因此销量增加的收益可能不会立即显现。事实上，在他们适应新方法的过程中，销量甚至会下降
管理人员需要有效地使用新的绩效评估系统，该系统将用于季度或月度绩效评估（而不是年度评估）	如果这个系统能按设计的方式运行，那么管理人员就只需更新正在进行的评估，而不是从头开始撰写新的评估，因此每次绩效评估的工作量可能会减少。员工更不太可能受到突发问题的惊吓。员工可以获得更及时的反馈，提高他们的绩效并改善他们与管理人员的关系	收益可能需要数月才能显现，并且可能难以与新系统联系起来

对于所有这些行为，学习者可能会觉得有点难以准确确定何时会有奖励或后果，并且这些奖励或后果都不太可能是即时的。

与其考虑 WIIFM（What's In It For Me？即这对我有什么好处？），不如考虑 WCIDWT（What Can I Do With That？即我能用这个做什么？）。

虽然 WIIFM 更容易发音，但我其实更喜欢 WCIDWT（不确定应该如何发音，也许是 Wa-sid-wit）。通过这个缩写，我指的是"我能用这个做什么？"。

我经常会问工作坊小组的人这些问题：

1. 在 0 ~ 10 的范围内，你目前对观看一个关于打印机维修的五分钟视频有多大兴趣？

答案通常大多是 0，少数人的分数会更高（可能因为他们对打印机维修有内在的兴趣）。

2. 想象一下，你需要打印一个非常重要的文件，这个文件需要在今天发送出去，而你的打印机坏了。现在，在 0 ~ 10 的范围内，你对观看一个关于打印机维修的五分钟视频有多大兴趣？

这个问题得到的答案通常在 8、9 或 10 的范围内。

3. 现在想象一下，你正在和几个同事一起工作，我刚刚把一个坏掉的打印机放在你面前。你们团队的任务是修好它。现在，在 0 ~ 10 的范围内，你对观看一个关于打印机维修的五分钟视频有多大兴趣？

思考一下你如何回答最后一个问题。有一个现实世界的需求（重要的文件）会让这个视频更有趣，这是合乎逻辑的，但即使是一个模拟问题，通常也会得到 5 ~ 9 分的答案。虽然不修打印机没有现实世界的后果，但在一个需要应用这个视频的课堂活动中会提高观众的兴趣水平。

那么我们如何利用这一点进行学习设计？

学习某件事的内在奖励是能够使用你所学到的东西。有些学习是关于知道或理解的乐趣，但在大多数成人情境中，培训的目的是能够应用一种程序、技能或判断。

如果我们看一些常见的学习经验，其奖励可能会相当延迟。

学习经验	应用时间
每年针对财务规划师举办的反洗钱可疑交易识别合规培训	一个财务规划师可能几个月或几年都看不到洗钱的危险信号,或者他们可能在第二天就看到一些东西
所有新入职的大学教师关于使用人类被试进行科研研究的伦理指南网络学习	一些新任教职人员可能计划立即开始研究,但许多人可能几个月甚至更长时间内不需要这些信息
体育场馆工作人员紧急疏散程序视频	这也很难预测。潜在应用的时机从"立即"到"永远"不等

一种解决方案是让学习的时间点更接近于应用的时间点。例如,与其要求新教师在加入大学时就完成伦理课程,不如将其延迟到某个特定教师参与研究项目时。这样,课程内容对他们来说会更相关,而且当他们开始应用所学知识时,学习体验还是新鲜的。

但由于洗钱或疏散可能随时发生,因此很难将学习的时间点靠近应用的时间点,因为我们根本不知道何时会需要它。而且,当人们应该疏散大楼时,你实际上并不希望他们在看视频。

4.2.4　即时使用

即时使用首先是给学习者一个需要解决的问题,然后给他们解决这个问题所需的信息。这并不是一个新的想法。霍华德·巴罗斯在20世纪60年代就使用了这种方法,当时他在医学教育中首创了基于问题的学习,这也是电子学习大师迈克尔·艾伦所称的"先测试再告知"学习。

先给人们一个需要解决的问题,然后给他们解决这个问题所需的信息。例如,你可能给学习者一个需要解决的问题,然后让他们使用他们工作场所的工作辅助工具和资源来找出答案或形成下一步的行动方案。

示例:紧急疏散培训

4.2.5 价值——可感知的

关于奖励或后果的下一个问题是："它们对学习者来说是真实的或是可感知的吗？"

例如，因为你没有填写工时表而没有得到支付的后果是相当可感知的，人们也很容易想象结果。我们都大致知道不报税会导致"某种不好的事情"，即使我们可能对具体会发生什么有点模糊（除非你已经经历过并从个人经验中了解）。

但是，吃沙拉的好处有点难以想象。如果你喜欢沙拉，那么能吃到你喜欢的东西就是非常具体的好处。但如果你吃沙拉更多是因为你想提高你的水果和蔬菜摄入量，那么这就开始变得有点抽象了。确切地说，提高蔬菜摄入量会带给你什么呢？大概每个人都有自己的看法。如果你对营养学有了解，你可能会对其好处有一个具体的认识。但如果你是普通大众，没有特殊的营养学知识，那么这些好处可能会显得有点模糊。

因此，对人们来说，好处越具体，就越容易让他们觉得是真实的。

认知科学家本杰明·伯根（专长为认知语言学）在他的书《比言辞更响亮》中描述到，如果人们能在心里进行想象的话，那他们将能更快地理解抽象概念和观点。他将此视为抽象术语如"利率攀升"或"她理解了这个概念"被表达为身体动作或方向性运动的原因。

所以我认为，值得思考的是，对观众来说，奖励或后果是具体的还是抽象的。为了让我们对这个话题的讨论更具体，让我们使用我刚刚发明的一种尺度：从壶铃到博士论文。

如果我想解释"重"的概念，我可以说壶铃是"重"的，或者我可以说一篇题为"康德和维特根斯坦：知觉与经验的人性"的博士论文是重的，并且完全以一种抽象、概念性的方式来表达"重"（尽管必须承认，当打印出来时，它也可能是物理上的重）。

所以，当我们说某件事相当具体的时候，我们指的是学习者可以看到、触摸、品尝、感受或以视觉方式在他们的脑海中想象的东西（更像是壶铃），而当我们说抽象时，我们指的是概念性的、学习者不容易可视化的东西（更像是博士论文）。

你的骑手理解抽象的概念，但你猜大象对什么有反应？

让我们看一下实验人员试图调查这个问题的一些研究。

4.2.6 虚拟电锯

在斯坦福大学的虚拟人类互动实验室进行的一项研究（Ahn 等人，2014）中，研究人员探讨了人们是否觉得他们能控制自己对环境的影响的问题。

为了研究这个问题，他们创建了两种情境。在第一种情境中，一组人在了解了纸张使用对森林生态环境的影响后，阅读了有关树木被砍伐的文章（这是一种更抽象的体验，参与者没有采取行动）。

在第二种情境中，在接受了与第一组相同的关于纸张使用对森林生态环境的影响的教育后，参与者将进入一个虚拟现实环境，并用虚拟电锯砍倒树木。视觉、听觉和物理（触觉）反馈使这种体验比第一组阅读条件下的体验更加直观和真实。

在阅读或经历了虚拟现实体验之后，参与者被问及他们是否会根据这次体验改变他们的纸张使用习惯，两组人都表示会在大致相同的程度上做出改变。这是一个关于未来行为（你将来如何使用纸张）的问题，这个问题实际上是针对"骑手"的，即那个能够预测未来并做出决策的实体。

然而，实验者会接着"不小心"打翻一杯水，然后请求参与者帮忙清理。之后，他们会计算参与者使用了多少张纸巾。

在更接近"壶铃"的虚拟现实条件下的参与者使用的纸巾明显少于在抽象的"学位论文"阅读条件下的人。那些有直接物理体验后果的人（这种体验触动了他们的"大象"）在当前使用了更少的纸。

我不想从这个单一的实验中过度泛化，但如果你的学员似乎没有感受到潜在后果的影响，给他们一个更直观的奖励或后果体验是一个可能值得尝试的策略。

4.2.7 吸烟者与牛仔

另一个研究这种可感性效应的领域是戒烟。正如我在"即时性"一节中所讨论的，戒烟的有益影响不是你可以立即察觉的。如果你戒烟，你并不会立即发现上楼梯变得容易了。许多好处与长期健康后果有关，其中一些可能很难想象出来。（如果某人不从事医疗行业，那么他对"肺气肿"有形象的认识吗？我知道我没有。我知道这很糟糕，但我的脑海中没有出现任何视觉形象。）

因此，从历史上看，戒烟的健康奖励更多地属于"论文"营地而非"壶铃"营地。如果你能想象出戒烟的好处，那很可能是因为公共卫生传播者付出了极大的努力，将这些形象植入了你的脑海。

2000年代中期最令人难忘的电视广告之一是唱歌的牛仔，这是由 Truth Initiative（一个非营利性的公共卫生组织，旨在终结烟草使用和尼古丁成瘾）创建的。

"唱歌的牛仔"于 2006 年发布，展示了一对牛仔（这是对 Marlboro Man——用于推销 Marlboro 香烟超过 40 年的标志性牛仔形象的一种讽刺）坐在曼哈顿交通中心的营火旁。其中一名牛仔唱了一首歌，歌词讲述了吸烟不仅可能致命，还有许多其他可怕的健康影响。广告的亮点是，这名歌手因吸烟相关的癌症接受了喉切除术（去除喉头），并借助电子喉（他固定在自己的脖子上）来唱歌。路人的表情表明，这是一件令人大开眼界的事。

所以，如果我们回头看看学习者的一些行为，它们更倾向于是"壶铃/具体"还是"论文/抽象"呢？

行为	价值	具体还是抽象
医疗人员需要安全地处理疫苗注射针或其他锐物	有助于预防医护人员和清洁人员受伤或感染	幸运的是，这个是具体的，很容易想象要避免的后果 评估：五个壶铃
销售人员需要使用咨询式销售来建立客户关系（而不是基于产品的销售）	潜在收益包括改善客户关系、基于客户需求进行交叉销售，以及建立更持久、更值得信赖的客户关系，这可能会转化为更高的总销售额	也许销售人员已经有一些这样做的经验，以便他们可以借鉴，但这仍然有点抽象 评估：两篇论文
管理人员需要有效地使用新的绩效评估系统，该系统将用于季度或月度绩效评估（而不是年度评估）	如果这个系统能按设计的方式运行，那么管理人员就只需更新正在进行的评估，而不是从头开始撰写新的评估，因此每次绩效评估的工作量可能会减少。员工更不太可能受到突发问题的惊吓。员工可以获得更及时的反馈，提高他们的绩效并改善他们与管理人员的关系	这个非常模糊。尽管管理者可能可以想象与员工进行良好的对话，但学习者却很难将这些点联系起来 评估：五篇论文

4.2.8 价值——可能性

世界上有大量的内容记录了人们在理解概率方面有多糟糕。在"人们不擅长理解概率"的参考书目中有几本值得一读的书：

- 《思考，快与慢》，作者：丹尼尔·卡内曼。
- 《对赌》，作者：安妮·杜克。

对概率理解不佳会影响一个人在结果不确定的情况下评估奖励或后果的能力。例如，如果你不报税，很可能会面临某种后果。虽然不是100%确定，但去赌税务机构不会注意到显然不会是一个好主意。

但人们经常基于感觉而非实际发生的可能

性来采取行动。有一种说法是，商业航班最危险的部分是开车去机场的路上。虽然我们很难对开车与飞行的安全性进行逐一比较，但以任何标准来看，商业航空旅行都是极其安全的。在商业航班事故中死亡的可能性极低。

尽管那些有飞行恐惧症的人多次听到这种统计数据，然而，对他们中的很多人来说，这并不重要。他们理智的"骑手"可以整天阅读这些数据，但他们内心的"大象"仍然会行使否决权，拒绝登上飞机。

我不喜欢将这种恐惧简单定性为不合理。虽然从统计学角度来看，这种立场可能没有依据，但我认为把它描述为不合逻辑对解决问题本身并没有帮助。

通常，我因工作需要而经常乘坐飞机，并且并不害怕乘坐飞机。但事实证明，虽然我的"骑手"知道我是在空中的金属管里，我的"大象"却坚信这只是一个拥挤不适的房间，而且我的脚下有坚实的基础。几年前，我在跑道上下飞机，碰巧看到了那架飞机下方的行李区域是多么小，这打破了我关于"坚实基础"的认知。我的"大象"

立即接管了情况，连声说："别再看了。不，不，不，我不想知道。"

所以，人们感知的风险通常超过实际风险，而感知的风险受多种变量的影响，比如媒体报道、信息来源和个人经验。

4.2.9　我们从经验中学习

在一本关于行为改变的学习设计的书中，说"我们从经验中学习"应该是相当不具争议的。我认为每个人都会同意这一观点。

但值得一问的是，我们究竟从某些经验中学到了什么。例如，我的朋友萨曼莎几年前加入了她社区的健身房。作为会员的一部分，她获得了两次免费的个人训练课程。

她曾是其他健身房的会员，所以她期待的是有人会给她介绍设施并给出一些锻炼策略，但她的第一次个人训练课程的教练简直就是私人教练中的"军事教官"。

（不是真正的教练，而是同等强度的人）

这位教练让我的朋友在健身房里做弓步、做健美操、举重等一切锻炼。第二天，我的朋友疼痛到几乎无法移动。

那么,她从这次经历中学到了什么呢?或更具体地说,她的"大象"(即情感和直觉的一部分)从中学到了什么呢?

是的,那次之后,她的"大象"对健身房就没什么热情了。幸运的是,她的"骑手"(即理性和逻辑部分)知道健身房会员资格是件好事,回去健身会有益处。不过,她从未使用过第二次免费的个人训练课。

4.2.10　可能性与个人经验

当我们的个人经验与概率相矛盾时,哪个会占上风呢?

在一项研究中,有更长驾驶经验的司机在驾驶时使用手机(发短信/浏览网页)的可能性较小,但曾在驾驶时使用手机的司机将来更有可能再次这样做(Oviedo-Trespalacios 等人,2018)。很可能是他们过去在驾驶时使用手机的经验让他们有信心继续这样做。

每年的乳腺癌筛查在医学界是一个有争议的话题(Bilodeau,2020)。尚不完全清楚结果是否值得付出努力、费用和不适。我不会假装我有资格评判这个科学问题,但我的决策总会受到一个事实的影响,即一个亲近的家庭成员通过年度筛查发现了一种罕见且侵袭性强的乳腺癌。除了改变我自己的风险评估,我还会受到个人经验的影响,即乳腺癌筛查为她带来了积极的结果。

在 Thinking in Bets 一书中,安妮·杜克描述了一种叫作"结果导向"的现象。她将其描述为"倾向于将决策的质量与其结果的质量等同起来"。杜克是决策制定方面的专家,具有认知心理学背景,也是几十年的职业扑克玩家。举例来说,如果你有一个应该有 70% 胜率的扑克牌,你应该下注。如果失败了,那么合乎逻辑的假设是你这次陷入了 30% 的可能性。

当你下次再遇到同样的牌时,结果导向现象就会发生。你应该下注,因为 70% 是一个相当不错的概率。如果你因为"上次没赢"而不下注,那你就是在进行结果导向的思考。

4.2.11 他们带着什么样的经验来上课

那么,学习者以往的经验是如何影响我们设计学习环境的?例如,如果你正在教授一门关于运动和健身的课程,你的听众中可能有人有过非常真实的运动经验,觉得运动是不愉快、痛苦或尴尬的(别让我开始谈论小学体育教育是如何组织的)。你如何确保你的学习设计能帮助人们处理这些经验,或鼓励他们以一种有益的方式重新组织这些经验呢?

对于本章我们一直在探讨的主题,学习者的个人经验可能是什么样的?根据我自己的经验,我见过很多像以下这些例子的情况。

行为	价值
医疗人员需要安全地处理疫苗注射针或其他锐物	有助于预防医护人员和清洁人员受伤或感染 Marcus:"我知道针刺伤是一件坏事,但根据我的经验,它们相当罕见,而且我认为我们现在不需要改变任何东西,因为我们已经非常忙碌了。"
销售人员需要使用咨询式销售来建立客户关系(而不是基于产品的销售)	潜在收益包括改善客户关系、基于客户需求进行交叉销售,以及建立更持久、更值得信赖的客户关系,这可能会转化为更高的总销售额 Eliana:"我从事销售工作已经 25 年了,我看过这些项目来来去去。但是,无论如何,请占用我本应该与客户在一起的时间,告诉我这个'了不起的新销售方法'是如何运作的。"
管理人员需要有效地使用新的绩效评估系统,该系统将用于季度或月度绩效评估(而不是年度评估)	如果这个系统能按设计的方式运行,那么管理人员就只需更新正在进行的评估,而不是从头开始撰写新的评估,因此每次绩效评估的工作量可能会减少。员工更不太可能受到突发问题的惊吓。员工可以获得更及时的反馈,提高他们的绩效并改善他们与管理人员的关系 Yasmina:"绩效评估是一件苦差事,现在你又要我更频繁地做?我的团队知道这只是为了证明他们每年加薪的合理性,我们所有人都忙得没有时间在系统中增加更多的官僚主义。"

因此,无论新的培训计划实际上多么有可能产生期望的奖励或避免负面后果,学习者通常会觉得这不太可能,这会让他们更不倾向于认为这种行为是有价值的。

4.3 邮件影响培训的例子

我们会在后面的章节中讨论解决方案,但现在我可以解决一个抽象、延迟、不太可能的奖励的例子,这样我们就可以思考如何让它更具体、即时和确定。

我们稍后讨论其他一些例子，但现在，让我们先来看看这一个：

管理者需要有效地使用新的绩效评估系统，该系统将用于季度或月度的绩效评估（而不是年度评估）。

我们知道观众中已经有一些人持怀疑态度，那么你认为学习者收到这封电子邮件时会有多兴奋呢？

致：工作坊参与者
发自：培训部门
主题：SYSWORKSHOP 2876B——强制性绩效评估系统培训

在接下来的一个月内，你需要参加一个为期 2 小时的新 PerformStar 系统培训工作坊，该系统将实施月度或季度评估。

工作坊将涵盖如何在系统中输入绩效评估并更新现有的评估。

工作坊结束后，参与者将能够：

- 列出新系统的五大关键优点。
- 创建新的绩效评估。
- 从现有系统中导入数据。
- 描述一个持续的计划以保持评估的更新。

点击这里选择工作坊时间。

这是大象完全不感兴趣的那封电子邮件。让我们看看这会如何影响我们的观众。你认为她会看到这件事的价值吗？

两个小时？到底有什么事需要两个小时？而且我至少在两个月内都没有考核，所以我现在真的需要做这个吗？

我认为我们应该理解她的回答是否定的，她现在看不到价值。相反，她比较关注的是付出的努力以及她暂时不会立刻用到这个系统。

4.3.1 改进邮件

为了改进电子邮件，我们希望让学习者感觉到这更加重要，更具形象性，更即时，也更可能发生。

以下是一些改进我们传达这一倡议的价值

的方法：

- 使用引人注目的邮件主题。
- 添加有助于接收者注意并处理信息的视觉元素，使学习者能够想象改变可能是什么样子的。
- 阐明变化所解决的问题。
- 以一种具体和即时的方式呈现好处——这将如何帮助他们？
- 使用社会认同作为证明。
- 解决认知障碍，并解释易用性。
- 提供引人注目的行动号召。
- 获得反馈。

以下各小节将涵盖这些内容。

4.3.2　使用引人注目的邮件主题

我不是网络诱饵或满是政治和募捐邮件的收件箱的粉丝，但我必须承认，那些邮件主题的作者在如何吸引人点击方面确实有一套。

一些更好的策略包括使其极易阅读。人们的收件箱里充斥着各种信息，所以要确保他们一眼就能明白邮件是关于什么的。

另外，要专注于收件人能够做什么，以及这如何解决他们的问题。

那么让我们改进一下我们的邮件主题，使其更具体和直接。

原标题：SYSWRKSHOP 2876B——强制性绩效评估系统培训

修订后的：

工作坊：使用 PerformStar 与你的团队保持联系（即使大家都很忙）

我可能会认为这是一个更好的邮件主题，但实际上我的看法并不重要。关键是，观众会有更好的反应吗？接下来要做的是用你的目标群体中的一些人来测试这个邮件主题。你可以问问他们认为这个主题意味着什么，看看它是否听起来有趣和有用。你也可以给他们展示三个不同的邮件主题，让他们选择最好听或最有趣的那一个。

这听起来可能像是为了一封简单的邮件而做了很多工作，但这条信息是与每个人的第一个接触点。如果他们一开始就有个好印象，那么后面的一切都可能会更顺利。即使没有其他改进，去掉专业术语的数字代码和"强制性"这个词也是一种改进。（它可能是强制性的，但这个词何时表明接下来会有好事发生呢？）

4.3.3 添加有助于接收者注意和处理信息的视觉元素

营销人员在标语和视觉设计方面总是比教学设计师更出色，但问问自己是否有办法为学习者提供一个具体的视觉元素，让他们能够想象出价值将是什么。尽量避免使用过于陈词滥调的库存图片，并且如果可能的话，雇用一名平面设计师。

执行明星

4.3.4 阐明变化所解决的问题

任何改变行为的信息传播都应始终集中于如何解决学习者的具体问题。你可以尝试解释正在解决什么问题以及对一个对主题一无所知的人来说有什么好处，并用这些词来为你的受众制作一个非特殊行话的版本。

原文：在接下来的一个月内，你需要参加一个为期 2 小时的新 PerformStar 系统培训工作坊，该系统将实施月度或季度评估。工作坊将涵盖如何在系统中输入绩效评估并更新现有的评估。

修订版：绩效评估应该是你与团队建立联系，帮助他们做到最好的关键方式之一，但当前的绩效评估系统并没有帮助你做到这一点。我们听到了你对年度制度过于迟来且无助于团队建设的看法。因此我们找到了一个更好的工具来支持你和你的团队。

4.3.5 以一种具体和即时的方式呈现好处

在教学设计中一个常见的智慧是，你需要告诉学习者经常出现在课程开头或描述中的学习目标。这种做法的问题在于，学习目标通常用僵硬的正式语言编写，这就像是告诉你的学习者"这个内容很无聊"。相反，尝试考虑如果你只是和他们聊天，你会如何解释课程的好处，并用那种对话的语气向学习者传达目标和目的。

原文：工作坊结束后，参与者将能够：

- 列出新系统的五大关键优点。
- 创建新的绩效评估。
- 从现有系统中导入数据。
- 描述一个持续的计划以保持评估的更新。

修订版：在这个工作坊中，我们将介绍如何立即使用 PerformStar 来帮助团队沟通和反馈，无论你是开始新的评估，还是转移或更新现有的评估。

4.3.6　使用社会认同作为证明

如果你在线浏览购买本书或其他书籍，你可能会查看以下几个部分的信息：

- 作者或编辑撰写的书籍描述。
- 知名人士对书籍的推荐语。
- 读者的评分和评论。

如果这些信息不一致——比如说，读者评论称书籍与描述不符，而且不是很好——那么你更可能相信谁：读者还是撰写书籍描述的作者/编辑？如果你和我问过的大多数人一样，那么答案是读者评论是最值得信赖的来源。

原文：（没有推荐语）

修订版：听听你的同事们是如何评价这个系统有多有用的。

Janet　　Peter　　Ellis

理想情况下，你提供的推荐意见应基于允许一小组员工尝试并提供反馈意见的试点测试结果。

推荐意见是市场营销的基本元素，但我在培训应用中并没有看到它们被广泛使用。我在其他章节中讨论了社会认同和联系，但请记住这个策略。

4.3.7　解决认知障碍，并解释易用性

如果你知道学习者可能会有哪些反对意见，你可以直接解决这些问题。

原文：（未讨论易用性）

修订版：我们已经通过一个试点群体测试了这个解决方案，以找出最简单的方法，使现有评估的导入过程顺利且无麻烦。我们期待你的进一步反馈。

4.3.8 提供引人注目的行动号召

尽量把行动与实际目标联系起来，而不是与流程中的某个官僚程序有关。

原文：点击这里选择工作坊时间。

修订版：你对更好的表现和辅导有什么目标？点击这里分享你的想法，并报名参加工作坊。

4.3.9 获得反馈

最后一点是最重要的。你对努力的看法真的不重要。重要的是它如何影响你的受众，而这一点你无法猜测。真正了解的唯一方式就是去测试并获得反馈。

原文：由培训团队和利益相关者进行审查。

修订版：与六到八名表示工作坊听起来有趣和有用的目标受众成员进行测试，并询问是否有任何语言让人觉得无聊、混乱或做作。

4.4 关键要点

- 人们总是会问自己价值减去实现那个价值所需的努力是多少，即使是有价值的回报也必须与许多其他优先事项竞争。
- 价值不仅仅指回报或后果有多大或多重要，还包括它有多直接、多切实和多可能。
- 一个人立即获得的较小的回报可能比将来获得的较大的回报更具吸引力。
- 除了 WIIFM（对我有什么好处？）之外，还要问 WCIDWT（我能拿它做什么？）。
- 有形的回报或后果影响最大。回报或后果的具体而真实可能比发生的可能性更重要。
- 人们通过经验学习，因此要考虑学习者带来的先前经验，以及确保他们对新行为的初次尝试是积极的经验。
- 使用策略，使学习者的价值更加即时、具体和真实。

参考文献

Ahn, Sun Joo Grace, Jeremy N. Bailenson, and Dooyeon Park. "Short- and Long-Term Effects of Embodied Experiences in Immersive Virtual Environments on Environmental Locus of Control and Behavior." *Computers in Human Behavior* 39 (2014): 235–245.

Bergen, Benjamin K. *Louder Than Words: The New Science of How the Mind Makes Meaning* (New York: Basic Books, 2012).

Bilodeau, Kelly. "Is It Time to Give Up Your Annual Mammogram?" *Harvard Health Publishing* (blog), May 1, 2020, https://www.health.harvard.edu/blog/is-it-time-to-give-up-your-annual-mammogram-2020050119682.

CDC (Centers for Disease Control). "Health Benefits of Quitting Smoking Over Time," accessed January 2, 2023, https://www.cdc.gov/tobacco/quit_smoking/how_to_quit/benefits/index.htm.

CDC. "2004 Surgeon General's Report: Consumer Summary," accessed January 2, 2023, https://www.cdc.gov/tobacco/data_statistics/sgr/2004/consumer_summary/index.htm. (Note this is an archived resource that may not reflect the most current scientific findings.)

Duke, Annie. *Thinking in Bets: Making Smarter Decisions When You Don't Have All the Facts* (New York: Penguin, 2019).

Fandom Public Information Film Wiki, s.v. "Truth - Singing Cowboy," accessed January 3, 2023, https://pif.fandom.com/wiki/Truth_-_Singing_Cowboy.

Gandhi, Rikin, Rajesh Veeraraghavan, Kentaro Toyama, and Vanaja Ramprasad. "Digital Green: Participatory Video for Agricultural Extension," *2007 International Conference on Information and Communication Technologies and Development*, Bangalore, India, 2007, 1–10, 10.1109/ICTD.2007.4937388.

Harwin, Kerry and Rikin Gandhi. "Digital Green: A Rural Video-Based Social Network for Farmer Training," *Innovations: Technology, Governance, Globalization* 9, no. 3–4 (2014): 53–61. https://direct.mit.edu/itgg/article/9/3-4/53/9789/Digital-Green-A-Rural-Video-Based-Social-Network.

Kahneman, Daniel. *Thinking, Fast and Slow* (New York: Farrar, Straus and Giroux, 2011).

Moore, Cathy. "Elearning Scenario Example: Have Learners Use the Job Aid," *Action@Work* (blog), accessed 1/3/2023, https://blog.cathy-moore.com/2011/10/how-to-create-a-memorable-mini-scenario/.

Noar, Seth M., Marissa G. Hall, Diane B. Francis, Kurt M. Ribisl, Jessica K. Pepper, and Noel T. Brewer. "Pictorial Cigarette Pack Warnings: A Meta-Analysis of Experimental Studies," *Tobacco Control* 25, no. 3 (2016): 341–354.

Oviedo-Trespalacios, Oscar, Md. Mazharul Haque, Mark King, and Simon Washington. "Should I Text or Call Here? A Situation-Based Analysis of Drivers' Perceived Likelihood of Engaging in Mobile Phone Multitasking," *Risk Analysis* 38, no. 10 (2018): 2144–2160.

Paek, Hye-Jin and Thomas Hove. "Risk Perceptions and Risk Characteristics." In *Oxford Research Encyclopedia of Communication*. 2017.

Segar, Michelle L., Jacquelynne S. Eccles, and Caroline R. Richardson. "Rebranding Exercise: Closing the Gap Between Values and Behavior." *International Journal of Behavioral Nutrition and Physical Activity* 8, no. 1 (2011): 1–14.

Segar, Michelle. *No Sweat: How the Simple Science of Motivation Can Bring You a Lifetime of Fitness* (New York: Amacom, 2015).

Sood, Suemedha. "What Is the Safest Mode of Travel?" BBC Travel (blog), January 27, 2012, https://www.bbc.com/travel/article/20120127-travelwise-what-is-the-safest-mode-of-travel.

Valente, Lisa. "10 Health Benefits of Eating Vegetables, According to a Dietitian," *EatingWell* (blog), June 1, 2021, https://www.eatingwell.com/article/7902170/10-health-benefits-of-eating-vegetables-according-to-a-dietitian/.

Wikipedia, s.v. "Problem-Based Learning," last modified November 30, 2022, https://en.wikipedia.org/wiki/Problem-based_learning.

第 5 章

Talk to the
Elephant

理解动机

大象更换灯泡

我喜欢灯泡笑话㊀。事实证明，如果你坚持一个笑话类型，那这些笑话更容易被记住。我最喜欢的灯泡笑话是这个：

问题：需要多少个心理治疗师才能改变一个灯泡？

答案：只需要一个，但灯泡必须真的想改变。

这是一个老笑话，但它说明了动机是行为改变的关键因素。

同样，当我们谈到学习和动机时，有两种不同的思考方式：

- 学习的动机：参与者付出注意力和参与学习体验的动机是什么？
- 行动的动机：参与者实际执行他们正在学习的行动或行为的动机是什么？

在这一章中，我提到了学习的动机，但主要关注的是行动的动机。（这两者是相互关联的。）

5.1 只是懒惰吗

就像我在第 1 章提到的，在我参与的项目中，我听到过以下这些关于学习者的评论：

- 我们无法让学习者集中注意力。
- 我们希望我们的学习者能更加自主。
- 他们缺乏动力。
- 他们只是懒惰。

真的吗？他们只是懒惰？企业是怎么成功雇用了一群懒惰的人呢？如果真是这样，我会去审视企业的招聘流程，而不是企业的培训项目。

我不太相信"懒惰的人"的解释。首先，我不认识那么多懒惰的人。我确信一些人是懒惰的，但我认识的大多数人都非常忙

㊀ 灯泡笑话是一种常见的笑话类型，通常以一个看似简单的问题开始，但答案却出乎意料。——译者注

碌，忙得都快走不动了。其次，出于很多原因，"懒惰"不是一个有用的设计指南。

在第 4 章中，我提到了同时有 37 件重要的优先事项的情况：有时候人们只是有更重要的事情要做而已。

而且你和他们谈过吗？因为在和他们谈过之前，你应该对自己关于他们为什么不做某事的假设持有怀疑态度。

5.2 创造条件使他人自我激励

当我在写这一章时，我的同事 Matt Richter 提醒了我，这并不是关于如何激励人们的。

等一下。这听起来不对。怎么会有一个关于动机的章节却不是关于如何激励人的呢？

在 2012 年的一次演讲中，动机理论家和研究者 Edward Deci 这样解释（Deci, 2012）：

"不要问你该如何激励别人，这是错误的思维方式。相反，应该问'你该如何创造条件让其他人自我激励？'"

我们将在本章后面部分以及第 9 章~第 12 章中进一步讨论如何做到这一点，但值得记住的是，你不能决定人们关心什么，因此最好专注于创造支持他们的环境。

5.3 动机的持久性

当我们考虑动机时，我们还需要考虑动机的持久性。你是因为正盯着这个人看，所以看到了这种行为，还是这种行为在你的注意力转移后仍然会持续？当另外 37 件事情出现时，这个人一开始的热情会迅速消失吗？

5.4 内在动机和外在动机

因为我大部分的工作都是为职场环境设计学习体验，一个人应该受到激励的最简单的解释就是这是他们的工作。

如果你是一名大学生，那么你的工作就是学习和投入，所以理论上说，一个激励性的学习体验是不必要的。

但如果我们说："他们应该受到激励，因为这是他们的工作！"这就有点像孩子和父母之间的分歧到了"因为我说过！"的阶段。技术上说这是正确的，但这对任何一方都不是最有帮助的立场。

所以我会默认"这是他们的工作"并不是最好的可被依赖的动机，并尝试去找一些其他可能影响动机的因素。

人们总是会做出选择，并有多种方式接受或拒绝行为的改变。

5.4.1 外在动机

外在动机是来自被激励者之外的任何事物。

外在动机也可能来自避免负面后果的发生，如被记过、得到差评、被解雇、被迫洗碗、公开羞辱、社交媒体账号被封或是被逮捕。

5.4.2 内在动机

内在动机是来自某人内心动力的任何事物。比如，有人学动画是因为他们真的很喜欢日本动漫并且想制作一些很酷的东西，有人学习法语是因为他们喜欢法国的一切并真心想去巴黎游览，有人想成为一名人权律师，是因为他们对法律论点感到着迷并且想要帮助人们。

有时事情可能由外在动机驱动而开始，但随着时间的推移，内在动机越来越强烈。

例如，有人参加一个关于植物性烹饪的课程，因为他们认为这会帮助他们降低患癌症的遗传风险，但随后他们开始真正享受它，因为他们喜欢弄清楚如何制作美味和令人满意的素食。

注意到内在动机的列表与外在动机的列表有何不同了吗？每个项目都包含"因为"这个词，原因是那个人关心那件事。

外在动机也形成了一个连续体。例如，有人可能出于完全外在的原因而害怕得到一个差评——他们需要一个特定的分数点以获取工作、申请研究生，或者有资格获得奖学金或项目。但他们也可能因为自己高成就学生的身份而害怕得到一个差评，他们喜欢有一个完美的学术记录的感觉，并且（即使在没有外部后果的情况下）得到一个差评会磨灭他们的成就感。这涉及完全外在的力量——关于分数的外部信息和观点——但也涉及内部的需求和价值观。

因此，开始思考动机的一种方式是考虑除了完全外在的因素之外，为什么有人会关心眼前的这件事。

Marcella 正在为学生运动员创建一门关于反兴奋剂的课程。那么，Marcella 和学生运动员为什么应该关心反兴奋剂呢？

外在："我认为外部后果非常明显。他们因为使用兴奋剂违规可能会被取消资格或被禁赛。如果是团队运动，整个团队都可能受到影响。"

其他原因呢？"这就是我们真正想让孩子们思考的：他们重视什么？他们想成为怎样的运动员？他们想成为怎样的团队成员？"

Jerome 正在为从事高空作业的农业工人更新安全准则和培训材料。嘿，Jerome，农业工人为什么应该关心高空作业的安全准则呢？

外在："我想如果他们被发现没有安全操作，可能会被解雇？罚款通常是由雇主承担的，而不是员工，但如果老板因此被罚款，他们会对你非常不满。"

其他原因呢？"不失去生命会不会是个好主意？我认为大多数人都会关心这个。或者不用坐轮椅，或者能看到你的孩子长大？对我来说，这些听起来都非常重要。"

Deepa 正在她的医院中为非临床员工创建一个关于洗手合规性的新活动。

Deepa，为什么非临床员工应该关心洗手指南呢？

外在："嗯，我猜他们可能会受到经理的责备，但老实说，对于非临床员工来说，这是相当罕见的。"

其他原因呢？"嗯，没有人想生病或成为别人生病的原因。难点在于，人们很难知道何时会出现这种情况。"

各种类型的回报或后果都有其适用的场合，但当你在创建学习旅程时，你通常无法影响完全外在的回报或后果（尽管这可能取决于你的组织）。

对于内在回报，挑战在于作为设计者，你不能决定对别人来说什么是内在的。你不能创造内在的回报。然而，你可以做的是弄清楚你的受众中的人们重视什么，并帮助他们在这些价值观和他们正在学习的行为之间建立联系。

5.5 动机理论

学界有许多不同的动机模型和框架，我在这一章中无法一一说明。我将花时间讨论一个我认为对学习设计有用的模型。该模型来自心理学家爱德华·德西和理查德·瑞安的自我决定理论。如果你读过丹尼尔·平克的 *Drive*，其中几个观点会让你感到熟悉。我们将研究如何主动地将其纳入学习设计。

自我决定理论有很多组成部分，但它基于三个基本的心理需求：自主性、能力感和关联性。每一种需求都提供了一个框架，以查看我们如何设计学习体验。

5.5.1 自主性

自主性是德西和瑞安描述的"自我调节自己的经历和行动的需要"（Deci 和 Ryan，2018）。人们受到一种感觉的激励，即他们对自己的情况有一定的控制权，他们是行动者而不是被动者，并且他们的行动符合他们的价值观和目标。

在人们感觉自己没有任何代理权或控制权的环境中，自主性很难产生。你知道这是什么样子。我们都曾在一个没有人投入其中的企业中，没有人关心事情是否一团糟，也没有人对任何事情负责。

我并不是说缺乏自主性是那些企业出现问题的唯一原因，但它几乎肯定是其中一个因素。

那么，学习体验是如何培养自主性的呢？有很多方法，但主要的方法是确保人们在工作内容和工作方式上有选择权和控制权。

5.5.2 员工真的能做决定吗？

埃里克·弗拉姆豪茨曾在他的书中谈到工作委派。他描述了当一名管理者委派一个任务时，可能面对的三种结果：

- 员工达到了预期结果，并按照管理者的方式完成了任务。
- 员工达到了预期结果，但没有按照管理者的方式完成任务。
- 员工没有达到预期结果。

在第一个结果中，可能没有问题。员工以与管理者相同的方式做了所需的事情。在最后一个例子中，没有达到预期结果，所以需要解决一些问题。

但是那个员工用不同的方式完成任务的中间选项呢？如果管理者对此没有问题，并且每个人都转向下一个优先事项，那么这很可能是一个支持员工自主性的工作环境，至少在这种情况下是这样。

然而，我也遇到过相当多的人，他们就是无法放手。下次他们会对员工如何完成工作施加控制。这些管理者不会营造一个支持自主性的工作环境。

我经常遇到这样的问题："我们是否应该在电子学习程序中锁定导航？"我的回答是："不，除非有非常好的理由要锁定它。"这个答案可以推广到很多情况。我应该尝试为这个学习者、员工、参与者或其他任何人控制事情吗？不，除非有非常好的理由这样做。否则，默认允许他们做决定。

这甚至可以反映在所使用的语言中。

5.5.3 "你必须"与"我可以"

高度监管的环境之所以存在，是因为有人试图从系统中消除错误。在这些组织中，错误通常是致命的，如商业航空公司、医院和核电厂。我们希望这些环境具有非常低的错误率。

我正在与一位在医疗机构进行医疗监督访问的客户交谈，她告诉我："没有人主动采取行动。这太令人沮丧了！"我指出，完全循规蹈矩的管理风格可能会扼杀主动性，她在思考这个想法时脸上的表情真是个景象。

"减少错误"和"支持自主性"这两个目标并不一定要相互对立。在设计支持自主性的学习体验时,以下是一些需要考虑的问题:

- 哪些行为必须按照规则来执行(例如出于安全目的)?
- 如果规则有其目的,是否已明确传达,并且学习者有机会将该目的与他们自己的价值观或目标联系起来?
- 参与者可以根据哪些行为做出判断或按照自己的风格进行修改?
- 是否存在"为了制定规则而制定规则"的情况?
- 在课堂上,有没有学习者可以告诉你的事情,而不是你告诉他们的?

我查看了美国劳工部网站上有关"建筑行业石棉标准"的培训幻灯片(这和你想象的可能一样令人"兴奋")。我统计了在总共 80 张幻灯片中使用了多少次有关"控制"的词语:

- 必须:53 次。
- 应当:23 次。
- 控制:24 次。
- 标准:17 次。
- 遵守:18 次。
- 监控:23 次。
- 要求:36 次。
- 规定:27 次。

石棉是危险的物质,劳工部试图减少处理石棉时的错误是完全有道理的。

但如果一个客户带着这样一个问题来找你呢:"经常与石棉打交道的人非常重视它,但其他一些工人在拆除过程中仍会随意拿东西,而不进行安全验证。他们知道规则,但我认为他们觉得这种与"石棉"的接触很少见,所以只要戴上口罩就没事了。年纪大的人是最糟糕的——他们开玩笑说到目前为止还没死。"

如果你面临的是这样的动机挑战，你觉得让他们坐下来听你说 53 次"必须"有多有效？

有经验的工人应该是最谨慎的，但情况并非总是如此。而且，如果有人觉得他们已经足够了解这些材料，再让他们坐下来听一遍会有帮助吗？

有经验的人可能会觉得，被反复告知"遵守规则"是对他们经验的不尊重。

他们有这种感觉是正常的。

根据我的经验，设计学习体验的人对工作的现实情况了解得没有实际从事该工作的人多。这并不意味着有经验的人不会有误解或知识、技能的不足。但这确实意味着，忽视他们的经验将引发他们的恼怒和抵抗。

5.5.4　让人们参与解决方案

培养自主性和动机的一个关键方式是让人们参与确定解决方案。我最喜欢的一个例子来自阿图尔·葛文德的书 *Better*。葛文德是《纽约客》杂志的医学作家，同时也是一名外科医生。在他的书中，他探讨了医学界试图改进实践的各种方式。

他描述了自己在匹兹堡医院进行的一个案例研究，试图改善洗手行为。他承认，即使是他自己有时也会疏忽，他描述了合规性和执行力度如何没有带来更好的结果。

最终，他们尝试了葛文德描述的"正向偏离方法"（下一章将详细介绍⊖）。他们观察了哪些方法有效，并与员工进行了小组会议，提出了这样的问题："我们想知道你们如何解决（医院感染问题）。"

大家纷纷提出了各种想法，每个人都有关于如何改进流程和物理布局以解决问题的想法。过了一段时间，团队里的想法开始重复，但组织者继续进行，以便每个人都有发言权，并可以做出贡献。

项目进行了一年后，医院的感染率降到了

　　⊖　作者在下一章中所指的是"试图改善洗手表现"的案例。——译者注。

零,尽管之前几年一直没有改善。

不要问:"这个话题为什么重要?"

而要问:"这重要吗?你为什么会这么认为?"

5.5.5 能力感

能力感是一种有效性或熟练感。基本上,人们喜欢自己擅长某些事情的感觉,特别是他们的关键角色(例如,工作、家庭、爱好)。

没有人喜欢在某件事上感觉不好,当有人觉得自己做得不好时,可能会导致他们想完全避免参与其中。

5.5.6 关联性

关联性是与他人有社会联系的感觉,包括有一种归属感或像社会团体的重要成员的感觉。我稍后在书中讨论社会联系和社会认同,但人们通常会因为与他人相关联或作为团体或社群的一部分而受到激励。

例如,在一个说服性的宣传活动中,图片中的人看起来像你或你认识的人吗?这些人是你认同的团体的一部分吗?如果学习者觉得模仿这种行为的人与他们相似,他们更容易被说服。

专家告诉你该做什么是一回事,当你看到长得像你、正在分享他们真实经验的人时,感觉完全不同。

5.6 动机作为一个连续体

Deci 和 Ryan 将他们的范围从无动机到外在动机到内在动机组织为一个连续体。

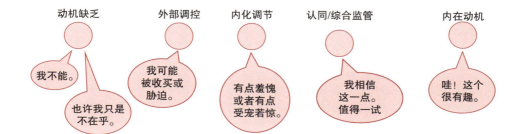

我们将查看这五个类别,并讨论如何使用每个角度来改变我们创建学习材料的方式。我们要讨论的一部分是如何将焦点从连续体的左侧移向右侧,以使用更多的激励策略,但这些都是工具箱中的工具。

一般来说,我们希望更多地关注内在动机,但外在动机也有其作用。例如,金钱通常被认为是一个外在动机,但我们大多数人需要金钱来支付食物、住所和其他必需品。如果雇主停止支付工资,那些工人可能就需要停止在那里工作,无论他们觉得这份工作有多么有价值和有意义。

5.6.1 动机缺乏

如果有人动机缺乏,这意味着他们的动机是不充足的。可能有不同的原因。例如,这个人可能认为某事是不可能的,或者对其缺乏兴趣、相关性或价值。对于我们不感兴趣的事情,动机缺乏是我们的正常状态。例如,我在成为专业篮球运动员所需的大多数行为方面是无动机的。

人们可能因为能力需求未得到满足而缺乏动机。举例来说,如果我开始了一份新工作,公司有一个团队建设活动,结果发现我的新同事和另一个部门有着悠久的篮球竞赛历史。如果有人建议我参加,我可能会非常不愿意。这一方面因为我对篮球不太感兴趣,另一方面因为我认为自己打篮球的能力相当低。我觉得自己没有足够的能力打好篮球。如果我觉得自己会做得很好,那也许还好,但那并不是我想象中会发生的事。

认知是这个问题的关键部分。我的动机将

取决于我对自己打篮球能力的主观感觉，而不是客观的评估。我第一次和一些喜欢攀岩的朋友外出时，我认为我不可能也去攀岩，我只是去远足而已。然而，事实证明，在较简单的路线上，我可以攀岩。虽然我从未真正擅长它，但在之后的几年里，我时不时地都会享受尝试攀岩。

所以这意味着，学习者对自己能力的看法对于动机来说，可能和他们实际的能力一样重要，甚至更重要。

动机缺乏也可能发生在某人有能力做某事，但就是不想做的情况下。例如，一名餐厅服务员有能力提供礼貌的客户服务，但他就是不想这么做。

很难说这是否是学习设计师应该解决的问题。例如，如果有人因为不理解行为的价值而缺乏动机（如前一章所讨论），那么学习设计师可能能通过增加理解来影响这种情况。如果价值的传达没有改善动机缺乏的状态，那么可能是时候问："这个人适合这份工作吗？"

我从我的同事、学习公会研究主管简·博扎思博士那里学到了一句话，大意是："如果你有无限的时间和资源，你能教一只火鸡如何爬树吗？也许可以。但雇佣一只松鼠不是更简单吗？"明白某事的价值但仍然无动机的人，可能就不是一只"松鼠"。

5.6.2　外部调控

如果某人只是因为外部影响而做某事，这就是外部调控。这可能是某种回报，比如成绩或证书，或者是负面后果的威胁，如惩罚、罚款或被解雇。

正如我在本节开始时提到的，外部调控本身没有错，但它不应该是工具箱里唯一的工具，而且可能会被误用。

这里有几个例子，其中的外部调控并没有达到预期效果。

1. 绘画以获得奖励

Alfie Kohn 是一名关于教育问题的作家和演讲者,他引用了一项研究(Lepper 等人,1973),其中孩子们因绘画而获得了奖励。在第一组中,孩子们被告知绘画会有奖励(一个带金色印章和丝带的证书)。第二组在完成绘画后才收到证书(一个意外的奖励),第三组没有收到任何奖励。

在初次活动后,当奖励不再作为一个选项出现时,意外奖励或无奖励条件下的孩子们对绘画的兴趣比获得奖励的孩子们更高。这被称为过度合理化效应。

这有点道理。许多孩子本能地喜欢绘画,并且通常不需要任何奖励就会去做。将奖励加入其中似乎并没有增加他们的动机,反而可能只是一个干扰。

然而,过度合理化并非总是会出现。有一些奖励计划(例如阅读计划)的例子并没有对孩子们的行为产生负面影响,而对早期尝试的奖励可以在他们建立技能的同时保持其动力,从而提供额外的动机。

但因为过度合理化有时会出现,我们知道奖励并不总是能增加行为,你需要测试外部奖励方案以确保你得到预期的结果。

奖励也可能导致行为数量的增加,但不是质量的增加。例如,如果孩子们每画一幅图,你便支付 1 美元,你可能会得到很多画作,但细节和注意力的水平可能会受到影响,因为你已经把游戏从"画出酷炫的图片"变成了"赚更多的钱"。

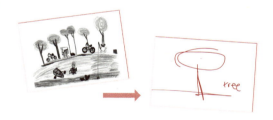

正如 Edward Deci(Deci,2012)所描述的:

"当你的动机受到控制时,你倾向于选择通往期望结果的最短路径。"

2. 健康礼品卡

许多雇主为员工推出了健康计划,以激励更健康的行为。这些计划中的许多项目涉及做出健康行为(例如,午餐时间散步),员工会因此得到积分或奖品。这应该是双赢的,对吧? 员工会更健康,反过来这有可能通过减少因疾病导致的缺勤来改善雇主的成果。

但是，这些健康计划的结果并不明确。在一项大型随机临床试验（Song 和 Baiker，2019）中，研究人员发现，尽管健康计划增加了报告锻炼和体重管理活动的员工数量，但在其他方面"并没有显著的差异，包括自我报告的健康和行为；健康的临床指标；医疗保健支出或利用；或者在 18 个月后的缺勤、任期或工作绩效。"

关于健康计划，我见过的最离奇的轶事是堪萨斯城的员工设法从员工健康计划中骗取了超过 30 万美元的礼品卡。其中一名员工通过报告所谓完成的健康行为，收集了 18.5 万美元的礼品卡，包括声称一个三岁的孩子完成了四次铁人三项、三次马拉松、两次双项铁人赛和三次半程马拉松。

如果目标是变得更健康，那么计划并没有真正达到预期效果。如果目标是积累健康行为的清单，那么他们绝对是成功的（除了将被法律惩罚的欺诈部分）。

3. 强制性学习

几年前，有一个专业组织邀请我发表演讲，当时他们正在修改专业发展的指导方针。在我与他们合作的那段时间里，保持专业认证的一部分要求是每年需要 40 个小时的继续教育。

这看似是一个不错的主意。你是一名高级专业人士，每年都会花一周时间提升自己的技能或跟上领域内的最新发展，这听起来都很棒！这不仅有利于你，也有利于你的雇主或客户，因为你需要保持自己的技能敏锐。

但这也略有点武断。40 是一个很好的整数，而且小时数也很容易记录，但问题是他们把目标从"提升你的技能"或"跟上新的发展"转变为"达到 40 小时"。

参与活动的人们告诉我，其中有人额外支付费用给保姆，以便在录音解说停止播放时点击电子学习中的"下一步"按钮，以完成几个小时的在线学习记录。

有人告诉我，他在一个时长 8 小时的现场研讨会上看到一个人坐在房间后面，在上课期间打开了两台笔记本电脑。这个人在参加课程的同时，正在完成两个 8 小时的电子学习课程,所以在一天结束时,他们将完成规定时长的 24 小时。

考虑到我们现在可以通过多种设备进行学习,如果有人真的想这么做,他们可能会同时在三四个设备上进行课程学习。

再次强调,如果游戏的目标是"达到 40 个小时",那么这个人就是赢家。

外部动机通常不是由创建培训材料的人设定的,因此在学习设计中的角色就是传达这些回报或后果。

当你听到外部监管的语气时,你会立即认出来。

外部监管(带有规定、规则或惩罚)可能是必要的,但如果激励仅止于此,那可能是不够的。

例如,规定和惩罚几乎肯定是将提高成绩的药物排除在体育运动之外的一部分,但如果学生运动员听到的唯一信息是"不要服用药物,因为你可能会被抓到",那么他们担心的目标不是"公平竞争",而是"不要被抓到"。

外部监管也可能引发抗拒,这是人们在受到限制或被迫做某事时可能会有的负面反应。

使用外部奖励可能不会造成任何伤害,但也可能不会达到有用的结果。例如,让洗手这个话题变得"有趣"可能不会改变太多行为,但另一方面,它可能会让房间里的人听到更多有用的信息。

5.6.3 内化调节

尽管这是一个复杂的术语,但概念非常简单。瑞安和德西(2000)这样描述它:

"在内化调节中……后果是个体自己给自己施加的……例如偶然发生的自我价值(自豪)或对内疚和羞耻的规避。"

这听起来不太好,但我们有充分的理由感

到内疚、羞耻和自豪，它们是设计工具箱中的工具。它在沿着连续谱向右移动，所以它确实让我们更接近内在动机。

为了解释我所说的"向右移动"，让我们看一下工时表的例子。许多组织都在努力让员工定期和及时地填写他们的工时表。

关于工时表的问题是：你永远不会对填写工时表有很强的内在动机。我认为外面没有多少人会说："你知道我真正喜欢什么吗？工时表！"

一些组织试图对工时表附加外部惩罚，结果好坏参半。一个困难是，填写工时表的奖励（获得报酬）对员工来说几乎总是延迟到下一个发薪周期，但对于组织来说，无法完成会计流程或向客户开具账单的困难要直接得多。

多年前，我在一家咨询公司工作，填写工时表总是一个难题。员工应该在每周二上午 10 点之前完成它们。当我说这是一场斗争时，我是说这对我来说是一场斗争。

我经常发现自己在未完成的工时表的黑榜单上，不是因为我想对此掉以轻心。这是

一个 37 件事的优先序问题。在周二早上 9 点，我可以回复客户的电子邮件，查看语音邮箱的闪烁灯，完成项目交付物，或处理站在我桌旁的同事的问题，或者我可以填写我的工时表。

所有这些事情都比文书工作更紧迫和重要。尽管我的理智部分知道工时表对公司的运转是必要的，但我的情感部分就是不能完全相信在周二早上填写工时表是最好的时间安排。

所以公司领导决定尝试一个外部惩罚。如果你在三个月内没有按时提交你的工时表，那么你将被扣掉该季度 25 美元的奖金。奖金通常在季度结束后至少一个月才计算出来，然后在此之后的一个或两个月内支付。

所以，基于第 4 章提到的价值计算，你认

为一个25美元的罚款（延迟到四或五个月后）对影响人们的行为有多大的效果？

是的，效果不大。所以让我们将其与更内化的情况进行比较：

在下一次公司会议上，作为会计的黛比站起来讲述工时表的问题。当大家迟交工时表时，确保每个人上交是她的工作。她描述了这个过程有多令人沮丧，并解释了由于需要所有的工时表数据，这使她本就繁忙的一周更加辛苦。当她谈到因为迟交的工时表而不得不在休假日的家庭活动中登录系统提交数据时，她的声音实际上有点哽咽。

你认识黛比。她是一个可爱、友好的人，之前在一些费用报告上帮助过你。你在她的桌子上看到过她可爱的孩子的照片，你知道家庭对她有多重要。

我不知道你怎么看，但我的"大象"（情感部分）现在感到非常惭愧。我的"大象"对文书工作并不太在乎，但它非常在乎不要成为一个让人讨厌的同事，尤其是对一个过去帮助过我的好人。黛比并不是想让我感到不舒服，是我让自己感到不舒服。

下个周二早上，当我的理智部分说是时候填写工时表时，我的情感部分也会附和："是的！不要对黛比那么刻薄。"

在行为经济学领域中，有一个著名的研究是关于从日托中心接孩子迟到的。在一项1998年的研究中，研究人员发现，对迟到接孩子的父母施加小额罚款实际上导致了迟到行为的增加。因为这样一来，父母能够用金钱来交换给老师带来不便的内疚感，其中有几个人接受了这个交易。在这种情况下，他们将动机从内化调节移到了外部监管。

那么在培训环境中，内化调节是什么样的呢？

它可能是一个呼吁，让你考虑你的行为如何影响他人，如下图所示。

它也可能是一个课堂活动，让你思考你的安全选择会如何影响你生活中的其他人。

或者，它可能是你不想在同龄人面前显得愚蠢。

明确地说，我并不主张你应该经常使用这种内在化的调控信息。我认为它们通常过于笨重，但这些都是工具箱里的工具，可能在学习设计中有一席之地。

5.6.4　认同 / 综合监管

被认同的监管即你不一定喜欢这个活动，但依旧认为它重要且值得做。在 Deci 和 Ryan 的连续图上有两个类别，但就我们的目的而言，它们足够相似，以至于我们将把它们当作一个单一的类别。

例如，当我开始阅读研究论文以便在演讲、研讨会或书籍中使用这些材料时，我意识到自己的统计学知识有些生疏了，需要花些时间来复习研究方法。我购买了一些材料，并报名参加了一门有关研究方法的大规模在线开放课程（MOOC）。这样做的目的并不是因为我对统计学有内在的兴趣，而是为了确保我在研究转化方面能够有所作为。

这通常可能是值得做的事情，因为它支持其他价值观或目标，比如通过洗手保持健康，提醒孩子们他们可以做的所有事情。

被认同的监管可以总结为"因为这是根据我的价值观来做的正确事情"或者"因为它有助于我朝其他目标前进"。

如果可能的话，你会想帮助学习者确定他们自己的价值观和支持行为，而不是告诉他们应该重视或应该做什么。学习者提供的价值观或原因更可能是他们认为重要的事情。

在培训环境中，支持学习者可能是帮助他们看到某种行为是他们自己深刻持有的价值观或身份的一部分。例如，下面的海报涉及做一个好父亲的身份。

这可能会促使学习者定义他们自己的价值观,或者可能帮助学习者匹配价值观和行为。

5.6.5 内在动机

内在动机是指行为本身是令人愉快的,某人之所以这样做是因为他们喜欢。也许对于特定的工作来说,可能无法确定内在动机,这没关系。正如我在工时表的例子中提到的,我认为你不太可能找到一份内在激励的工时表(但如果你找到了,请告诉我)。

你也许能够说服学习者他们应该享受洗手。这是有可能的。

5.6.6 不总是单一因素

这里有许多不同的动机因素,我不想让你误以为动机总是属于一个单一的类别。学习者的动机可能是这些因素的混合。

例如,如果我考虑为什么要在会议上做一个演示,有很多选择:

- 我喜欢分享我的知识。
- 这是帮助人们解决自身挑战的一种方式。
- 它帮助我理清自己的思路。
- 这是我推广我的服务的方式。
- 想出如何解释某件事情很有趣。
- 这是我与领域内其他人联系的方式。

其中许多因素更接近内部动机的一端,但是制作演示是有很大工作量的,所以也需要一些外部奖励(在这种情况下,是市场营销)来使其变得有价值。但是对我来说,尝试找出答案并制作清晰的解释非常有趣,因此这也让我感到满足。

5.7 培养动机的策略

那么,作为一名学习设计师,我们应该如何处理这些关于人们不同动机方式的信息呢?我使用这个连续性的方式之一是确定动机当前位于连续性的哪一侧,并考虑是否有方法来支持学习者向右移动一点。

例如,学习者可能因为看不到某事的价值而失去了动力,所以我可以专注于传达价值。或者学习者可能只是因为被要求才执行某种行为,但我可以加入一个活动,我们可以讨论这种行为如何支持他们的价值观等。

里夫描述了老师支持自主性的许多方式,其中包括:

- 采取学习者的观点。
- 注重好奇心、相关性和内在目标等内在动力资源。
- 解释为什么并提供理由。
- 使用支持自主性的语言。
- 倾听和承认学习者的观点。
- 根据学习者的需求调整节奏和过程。

我们将在第 9 章~第 12 章中更深入地探讨一些策略,培养动机的一些关键学习策略包括:

- 让他们做决定。
- 提供目标和升级方式。
- 避免术语。
- 使用基于优势的语言。
- 提供非评判性的反馈。
- 将行为与价值观联系起来。

5.7.1 让他们做决定

正如我之前提到的,如果有办法让学习者在他们的学习经验中有所选择,并让他们参与到决策过程中,他们将更有可能拥有持久的动机。

5.7.2 提供目标和升级方式

如果你玩电子游戏,你可能对下图中的入门关卡很熟悉。

这非常容易，有明确的提示告诉你该做什么。你正在玩游戏，但就像在有大号充气保险桶的保龄球道上打保龄球一样——球不能偏离轨道，你不可能在这个关卡失败。

在游戏设计中，这被称为"入门"。设计师试图让玩家进入游戏，并感到足够舒适，开始玩游戏而不感到沮丧或困惑。如果一个新玩家立刻被游戏的难度和复杂性压倒，他们会很快放弃那个游戏，因此，游戏设计师要确保玩家可以在玩游戏的同时学会游戏。他们在学习界面的同时也建立了信心。

然后游戏接下来的关卡逐渐增加复杂性或难度。如果游戏难度增加得太快，玩家会感到沮丧，去玩其他游戏。

当有人尝试新行为时，许多培训经验只有一次练习的机会。根据行为的性质，可能最好提供几次练习的机会，试验从相当容易（他们绝对可以成功的东西）到稍微具有挑战性。给学习者一个机会感受到自己在某事上变得更好可以提高他们的能力和动力。

其中一部分可以帮助学习者设定合理和可实现的目标，即使整个的行为改变可能会令人感到不知所措。

5.7.3 避免术语

在许多领域，一定数量的术语是不可避免的，但尽量减少冗长的措辞，争取友好和对话的语气总是值得的。一个原因是术语可能是一种把关的形式。如果你不懂某个行业的所有技术术语，这意味着你不是"内部人士"的一部分。

如果你试图通过提高能力感来培养动机，那么术语和高度技术化的语言并不是友好的。一项研究（Moreno 和 Mayer，2004）发现，对话式、个性化的消息（包括"我"和"你"）能够使学生记住更多，并在问题解决的转移测试中表现更好。

在本章中，如果我想讨论自我决定理论的话，我不能避免使用"内化调节"这个术语，但我可以让围绕它的其他语言尽可能易于理解。我知道聪明的人在读这本书，如果某些内容难以理解或不合情理，那是我的失误，而不是你的失误。避免不必要的术语使内容更容易理解，并培养了学习者的能力感。这是一个双赢的局面。

高术语版本:"公司最近推出了一个用于年度绩效评估的自我评价系统。"所有员工都必须参加一次课堂学习活动,旨在帮助他们了解新系统,以及他们应该使用哪些工具来进行自我评价。

低术语版本(更像人们的说话方式):"我们公司刚刚添加了一个自我评价系统,用于年度绩效评估。你将参加一堂课来了解如何使用它。"

5.7.4 使用基于优势的语言

这是一件小事,但你使用的语言可能很重要。当谈论行为时,你可以将行动框定为学习者可以做的事情,而不是谈论他们必须或应该做的事情。

控制语言

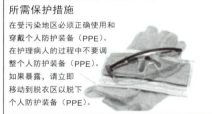

基于优势的语言

代替

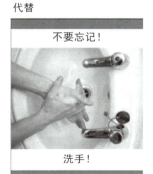

请改用:

5.7.5 提供非评判性的反馈

我对改造类节目情有独钟,比如服装、家居装饰、烘焙食品等。多年前,我看了不少集 What Not To Wear,其中约一半的节目似乎都会有某种形式的这种对话:

女性(试穿不合身的裙子):"啊,它不合身。"

主持人(安抚性地):"你的身材没有什么问题,问题在于裙子。我们会换一条。"

每当我考虑如何创建不让人们觉得自己失败或不如他人的学习体验时,我都会思考这一点。为了培养能力感,学习者在学习体验结束后应该感到更聪明、更有能力。这需要专注于成功,而不是一味害怕失败。

在一项研究中(Eskreis-Winkler 和 Fishbach,2019),研究人员让被试者参加测试,每个问题都有两个可能的答案。在一种情况下,参与者被告知答对了问题,但如果答错了就不会得到回应。在另一种情况下,参与者被告知答错了问题,但如果答对了就没有任何反馈。在后续测试中,与成功反馈相比,参与者从失败反馈中学到的更少。研究人员假设:"失败反馈破坏了学习动力,因为它对自尊心构成了威胁:它导致参与者不再关注甚至停止处理信息。"

另一个选择是展示后果,而不是说"你错了"。例如,如果你正在为手机销售人员创建一门关于如何为客户选择合适产品的在线课程,你可以展示发生的情况,而不是提供反馈声明:

你向客户推荐了 MegAPhone XR27。

判断反馈:"错误。更好的选择应该是 AdaptAPhone 1286。"

后果反馈:"客户看了看手机,然后将它递还给你。她说:'嗯……我再考虑一下吧。'然后走开去看家电了。要再试一次吗?"

5.7.6 将行为与价值观联系起来

学习体验应该让学习者在结束学习后感到自己有能力,而这种能力应该与他们的价值观和目标相关。

试图改变某人的价值观和目标非常困难,而且这可能不是你的职责。你的工作也不是欺骗或粉饰太平。但如果你可以帮助人们将行为与他们的价值观联系起来,那可能会有所帮助。

你不能决定学习者关注什么，但你可以询问他们关心什么，并将这种对话融入学习体验中。

5.8 与学习者交流

最后一点是，要将你的学习设计与学习者的内在价值观和目标相匹配，你需要与这些学习者交流。学习体验中信息只单向传递的情况——教员向学生传递——很可能无法触及任何深层次的动机。

你不能决定什么对你的学习者来说很重要。你必须从他们那里了解他们关心的事情。

你可以在设计学习体验时与人们交流，也可以将其作为学习体验的一部分。

5.9 关键要点

- 作为学习设计师，我们需要考虑的不仅是动机的数量，还包括动机的持久性和质量。
- 外在动机（奖励或惩罚）在激发动机方面发挥一定的作用，但它们可能不是最持久的动机形式。此外，外在动机可能会将目标从行为的核心原因转变为"获得奖励"或"避免惩罚"。
- 动机是一个连续体，从无动机或外在动机一直到内在动机，其中某人之所以做某事仅仅是因为他们喜欢，而且任何情况下可能都涉及多种类型的动机。
- 内疚、羞耻或自我都可以是有用的动机，但它们仍然更关注外部。内疚和羞耻也可能促使人们完全避免参与。
- 与人们的身份和价值观相关联的动机可能更持久。
- 如果人们感到没有自主权，他们就会抵制或脱离。
- 相关性是一种强大的动机，与你的学习者进行交流，在学习体验的设计和执行过程中，都可以帮助你了解他们的价值观和目标。

参考文献

Deci, Edward L., Richard Koestner, and Richard M. Ryan. "Extrinsic Rewards and Intrinsic Motivation in Education: Reconsidered Once Again," *Review of*

Educational Research 71, no. 1 (2001): 1–27.

Deci, Edward L. "Promoting Motivation, Health, and Excellence: Ed Deci at TEDxFlourCity." TEDx video. Posted August 14, 2012. https://www.youtube.com/watch?v=VGrcetsoE6I.

Eskreis-Winkler, Lauren, and Ayelet Fishbach. "Not Learning from Failure—The Greatest Failure of All," *Psychological Science* 30, no. 12 (2019): 1733–1744.

Gawande, Atul. *Better: A Surgeon's Notes on Performance* (New York: Metropolitan Books, 2008).

Gneezy, Uri, and Aldo Rustichini. "A Fine Is a Price," *The Journal of Legal Studies* 29, no. 1 (2000): 1–17.

Kornhauser, Lewis, Yijia Lu, and Stephan Tontrup. "Testing a Fine Is a Price in the Lab," *International Review of Law and Economics* 63 (2020): 105931.

Lepper, Mark R., David Greene, and Richard E. Nisbett. "Undermining Children's Intrinsic Interest with Extrinsic Reward: A Test of the 'Overjustification' Hypothesis." *Journal of Personality and Social Psychology* 28, no. 1 (1973): 129.

Moreno, Roxana, and Richard E. Mayer. "Personalized Messages That Promote Science Learning in Virtual Environments," *Journal of Educational Psychology* 96, no. 1 (2004): 165.

"Overview," *Center for Self-Determination Theory* (website), retrieved January 9, 2023, https://selfdeterminationtheory.org/the-theory/.

Reeve, Johnmarshall. "Autonomy-Supportive Teaching: What It Is, How to Do It," chap. 7 in *Building Autonomous Learners: Perspectives from Research and Practice Using Self-Determination Theory* (New York: Springer, 2016).

Ryan, Richard M., and Edward L. Deci. "Self-Determination Theory and the Facilitation of Intrinsic Motivation, Social Development, and Well-Being," *American Psychologist* 55, no. 1 (2000): 68.

Ryan, Richard M., and Edward L. Deci. *Self-Determination Theory: Basic Psychological Needs in Motivation, Development, and Wellness* (New York: The Guilford Press, 2018), 10.

Song, Zirui, and Katherine Baicker. "Effect of a Workplace Wellness Program on Employee Health and Economic Outcomes: A Randomized Clinical Trial," *Jama* 321, no. 15 (2019): 1491–1501. https://jamanetwork.com/journals/jama/fullarticle/2730614 retrieved 1/9/2023.

Spencer, M. and D. Gulczynski. "Creative Handwashing Campaign in an Orthopedic Surgical Institution," *American Journal of Infection Control* 32, no. 3 (2004): E47.

United States Attorney's Office, Western District of Missouri. "Court Employee Pleads Guilty to $185,000 Scheme to Cheat Health Insurance Program." U.S. Department of Justice press release, October 30, 2013. On the DOJ website. https://www.justice.gov/usao-wdmo/pr/court-employee-pleads-guilty-185000-scheme-cheat-health-insurance-program.

United States Department of Labor. "29 CFR 1926.1101 - OSHA's Asbestos Standard for the Construction Industry." OSHA Slide Presentation, 80 slides. https://www.osha.gov/training/library/materials retrieved 1/12/2023.

Vlaev, Ivo, Dominic King, Ara Darzi, and Paul Dolan. "Changing Health Behaviors Using Financial Incentives: A Review from Behavioral Economics," *BMC Public Health* 19, no. 1 (2019): 1–9.

Wikipedia, s.v. "Overjustification effect," last modified May 1, 2023, https://en.wikipedia.org/wiki/Overjustification_effect.

第 6 章

Talk to the Elephant

分析行为

我们问大象是否知道怎么做，为什么，以及它需要什么在前面的章节中，我已经讨论了关于价值和动机的内容。本章将讨论分析行为的过程，并将其结果映射到可能有效的解决方案上。

现在已经有许多行为模型，行为科学涉及广泛的领域，如心理学、行为经济学、公共卫生、安全、金融等领域。每个领域都有原则和模型，这些原则和模型经常与其他领域的类似材料重叠。

那么该如何选择呢？你可能已经注意到，本书的标题不是"所有可能模型的全面讨论"，所以我将重点关注我自己在实践中最常用的模型。但我承认有许多其他模型可能与这些常用模型有重叠，甚至对于读者自己的实践来说，其他模型可能更有用。

6.1 行为改变轮

几年前，一位从事数字行为改变设计的同事向我介绍了 COM-B 模型，该模型是行为改变轮的一部分。这个模型是为了协调来自多个领域的不同行为改变模型而提出的。伦敦大学学院行为改变中心的苏珊·米奇及其同事对 19 种不同的模型进行了研究，并将共同点归纳为行为改变轮[○]。这是我在工作中发现的最有用的模型。

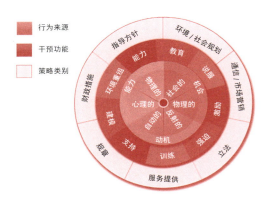

与行为改变轮、COM-B 分析、干预类型和行为改变技巧分类相关的材料将在第 6 章、第 8 章、第 9 章～第 12 章和第 14 章中使用。一些示例和具体措辞已经根据学习和发展的背景进行了调整。

6.1.1 理解目标

希望你的利益相关者给你带来的是一个需

○ 详见 S.Michie、L.Atkins 和 R.West 所写的 *The Behaviour Change Wheel: A Guide to Designing Interventions*，伦敦：Silverback Publishing，2014 年，网址 www.behaviourchangewheel.com。

要解决的问题或一个需要实现的结果，而不是他们希望你去执行的一个解决方案（我这么说更多是出于乐观而非自信）。

曾经收到过要求解决方案的请求吗？你知道那听起来是怎样的：我们需要客户服务培训。

你希望听到的下一句话会以"因为"开头，这样你就能明白利益相关者希望通过客户服务培训来解决什么问题。

理想情况下，他们会具体说明：我们需要客户服务培训，因为：

- 我们收到了太多的客户投诉。
- 我们的竞争对手正以其所谓的超级客户服务为由，夺走我们的客户。
- 我们的客户投诉说他们需要打好几次电话才能解决一个问题。

除了上述理由，他们还会提出期望的结果，比如，客户满意度评分高于 90%。

6.1.2 聚焦努力

虽然看上去似乎显而易见，但如果你要通过学习体验来支持行为改变，那么你需要有实际的行为。

如第 2 章所讨论的，行为不是孤立存在的，而是存在于一个复杂的环境中，因此单独提取个别行为有些不自然，但如果不定义行为，也很难进行设计。

例如，你问："如果我的目标是种出一棵健康的树，与之相关的行为是什么？"

答案可能是：

- 选择土壤肥沃、阳光充足的地点。
- 种下种子。
- 定期浇水。
- 保护幼苗不受害虫侵扰。

这个例子很简单，对吧？但如果我们把视角拉远一点，问题就开始变得复杂了。其

他问题也随之出现：

- 这棵树处于哪个气候带？
- 附近有哪些树木或植物？
- 我应该使用种子还是幼苗？
- 侵入性害虫向这个区域蔓延的趋势是什么？

将焦点集中在提高期望行为或减少不良行为上仍然是有用的，但同样重要的是要记住，这种狭隘的关注是有局限性的，需要在更广泛的背景下来看待。

产品管理专家约翰·卡特勒这样描述（Cutler，2023）：

"我思考这个问题的一种方式是，要完成任何事情，我们都需要稍微简化一下这个世界。"

"你可能有一个非常复杂的问题，你当然可以过度简化它，但那样并不好。这就是过度简化和聚焦之间的区别。"

"但你也可以面对一个复杂的问题，然后想，'你知道吗？我需要固定一些变量。除非我们固定某些变量，否则我将无法取得任何进展。'"

6.1.3　行为定义

在本章中，我将行为定义为对内部和/或外部刺激引起的（可观察的）一系列动作。

我把"可观察的"放在括号里，因为有可能存在一种不可观察的认知行为。例如，我可以有这样一种行为：当阅读带有政治色彩的印刷媒体时，学习者会评估材料的可靠性。

这种行为可能在没有任何外部可观察提示的情况下发生。本章着重介绍可观察的行为。

那么这些呢？这些算是行为吗？

- 参与者对社交媒体广告持怀疑态度。
- 病人的血糖水平将更加稳定。
- 员工更加注重客户服务与体验。
- 参与者将热情地拥抱以植物为基础的饮食。

这些陈述都与某些行为有关，但它们本身并不是具体的行为。除非有人真的正在拥抱番茄苗，否则"拥抱以植物为基础的饮食"只是一个比喻，而不是一种行为。

定义行为可能非常困难。例如，我看到过很多关注态度或信念的多样性、公平和包容性的资料。尽管态度和信念很重要，但它们不够具体，不能成为行为改变干预措施的基础。

在 2012 年的一项研究中，威斯康星大学麦迪逊分校的研究人员试图找出能够减少研究参与者内隐偏见的实际行为。

例如，当你有一个基于种族刻板印象的想法时，停下来并使用以下策略之一（Devine，2012）：

- 刻板印象替换：停下来，意识到一个想法是基于刻板印象的，并有意识地用一个非刻板印象的版本来替换它。
- 反刻板印象：详细地想象与刻板印象相反的人。这些人可以是具体的（例如，某些群体中的聪明人），可以是著名的（例如，某些群体中的世界领袖、学者或艺术家），也可以是不出名的（例如，私人朋友）。
- 个体化：获取某些群体中个人的具体信息，以便你能将他们视为个体，而不是刻板印象的代表。
- 换位思考：从他人的角度看世界。

这些基于行为的干预措施显著降低了参与者在内隐联系测试（IAT）中的偏见指数，该测试试图测量不同种类的无意识偏见。虽然 IAT 并不是完美的，但它得出了其他多样性和包容性干预措施不能得出的结果。

6.1.4　识别行为

当我与利益相关者交谈，他们说诸如"我们希望零售员工更注重客户服务与体验"或"我们希望人们成为自主学习者"之类的话时，我会问他们最简单的问题：如果我拍下了某人正处于 [注重客户] 的状态的照片或视频，我会拍到什么呢？

以下行为能让零售员工更加注重客户服务与体验：

- 在客户进入商店时主动问候。
- 主动询问客户是否需要帮助。
- 主动为客户提供其他物品。

- 通过上网或电话为客户查找本店缺货的商品。
- 以此类推。

如果我们希望学习者更加具有自主性,哪些行为会支持这一目标呢?一些可能性包括:

- 使用公司内部网的链接来获取学习内容。
- 创建一份发展某项技能或能力的计划。
- 参与专业社群以发展专业技能。
- 以学费报销的形式参加课程,从而扩大他们的技能范围。

以下方法可以识别需要设计的行为。

1. 咨询专家

专家或研究人员可能已经总结并整理了与你正在处理的情况相关的理想行为。例如,如果你正在研究人们如何管理血压,你可以找到大量支持该结果的行为数据和研究,从服用药物到增加锻炼再到减少钠的摄入量。列表中还会不断添加新的方法,但你不需要从头开始识别行为。你可以与专家交流或对现有的研究文献进行调查。

2. 头脑风暴

如果是新兴领域的结果,识别行为可能需要更多的头脑风暴。例如,如果目标是促进更多的人参与在线游戏,那么对该主题的研究仍然相对较新,不断发展的技术可能会不断引入新的方法。对于这类情况,头脑风暴和原型制作是有效的方法。

有一种技巧是将结果写在白板上,然后进行头脑风暴,写出尽可能多的潜在行为。例如,如果你在一家食品公司工作,你的目标是创建更多新颖的蛋糕纸杯上的装饰,那么你可以用头脑风暴的方法想出数十种行为来支持这一目标。(写本书时,我可能看了很多烘焙节目。)

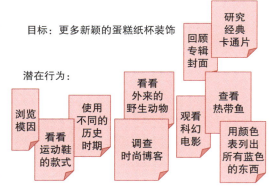

你可能希望与多个团体合作。例如,蛋糕纸杯装饰的头脑风暴可能是你与专家团队一起进行的,但与社交媒体上的烘焙爱好者或一

群普通客户进行头脑风暴也可能很有价值。

不同受众会反馈不同的有用信息,因此要考虑多个团体在头脑风暴中的不同背景和专业性。如果你把家庭烘焙者和专业烘焙师混在一起,家庭烘焙者会不会感到不自在?

3. 跟随表现者

识别支持某一结果的行为的一个关键方法是与当前正在进行该行为的人交流。他们在做什么?了解不同类型的表现者是有帮助的。

- **明星表现者**:谁目前表现出色,他们在做什么?例如,如果你着眼于改善销售人员与客户关系的行为,那么可以询问目前拥有最好客户关系的销售人员是谁,然后跟随这些销售人员,并记录他们的行为。

- **普通表现者**:花时间与你的受众中那些不是明星表现者的人在一起也是值得的,可以了解他们的情况和行为。有时,明星表现者具有不容易复制的特质。例如,如果有人因为幽默、迷人吸引观众而被评为优秀的教师,那很好,但你不能只告诉新教师"要迷人"。你可以注意到,一个好的教师还会花比普通教师多 20% 的时间来鼓励学生提问,这才是新教师可以复制的行为。

- **积极反常者**:积极反常合作组织在他们的网站上将积极反常者定义为"最不可能阻止或克服广泛存在的问题,但却在面临相同或更严重的挑战和障碍的情况下取得成功的个体、团体或实体。他们可以获得比其他同事、同行或实体相同或更少的资源。"我最初在阅读阿图尔·葛文德的 *Better* 一书时了解到积极反常者的概念,该书讲述了杰里和莫尼克·斯特尼在越南解决儿童营养不良问题时采用了这种方法。他们研究了社区中哪些人拥有最健康的孩子,并注意到那些父母的不同之处。他们没有关注社区内的问题,而是关注社区中正在顺利进行的事情,以扩大其影响。

6.1.5　行为优先级排序

对于行为列表,需要根据行为优先级进行排序。

你可以使用的一个框架是 APEASE 标准(见表 6.1),这也是行为改变轮流程的一部分。

表 6.1　APEASE 标准

标准	定义
可接受性	对于关键利益相关者来说，在多大程度上是可接受的？这包括目标群体、潜在资助者、提供干预措施的从业人员以及相关的社区和商业团体
可行性	在现有的人力和物力条件下，能否在预期的环境中大规模实施？需要做什么来确保资源和人员到位？干预措施是否可持续
有效性	政策目标的有效性怎样？它在多大程度上会覆盖到目标群体？它对被覆盖的人群会产生多大的影响
可负担性	在预期的规模下实施干预措施的可负担性怎样？是否有足够的预算来支持干预措施的实施？干预措施的投资回报率是否可观
溢出效应	它可能导致哪些无关的负面（或积极）影响？这些影响有多重要以及发生的可能性有多大
公平性	它将或可能在多大程度上增加或缩小社会中优势和劣势群体的差距

资料来源：《实现行为改变：地方政府和合作伙伴指南》。

你可以使用这些标准来评估不同的行为。例如，如果你正在创建营养课程，目标是通过减少钠的摄入量来控制高血压，你可以评估以下两种行为：

- 购买常用食品的低钠替代品。
- 扔掉家里的加工零食。

如果我是目标受众，并且我只是为了自己的目的来对这些行为进行评分，那么数字可能如表 6.2 所示。

表 6.2　我的评分（一）

选项	可接受性	可行性	有效性	可负担性	溢出效应	公平性	总数
购买常见物品的低钠替代品	7	7	8	7	4	—	33
扔掉家里的加工零食	8	8	3	10	1	—	30

我的评分是基于几个因素的。首先，我家里并没有很多咸味零食（我沉迷于其他类型的垃圾食品），所以即使这会是一个容易坚持的行为，但它对减少我的钠摄入量影

响不大。购买低钠替代品（例如，罐装食品）可能会更有助于我在家里做饭。要真正有效地减少我的钠摄入量，我可能还需要考虑加工食品和在外面吃饭时的习惯。

因为我是为自己评分的，所以我没有对公平性进行评分，但对于不同的受众，你可能需要考虑其他方面。例如，如果你正在帮助某个特定人群，你可能需要考虑到达有低钠食品库存的杂货店的可行性和公平性问题，或者是在家做饭的成本，或适应文化上可接受的饮食。

如果这种格式更有用，你也可以使用"低-中-高"的分类，如表 6.3 所示。

表 6.3 我的评分（二）

选项	可接受性	可行性	有效性	可负担性	溢出效应	公平性	总数
购买常见物品的低钠替代品	中	高	高	高	中	不适用	33
扔掉家里的加工零食	高	高	低	高	低	不适用	30

1. 应对决定性因素

你想在可接受性和可行性方面评估行为，但有些行为是决定性的，你不能解决这些决定性的行为就不能获得结果。例如，如果你的目标是感染预防控制（防止疾病在医疗环境中传播），而你不解决洗手问题，那么你将无法解决主要问题中的任何一个。因此，无论你给可接受性和可行性打多少分，洗手都必须包括在内。

其他一些行为可能非常有效，但实际上并不可行。例如，如果有人试图减少饮食中的钠含量以帮助降低血压，从头开始做所有食物将是一种有效的行为，但不一定可行。在这种情况下，我们需要弄清楚是否有其他可接受的行为能支持减少钠摄入量。

2. 溢出行为

有些行为会促进溢出行为。因此，如果你为了减少钠摄入量而开始在家做饭，你可能会同时增加水果和蔬菜的摄入量，吃更符合你胃口的食物（而不是典型的餐厅份量），因为在外面吃饭的次数减少而节省金钱，或者全家一起吃饭的可能性更大。因此，在家做饭是一种促进多种邻近可取行为的行为。

6.2　明确行为

一旦你按优先级选择行为，你就需要尽可能具体地描述出每个行为的表现和条件。你可以使用行为声明来做到这一点。

行为声明可以使用以下模板以"Mad Libs"⊖风格的格式编写：

- 谁：目标受众。
- 将做什么：目标行为。
- 到什么程度：参与模式（数量、频率、强度、持续时间）。
- 在什么情境下：在哪里、何时、与谁一起、对谁（行为发生的情境）。
- 为了达到什么结果：行为将影响的目标结果指标。

例如，管理者（谁）将使用新的绩效管理系统（情境），每月（程度）与其直接下属进行一对一的检查（做什么），以支持通过半年一次的员工参与度调查来衡量员工参与度的提升（结果）。

（行为声明格式来源：Dustin DiTommaso，经许可使用）

采访马特·瓦拉特，《以终为始》作者，BeSci.io（组织中的行为科学）创始人

问：你在项目中使用的基准测量方法是什么？你从哪里开始？

我认为第一步必须是将心态从"人们知道什么？"转变为"人们做什么？"。

如果你没有首先弄清楚你实际希望人们做什么，那么就不可能进行良好的测量。

令人惊讶的是，人们经常使用委婉的语言。其中我最喜欢的一个词是"参与"。"嗯，我希望人们参与进来。"这是什么意思？当你说你希望有人喜欢你的课程时，你是否意味着你希望他们推荐它？再次参加？给予高评价？同意付费？所有这些都是不同类型的喜爱。

⊖ "Mad Libs"是一种游戏，玩家需要在提供的句子中填入特定的词或短语。——译者注

但是，我为了让你参加另一堂课而采取的干预措施与我为了让你付费或为了让你推荐它而采取的措施完全不同。因此，你需要知道你想要的结果。

问：如果很难获得行为测量数据怎么办？

即使你最终实际上没有询问或测量"行为"，你也希望所测量的是与行为相关的。因此，一个很好的例子是 Clover Five（一系列定期询问的五个员工调查问题），其中包括"我是否喜欢与我共事的人？"和"我是否信任我的上司？"等问题。

信任和喜欢并不是行为，但我知道它们与我想要的行为相关。所以，我已经做了工作来证明信任你的管理者与你是否留在公司有关。我关心的行为是留在公司，而我知道这与喜欢你的管理者有关。

因此，第一，我们实际上想让人们做什么？第二，哪些事物可以直接测量？如果可以的话，很好。如果不能直接测量它们，那么与这些直接测量相关的其他事物可以用作代理吗？所以我认为这是一个两部分的计划，你想做什么？你将如何测量这个行为？如果无法直接测量，那么你有哪些间接测量数据？

问：你谈到了新员工入职培训。许多学习和发展人员被要求创建入职培训，而他们通常对培训的目标模糊不清。

在我与许多公司互动的情况下，他们还没有进行所需的工作以了解他们想要什么。所以，如果我要设计入职培训，你必须弄清楚我关心的是什么。哦，我关心的是180天的员工留存率。很好，现在我们有了一个度量标准。与180天的员工留存率相关的是什么？你是否知道？也许你公司的情况是，180天的员工留存率最大的预测因素是401K注册，这可能是完全合理的情况。但是，如果你不查看、不测量、不知道你关心的是180天的员工留存率，你将永远无法了解真实情况。

6.3 COM-B 模型

行为改变轮的基础部分是 COM-B 模型，其中 C 代表能力（Capability），O 代表机会（Opportunity），M-B 代表动机-行为（Motivation-Behavior）。这概述了执行任何行为所需的条件。

一旦你选定了行为，你可以使用 COM-B 的分类（Michie 等人，2011）来分析它们。下面我们将分别介绍每一个环节。

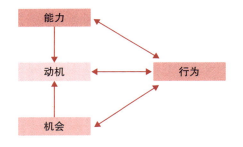

6.3.1 能力

这个人是否能够执行该行为？他们是否知道该怎么做并且有足够的能力做到这一点？

这可以分为两个类别。

一是身体能力，定义为"身体技能、力量或耐力"。

例如，如果你试图支持的行为是护士更定期地让病人翻身以防止压力性溃疡（这是没有人希望发生的），那么一个 5 英尺⊖ 2 英寸高的护士是否有能力帮助一个 6 英尺 4 英寸高的卧床不起的病人翻身？

二是心理能力，定义为"参与该行为所需的知识或心理技能"。

心理能力可以是知识或认知技能，也可以是专注于某项任务的毅力。例如，负责本书⊖的文字编辑可能需要一定的心理毅力（集中注意力和保持专注的能力）来处理我在本书中使用的有些古怪的大写字母。

6.3.2 机会

机会也可以分为两个类别。

一是物理机会，是指由环境提供的机会，

⊖ 1 英尺 =0.3048 米。
⊖ 这里指英文版。——编辑注

涉及时间、资源、地点、提示和物理"可供性"。例如，我经常听到我的一些企业客户希望人们在打电话给服务台之前，先在支持网站上查找技术问题的答案以尝试解决问题。然后，我查看了支持网站上的搜索功能，我很确定我知道为什么人们会打电话给服务台。

用户体验设计的整个领域都是围绕这样一个观点发展起来的：如果系统设计得更好，人们将能够更好、更快、更高效地完成事情。

例如，通过引入含酒精的免洗洗手液，医疗环境中的洗手卫生的合规性显著提高。这种改进并非是通过说服医疗工作者改变他们的行为来实现的，而是通过引入一种替代品，这种替代品使用起来更便捷，而且更容易放置。

二是社会机会，是指由人际影响、社会线索和文化规范提供的机会，这些因素影响我们对事物的看法。

社会机会也是你的社会环境对行为的支持程度。例如，很多人喜欢参加"无酒一月"活动，这是一个戒酒挑战，要求在年初的第一个月内滴酒不沾。这一活动始于2013年，是由非营利组织 Alcohol Change UK 发起的一项公共卫生活动。

很多人喜欢在节假日后参加这样的活动作为一种放松，但社会机会可能会影响人们是否可以持续维持该行为。

我们以 Moe 为例。Moe 正在参与"无酒一月"活动，我们可以看看社会机会可能如何影响 Moe 的行为。

如果 Moe 与他的伴侣 Kai 一起参加"无酒一月"活动，而且家里的每个人都参与了，那么对于 Moe 来说，维持这种行为可能会

更容易。

Moe 可能因为看到其他人在社交媒体上发布的与"无酒一月"活动相关的动态而备受鼓舞，这可能会让 Moe 觉得自己也是其中一员。但 Moe 也可能会看到他的妹夫（Moe 觉得他非常讨厌）在社交媒体上向人们讲述喝酒的坏处，并声称对于他那种有意志力的人来说，"无酒一月"只是一件"超级简单的事"。这可能会让 Moe 觉得足够讨厌，以至于对整个话题都有些反感。

但如果 Moe 去参加了他的雇主组织的大型假日聚会，该聚会被推迟到了 1 月的第二周，当 Moe 进入会场时，他的老板正在分发香槟，而聚会组织者只准备了一瓶气泡苹果汁，因为他们认为不会有很多人想要喝，而其他参与"无酒一月"的人已经把所有的苹果汁都拿走了，如果 Moe 想参与大型的干杯活动，那么只剩下香槟，这可能会让"无酒一月"变得更具挑战性。

如果 Kai 与 Moe 一起参加工作聚会，那么 Moe 可能会因为他们一起参与"无酒一月"而更可能跳过香槟。但如果 Kai 因为觉得 Moe 的工作活动极度无聊而跳过了聚会，那么 Kai 的影响可能会稍微减弱一些。

因此你可以看到，社会机会可能会对某人是否维持某种行为产生许多复杂的相互影响。

6.3.3 动机

动机分为反思性动机和自动性动机。

反思性动机涉及身份、价值观和信仰，以及目标和计划。

反思性动机是指可以讨论和反思的动机。它与你设定的目标或持有的价值观有关。

如果你设定了一个目标，即在某个特定日期之前完成一本书的某个章节，但你没能完成，你可能会设定一个修订后的截止日期以确保它不会拖延。这都是反思性动机的一部分。

自动性动机是涉及情感、驱动力和习惯的自动过程。

自动性动机可能是完成消费报告时的拖延感，或是在你即将度过一个星期的假期前的最后一个小时里因兴奋而有点不专心，或是出于你不能完全解释的原因而不愿意检查客户的语音邮件,但后来你意识到这是因为那个特定的客户只有在对某事不满时才会打电话。当骑手忙于设定目标和评估信念时,大象正在感受所有的自动性动机。

6.4 使用 COM-B 分析行为

让我们考虑几种行为,看看可能涉及哪些 COM-B 元素。

示例:工人安全

还记得 Jerome(第 5 章)吗?他正忙于为进行高空作业的农业工人更新安全指南和培训材料。

他确定的特定行为是:工人需要识别并记录高空作业的安全隐患。

我们将采访 Jerome,以帮助我们了解工人需要什么样的能力、机会和动机。

问题	Jerome 的回答
工人需要什么身体能力才能执行这种行为	这并不是一个真正需要体力的任务。我们要求他们标记安全隐患,所以关键是让他们在看到问题时能够识别安全隐患。他们需要了解是否符合高空作业隐患的定义并将之记录下来。记录是跟踪安全数据的一种方式
工人需要什么心理能力才能执行这种行为	他们需要知道什么是危险,什么不是危险。任何高于一定高度或有坠落风险的东西都被视为危险 大多数情况下,他们只是通过目测来估计高度(而不是测量),我认为他们在这方面做得不太好。我认为他们经常低估了物体的实际高度。在一些建筑中,这很明显,因为一楼楼板的顶部大约是安全高度的极限,但并非所有建筑都有这种楼板 此外,许多工人不会说英语,我认为这使他们更难以记录危险。这个表格有点难以理解
物理环境如何支持行为	嗯,没人问过我这个问题。嗯,我知道当工人在主设备工作时,安全设备就在那里,但如果他们在外面的某个地方工作,他们并不总是想回到主设备去取安全设备。这需要很长时间,所以他们没有记录这个问题
社会环境如何支持行为?	社会环境?你的意思是其他工人的反应吗?大多数情况下,我认为人们是支持的。没有人希望有人受伤。不过,我确实看到有人在班次结束时有些焦躁不安。人们想完成工作回家,不想因为有人不得不开车去拿安全装备而待到很晚

（续）

问题	Jerome 的回答
工人的反思性动机是什么？例如，他们对此有什么目标或信念吗	老实说，大多数工人都在高处工作过，并且没有受到惩罚。如果是一件明显不安全的事情，他们会记录下来并取安全装备，但如果感觉只是稍微超过了高度限制，他们认为这只是为了有规则而制定的规则 目标？除了"不要受伤"或"不要因为违反规则而被骂"？不，我认为他们没有关于安全隐患的具体目标 不过，我注意到一个现象——很多人在开始担任主管后会发生改变。他们开始看到规则背后的原因，以及如何确保安全是成为一名好老板和专业主管的一部分
你认为哪些自动性动机（感受、习惯、偏见）影响着工人	我之前说过了，在边缘地带工作是一个更大的问题。如果他们在 30 英尺的高空工作，那么如果摔下来，后果很严重。8 英尺高的地方看起来没那么可怕，但如果摔错了地方，或者摔到锋利的东西上，你仍然会受到严重伤害 而且，人们也会养成习惯，对吗？这只是做事的方式。如果你摔了一跤，或者看到有人摔了一跤，你就会更加重视坠落风险。但很多年轻人还没有经历过这种情况

显然，仅仅与 Jerome 交谈可能无法充分理解问题。你应该考虑调查的其他信息来源包括以下几点：

- 与工人进行面谈：与目标受众中的各类人交谈。
- 观察他们正在做的行为：观察工人现在执行的行为。
- 请教安全领域的专家：看看安全领域专家如何帮助你理解这种行为。
- 查阅研究文献：阅读学术研究人员针对安全行为问题的研究。

为了简单起见，假设我们已经进行了额外的研究，并且它与 Jerome 告诉我们的情况相当吻合。

COM-B 分析可以分解为以下几个方面。

COM-B 诊断	观察
身体能力	在本案例中身体能力不是问题
心理能力	工人需要能够准确识别符合高空作业危害特征的情况，包括能够目测估计边缘情况
物理机会	工人需要一种简单的、符合语言习惯的方式来记录危险。环境中的视觉线索可以帮助工人估计和识别高空作业的危险。安全设备的易用性可能会增加记录危险的意愿
社会机会	认识发生过事故的人会影响工人的行为

（续）

COM-B 诊断	观察
反思性动机	工人没有将这种行为与目标或专业能力联系起来，但在成为主管后会发展出这种能力
自动性动机	工人可能对高空作业危险有不准确的认识，尤其是在缺乏个人经验的情况下

我在后面的章节中会讨论如何将这些问题与解决方案相匹配，但有几项明显不是"培训问题"，而是环境或系统的一部分，比如难以记录问题或获取安全设备的访问权限。

一旦你有了诊断结果，你就可以探究哪些方面将影响你的学习设计，并可能需要决定哪些项目在你的项目范围内或范围外。以下是几个可能对学习设计有影响的项目：

- 工人需要能够认识到，危险因素可能是培训中需要解决的一部分。特别是，凭感觉估计高度是工人们把握不好的一点，为他们创造一个练习，让他们发现他们的猜测有多不准确可能非常有用。
- 学习经验的一部分可能是更直观或基于经验的对低高度危险的理解，并可以利用关于人们从相对低高度摔下的故事。
- 工人在这项工作技能方面没有强烈的熟练感或职业认同，因此一个学习活动可能有助于他们建立这种联系。

6.5 关键要点

- 行为总是存在于更大的背景之中。你可能会聚焦在一个狭隘的行为上进行深入理解，但你也需要退后一步，采取更宽广的视角来看待它。
- 对于一个行为改变计划，确保你定义的是实际行为，而不是意图、结果或模糊的高层目标。
- COM-B 是一个通过考察能力、机会和动机来分析行为的模型。
- 要识别一种行为，你可以问："如果我拍下某人做这件事的照片或视频，我会看到什么？"
- 识别正确行为的来源可能多种多样，包括与主题专家头脑风暴或观察、学术研究或采访数据。
- 能力可以是身体或动作能力，或者可以是心理能力，包括心理耐力。
- 机会包括物理机会（环境和系统如何支

持行为）和社会机会（社交关系和社会环境如何影响行为）。

- 动机可以是反思性的——与目标、信念和价值观有关，也可以是自动性的——与情感、冲动和自动反应有关。

参考文献

Alcohol Change UK. "The Dry January Story," *Alcohol Change UK* website, accessed January 17, 2023, https://alcoholchange.org.uk/help-and-support/managing-your-drinking/dry-january/about-dry-january/the-dry-january-story.

Cutler, John. "What Differentiates the Highest-Performing Product Teams | John Cutler (Amplitude, The Beautiful Mess)," in *Lenny's Podcast,* produced by Producer Lenny Rachitsky, podcast audio, January 15, 2023, 140:44, https://www.lennyspodcast.com/what-differentiates-the-highest-performing-product-teams-john-cutler-amplitude-the-beautiful-mess/.

Devine, Patricia G., Patrick S. Forscher, Anthony J. Austin, and William TL Cox. "Long-Term Reduction in Implicit Race Bias: A Prejudice Habit-Breaking Intervention," *Journal of Experimental Social Psychology* 48, no. 6 (2012): 1267–1278.

Gawande, Atul. *Better: A Surgeon's Notes on Performance* (New York: Metropolitan Books, 2008).

Kasinger, Chona. "Disabled and Here." https://affecttheverb.com/gallery/disabledandhere/coupleshot/.

Michie, Susan, Lou Atkins, and Robert West. "The Behaviour Change Wheel." *A Guide to Designing Interventions,* 1st ed. (Sutton, UK: Silverback Publishing, 2014). www.behaviourchangewheel.com.

Michie, Susan, Maartje M. Van Stralen, and Robert West. "The Behaviour Change Wheel: A New Method for Characterising and Designing Behaviour Change Interventions." *Implementation Science* 6, no. 1 (2011): 1–12.

Pascale, Richard, Jerry Sternin, and Monique Sternin. *The Power of Positive Deviance* (Brighton, MA: Harvard Business Press, 2010).

Positive Deviance Collaboration, s.v. "positive deviants," accessed January 17, 2023, https://positivedeviance.org/terms.

Public Health England. *Achieving Behaviour Change: A Guide for Local Government and Partners*, PHE publications gateway number: GW-834, November 2019, https://www.gov.uk/government/publications/behaviour-change-guide-for-local-government-and-partners.

Wallaert, Matt. "The Clover 5: Measuring Employee Happiness" from "Clover Off the Charts," Medium.com, September 12, 2018, https://medium.com/clover-off-the-charts/the-clover-5-measuring-employee-happiness-c0b4dc23df83.

Widmer, Andreas F., Martin Conzelmann, Milanka Tomic, Reno Frei, and Anne M. Stranden. "Introducing Alcohol-Based Hand Rub for Hand Hygiene: The Critical Need for Training." *Infection Control & Hospital Epidemiology* 28, no. 1 (2007): 50–54.

第 7 章

Talk to the Elephant

确定是不是
培训问题

我们检查大象,看看还有什么可能引起问题

几乎每一个在组织中制作培训材料的人，都收到过一些让他们怀疑的请求："这真的是一个培训问题吗？"

虽然我使用 COM-B 作为分析工具来理解整个问题，但我也有一个常见问题的清单，这些问题通常伴随着学习与发展（L&D）收件箱中的培训请求一起出现。

我特别想回头查看这个清单，因为它们似乎通常与学习请求有关，而在项目开始时明确"培训能做到什么和不能做到什么"是非常有用的。

本章主要关注工作场所的学习场景，但其中的许多原则仍然适用于其他情形。

7.1 问题诊断：原因是什么及学习的作用

以下问题可能有培训成分，但它们首先并非关于教学员如何去做某个行为。有时培训可以有所帮助，但往往还需要解决环境或系统中的其他问题，行为才能发生改变：

- 缺乏反馈。
- 目标不明确。
- 忘记现有的行为习惯。
- 对后果或大局不了解。
- 缺乏环境或流程支持。
- 焦虑／恐惧／不适。
- 对能力缺乏信心。
- 不信任。
- 社会证明。
- 缺乏自主权／主导权。
- 习得性无助。
- 不恰当的激励。
- 缺乏身份或价值观的一致性。
- 情绪反应。

让我们通过回顾第 5 章中的洗手案例来逐一分析这个清单。

在医疗保健中，遵守洗手要求一直是一个持续的挑战，所以下面的每一节都会在洗手这一背景下讨论这些常见问题。

如果你在医疗行业工作,你可能会被要求设计这样一个学习目标的学习活动:学习者将能够按照组织指导方针来洗手。

免责声明:由于我们在这里以洗手为例,我想首先承认,虽然我过去曾参与过与洗手相关的课程的开发,但我并不声称自己是这方面的专家,并完全预计细节可能因地点而异,对挑战的理解将随着未来了解更多内容而变化。

7.2 缺乏反馈

在"他们知道该做什么但仍然没有去做"的情况中,最常见的一个情形就是反馈延迟或缺失。

例如,如果乔开始了一份新工作,他的上班时间是早上9点,他可能会尽量每天都在9点之前到达,因为他想给人留下好印象。但假设在他工作第二周的某个时候,他乘坐的公交车晚点了,他在9点15分才到达工作地点,而没有人对此有什么意见。他可能会继续准时到达,因为他想成为一个负责任的员工或者因为他不想冒险。但

几个月后,乔明白了,即使他因交通问题延迟到达,也没有人会对他的到达时间有任何意见。乔的理智部分知道他的上班时间是早上9点,但他的实际经验告诉他似乎并非如此。

7.2.1 这是否适用于洗手案例

让我们看看我们的洗手案例。人们如何获得有关洗手的反馈呢?

如果你的手明显脏了,洗过后你能看到区别。但在医疗环境中,这并不是真正的标准。

通常,医疗工作者知道他们需要洗手,并不是因为可见的线索,而是因为他们接触了可能有细菌的表面。

把垃圾桶挪开后取出掉在其后面的金枪鱼三明治包装纸的一只手

按照医护人员指南洗手后的同一只手

所以,在很多情况下,洗手前后并没有可见的差异,除非你了解细菌学理论。这是理智部分(骑手)知道的事情,但情感部分(大象)并不真正了解。

我不知道,对我来说看起来还不错。

把垃圾桶挪开后取出掉在其后面的金枪鱼三明治包装纸的一只手

每次人们需要根据指南而不是因为他们的手看上去或感觉脏了而洗手时,都在依赖理智部分去驱使情感部分。你可以在某人未遵守洗手指南时施加处罚,但这仍然只能捕获一部分违规事件。

另外,如果一个医疗工作者在周四下午 3 点 15 分没有洗手,这可能导致病人感染,但工作者几乎不可能将他们的行为与这一结果联系起来。医疗系统中有太多的人和变量,以至于无法直接将洗手行为与结果联系起来。结果只能是推断出来的。

7.2.2　这是一个培训问题吗

大多数情况下不是。延迟或缺失的反馈通常是一个系统问题。当没有反馈时,通过技术或许能够设计出一些解决方案。例如,提高有氧运动水平后通常需要几周时间才能看到一些身体上的进步,所以你可能会依赖健身追踪器或设备设置来显示你正在改善。

在 Six Sigma 程序中,有一个叫作"可视化工作场所"的概念,它关于系统性地尝试以使系统的状态可见和明显。它可以像工具板那样简单,有轮廓线,以便工人可以确信他们将工具放在正确的位置。

在护士站,可能有一个电子板显示病房内

所有病人的生命体征,以及用于提醒护士是否存在问题的警报。这两个例子不仅仅是反馈系统,寻找让状态或行为更易于观察的方式也能提供有用的反馈。

在工作场所,提供反馈通常取决于管理者是否关注,或者是否有人能指导员工改变行为。

7.2.3 培训能做什么

- 创建反馈工具。有没有任何类型的清单、记分卡或评分标准,参与者可以用来追踪他们自己的结果?
- 反馈练习。如果学习者返回到一个没有反馈的环境,有没有办法让他们在培训环境中获得足够的练习,以便使行为自动化?
- 支持管理者。通常,为了让员工成功,他们需要得到管理者的支持。这通常意味着管理者也需要改变他们的一些行为。当这种情况出现时,你应该考虑将管理者作为你设计的次要受众。例如,如果一个管理者需要对行为改变提供反馈,学习设计师应该询问可以创建哪些工具或支持,以增加管理者提供有效反馈的

可能性。值得记住的是,强化行为的人还有其他 37 件事情会争夺他们的注意力。因此,任何可以让反馈和强化对他们来说更容易的事情都值得作为设计过程的一部分来考虑。

7.3 目标不明确

有时问题在于目标模糊或不明确。有明确定义的绩效标准吗?如果没有,你需要找到一种方法来明确目标。

例如,我见过许多培训课程,其目标涉及"主动领导"或"偏见感知"等方面。对于这两者,你如何知道你做得好不好?你的主动领导水平是 25%、50% 还是 90%?如果你更加容易感知到自己的偏见,你能识别出其中的几个?一些还是大多数?

可能没有办法回答这些问题,所以你需要将它们操作化以便能够衡量。与这些目标相关的行为是什么?与这些目标相关的结果是什么?

7.3.1 这是否适用于洗手案例

就洗手案例而言,我认为我们实际上并不

会将其视为一个目标不明确的例子。几个医疗组织对绩效标准有着非常明确的定义。

7.3.2 这是一个培训问题吗

或许是,但在理论上,目标不明确不是一个培训问题,而是一个运营或管理问题。然而,现实是,在许多组织中,具体的绩效尚未定义,尽管利益相关者知道当前的绩效存在问题,但他们通常不能准确地告诉你他们想要什么。

在许多方面,学习和发展是一个逻辑上的合作伙伴,可以提出这些问题并帮助在设计过程中定义绩效标准。第 6 章中讨论的识别明确行为的方法与此相关。

7.3.3 培训能做什么

如何成为一个更好的合作伙伴与管理或运营部门共同定义绩效,这是另一本书的主题,但这里有一些策略值得考虑。

- 定义绩效。创建绩效定义是分析过程的一部分,确保利益相关者知道"定义绩效将是学习设计过程的一部分"是有帮助的。

- 使用足够多的案例来说明隐含的目标。一种传达目标或期望的方法是查看足够多的示例,以开始隐含地理解什么是能够代表目标的,什么是无法代表目标的。例如,我正在与一位以"诚信"为公司价值观的客户合作,它实际上被用来指导组织的决策。但我的客户解释说,"诚信"的含义不仅指道德,还指做出具有"结构完整性"的决定,即可持续的解决方案或解决问题的根本原因。虽然我理解这个解释,但我真的不理解这家公司如何使用这个价值观,直到我在工作中看到了它的多个示例。

- 使用设定目标的学习活动。如果难以定义具体的绩效,让学习者自己探讨如何实现目标可能是有用的。你可以让他们在活动中定义和计划如何使用目标,并定义自己的绩效标准。

- 使用评估表和分层绩效目标。许多目标并不是非黑即白的。解释初学者、中级人员和专家水平的评估表或分层的绩效目标可以让学习者能够衡量他们自己在连续体上的位置,并理解改进可能是什么样子。

7.4 忘记现有的行为习惯

在涉及行为改变时，一个常见的问题是新行为与现有行为发生冲突，其中一些现有行为人们可能非常熟悉，主要是一些自发的行为，这也就意味着很难停止这些行为。如果你曾经尝试过在交通车道相反的国家开车（你在与你习惯相反的一侧驾驶），你就会很好地理解这一点。（我做不到。每次我们左转时，我都觉得我们要死了。）驾驶是一种非常自动化的行为，强迫自己以不同的方式进行可能会非常困难。

我要指出的是，人们实际上并没有"不学习"。没有一个大橡皮擦会擦掉某种特定行为的神经连接。覆盖现有行为可能是一个更好的类比。

7.4.1 这是否适用于洗手案例

假设洗手指南或环境没有改变，这对我们的洗手案例来说可能不是一个大问题，但这个问题出现在其他各种领域中，例如，如何处理文档、如何在系统中输入客户记录、如何操作工具、如何与客户交流。

7.4.2 这是培训问题吗

设计足够的练习机会绝对是学习设计师的责任。我在许多培训环境中看到的一个最大的问题是，我们提供足够的练习来理解某件事是如何工作的，但没有提供足够的练习来真正掌握这种行为。这绝对是一个培训问题。

7.4.3 培训能做什么

以下是一些策略：

- 观察表现并注意自动行为。观察或拍摄人们的表现，并确定哪里存在高度的自动化。如果你不做你正在观察的工作，那么自动驾驶仪控制的地方将是你无法完全理解这个人正在做什么的地方，因为他们做的速度太快了，你跟不上。了解现有流程中的自动化程度可以帮助你确定学习者需要练习新行为的地方。当然，有时候答案是全部。

- 使用实施意图。这是让学习者识别新行为的触发因素，并让他们形成一个他们将做不同事情的意图（如果 x，那我就做 y）。例如，我有一个关于在英国成为行人的实施意图。正如我提到的，我不擅长"在路的另一边开车"，这也延伸到成为行人。（我对汽车来自哪里的判断通常是错误的。）所以，我的实施意图是"当我感到我有想要闯红灯的冲动时，我会强迫自己等待步行信号"。

- 练习形成新习惯。你希望人们进行足够的练习，以便他们开始对新行为有一定的熟练度。在一个培训课程中，你不太可能让人们达到完全的自动化，但让人们意识到自己正在变得更好可以帮助他们在课后保持动力。
- 创建学习活动以比较旧的和新的行为。例如，你可以进行一项活动，在其中参与者被给予或展示了新过程中的步骤，他们必须识别这与现有过程有何不同。他们可以自己确定问题可能出现在哪里，并帮助制订一些解决新过程实施问题的计划。

7.5 对后果或大局不了解

在复杂的组织中，经常会发生对后果不知情的情况。填写申请表的客户可能会跳过或猜测答案，如果他们不确定被问到什么。为客户申请输入数据的员工可能会有一些捷径，当客户没有以正确格式填写信息时，他们可能会使用这些捷径。评估申请的人可能会应用客户不知道的相关指导原则。如果这些人理解后果或大局，他们可能会采取不同的行为。

7.5.1 这是否适用于洗手案例

如果我们看看洗手的例子，就会发现不了解后果可能是一个问题。像医生和护士这样的临床工作人员很可能了解未洗手的科学后果，但其他医疗或设施工作人员不一定知道会发生什么后果。

7.5.2 这是一个培训问题吗

是的，这是一个培训问题。分析过程的一部分应该是询问行为的后果或大局。因为后果对于主题专家来说通常是显而易见的，所以他们很容易忘记解释。在进行分析时，我最喜欢问的一个问题是："如果他们做得不对，会发生什么不好的事情？"

7.5.3 培训能做什么

- 显示后果。明显的答案是解释或显示后

果。创建让学习者尝试行为然后看看会发生什么的情境可能是有用的。

- 让后果显著或情感共鸣。在慈善捐赠领域有一个概念叫作"可识别的受害者效应"（Lee，2016），即如果呼吁关注单个个体的困境，而不是多个人或受影响的人，人们更有可能捐款。我们与个人故事产生共鸣，因此了解感觉真实或个人化的后果可能会对行为产生更大的影响。即使没有情感的吸引力，只要看到与自己有关并能理解的后果也会有所帮助。我观看过的一段较好的回收视频跟踪了一个酸奶容器在整个回收过程中的去向，这让我比观看大量塑料回收物被处理的视频更有感觉。

7.6 缺乏环境或流程支持

有时问题在于环境或流程不支持某种行为。（在本书中，我已多次提到这个问题。）

例如，我曾填写一份调查问卷，要求我比较一家零售店与该地区其他类似零售店带来的体验。然而，我当时并没有去过该地区的其他零售店（我是在假期探访家人），而且这份表格不允许我跳过这个问题。我要么完全放弃填写这份调查问卷，要么随机选择一个评级。我想调查的目标是让客户提供准确的信息，但调查问卷的设计师却让我无法这样做。

7.6.1 这是否适用于洗手案例

通常是的，确实如此。当含酒精的免洗洗手液在美国广泛使用时，洗手合规性的改进明显增加。研究人员在设计医疗环境以更好地支持手部卫生方面付出了大量努力。在世界其他地区，洗手合规性的努力受到缺乏清洁水和洗手用品的阻碍。

7.6.2 这是一个培训问题吗

大多数情况下，这不是一个培训问题，但不幸的是，这并不意味着我们可以摆脱责任。在我职业生涯的头几年参与的培训项目中，如果系统或环境设计得更好，那将不需要进行如此多的培训。

例如，我记得有一个软件培训项目，其中添加另一项的说明是："将光标悬停在其他项目的下方，会出现一个灰色框。单击灰色框以添加另一个项目。"为什么界面要设计成只有在将光标悬停在正确位置时才能看到虚拟按钮，而不是设计一个实际可见的按钮呢？无论我们如何请求，都无法让他们用标记为"添加项目"的按钮替换这个虚拟按钮。

7.6.3 培训能做什么

- **强调故障排除策略**。有时候你只需要承认我们生活在一个不完美的世界，并强调可以帮助人们在事情不如意时解决问题的策略。
- **在环境中添加工作辅助工具**。例如，在使用点放置提示或清晰、易读的说明。
- **给学习者提供审核自己环境或流程的工具**。你能给学习者提供一个在他们环境中需要改变的项目清单以促进期望行为吗？或者你能让学习者在课堂上制订一个计划，以修改、调整或解决他们自己环境中的流程问题吗？

7.7 焦虑/恐惧/不适

多年来，我消耗了大量关于谈判的培训材料、文章和其他媒体资源，但当真正需要谈判时，我仍然会感到极度不适。

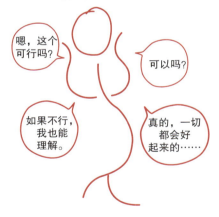

这些年来，我已经变得更好，并且找到了我能执行的策略，但这种不适感并没有完全消失。

任何时候，如果新的行为伴随着焦虑、恐惧或不适，学习体验的设计都需要考虑到这一点。

7.7.1 这是否适用于洗手案例

在我们的洗手案例中，焦虑、恐惧或情感不适可能不会阻止人们遵循洗手指南，但对于整天都要反复洗手的医护人员来说，身体不适是一个非常现实的挑战。手可能会变得干燥、开裂和疼痛。即使有再好的意愿，这种不适也可能变成不情愿。

在与手卫生相关的一些其他行为中，焦虑、恐惧或不适感可能是一个问题。例如，在我曾参与制定洗手课程的另一个国家，有一个社会习惯是与患者握手，担心之后立即洗手会显得不礼貌。另一个相关行为是如果同事没有洗手，就需要对他们说些什么，但是当同事在组织中拥有更多权威或更高地位时，这种情况非常难以应对。

7.7.2 这是一个培训问题吗

很可能是的。解决这个问题不仅仅取决于培训，但它绝对应该是学习设计的一个关注点。通常，熟悉程度对于"让某事感觉更舒适"来说至关重要。观察（看到行为的示范）和实践等策略对于使学习者感到更舒适可能是至关重要的。

7.7.3 培训能做什么

- **提供练习**。如果你对执行某种特定行为感到焦虑，最好不要在高风险情境中第一次尝试它。我认为我从未遇到过一个工作坊参与者会说他们就是喜欢角色扮演活动，但这通常是练习的最佳方式。

- **支架式教学**。支架式教学是教育中的一个长期实践。它为学习者在尝试新行为时提供支持。培训可以从一个简单版本的任务开始，或者提供支持，比如一个要遵循的清单或提示以保持他们的进度。"支架"通常会逐渐去除，直到学生准备好自己执行。

- **观察行为被示范**。你可以安排学习者看到其他人示范该行为吗？例如，当我旅行时，我预料到了我会与街头商人讨价还价。但我对此感到挣扎，直到我看到其他旅行者是如何做的。我从来没有特别擅长这一点，但是看到别人的行为示范对我来说是至关重要的。能够看到别人示范行为对于缓解焦虑或不适可能非常重要。

- **解决误解**。有时学习者对行为有误解——认为它是困难的、复杂的、不愉快的或者并不真正有用。培训和实践可以帮助学习者了解到底涉及什么,或者帮助学习者重新定义行为,使其感觉更容易实现。

7.8 对能力缺乏信心

某人缺乏自信或相信自己没有必要的能力会妨碍他们的动力,这通常伴随着恐惧、焦虑和不适。正如我们在第 5 章中讨论到的,如果别人要求你做一些你认为自己没有能力做的事情,那么你可能会缺乏动力。

例如,我认为我在音乐方面没有天分。我喜欢听音乐,曾经在小学的时候拉过小提琴(但拉得很差),但我现在不再演奏任何乐器或唱歌了。我承认,如果我花时间和精力,我在音乐方面会做得更好,但我却并不想去尝试。

好消息是,如果我不参与创作音乐,这完全没关系,我仍然可以享受听音乐,而且我还有其他更喜欢的爱好(可能是因为我在其他爱好方面不太差)。

所以,我对自己的音乐能力的信念限制了我表演行为的动机,在这种情况下,这是可以接受的。但是,如果你对自己的能力有固定的信念,例如有条理、与他人合作或完成困难的任务,那么你的信念可能会受到限制。

研究员 Carol Dweck 谈到了固定思维方式与成长思维方式。固定思维方式的一个例子是"我永远不会擅长音乐",而成长思维方式更像是"我可以提高我的音乐能力"。

7.8.1 这是否适用于洗手案例

关于能力的信念在洗手案例中可能并不是一个重要因素。虽然有可能某些人比其他人更擅长洗手,但只要按照指示进行,任何人的洗手熟练度可能都是足够的。

7.8.2 这是一个培训问题吗

这个问题至少部分是一个培训问题。你无

法控制人们带到这个过程中的信念，但确保所要求的内容在学习者能力范围内是学习设计师的责任，并且让学习者感到自己聪明和有能力也是良好学习体验的一部分。

7.8.3 培训能做什么

- 提供练习、建模和支架。与焦虑/恐惧/不适相似，这些策略可以帮助提升某人对自己能力的信念。
- 从与学员的能力水平接近的任务开始。我经常看到刚开始创建学习内容的人犯的一个经典错误是他们想要在一开始就提出棘手的问题。这从来都不是一个好主意，尤其是在信心或信仰有问题的情况下。从一开始就提供太多容易的任务也是一个问题（培训可能会变得无聊），但如果你发现准确的难度很难把握，那么更容易的挑战是一个更好的选择。
- 评估信心水平。Will Thalheimer 在他的书 *Performance-Focused Learner Surveys* 中讨论的一种策略是收集关于学习者信心水平的数据。他们对这种行为完全陌生吗？他们是否了解这种行为但不太自信？他们在得到支持的情况下是否自信？他们是否认为自己完全胜任？还是他们是专家？这可以帮助你了解学习者在开始学习体验时自己的位置。它还有助于你评估他们在开始培训和完成培训时信心的变化。
- 指导员工解决问题。Gabriele Oettingen 在她的书 *Rethinking Positive Thinking* 中描述了，想象成功可能不如想象并计划潜在障碍有用。

7.9 不信任

我们都有过这样的经历。有些项目、倡议或课程表面上看起来很美好，但你知道其真正目的是为了金钱、便利或其他更基础的原因。别人告诉你这对你有好处，但你知道这实际上是对他们有利，他们试图把一堆不值钱的东西卖给你。

有时候，对于某种好处的承诺是完全真诚的，但由于我们过去的经历，我们不信任它。例如，你加入了一个健身房，他们建议你购买个人训练课程。他们可能是出于非常真诚和有益的目的，但如果你以前在其他健身房有过被人推销的不愉快的经历，你可能会对这次努力持怀疑态度。

7.9.1 这是否适用于洗手案例

可能不太适用。其他健康行为（例如，戴口罩或接种疫苗）很大程度上受到观众对信息来源信任度的影响。

7.9.2 这是一个培训问题吗

不完全是。通常情况下，某人的信念会受到一些更大背景的影响。你可以尝试了解你的受众并仔细构思你的信息，但你的受众仍然会将他们以前的经验带入到这种情况中。有时你可以直截了当地解决不信任问题，与学习者诚实地讨论他们为什么可能对回答问题有疑虑，或者帮助他们以更积极的方式重新构想行为。如果组织正在进行培训，而不是采取更复杂或成本更高的措施来解决问题，这甚至可能增加不信任感。

7.9.3 培训能做什么

- **让参与者参与问题解决**。人们容易对自己提出的解决方案产生依恋。与其给他们预定行动，不如听取他们对如何实现改变目标的看法。如果他们对计划有所贡献，他们更有可能信任这个解决方案。
- **确定行为如何与他们的身份或价值观保持一致并支持它**。即使最让人讨厌的合规指导方针也有存在的理由。尝试找出这些原因与学习者已有的价值观或目标有何匹配。
- **说实话**。好的，我不应该明确说这一点（而且我相信，亲爱的读者，你已经知道这一点），但不要欺骗人们，尤其是在已经存在不信任问题的情况下。有时，组织会实施对组织有利但对个人工作者有点麻烦的变更，不要假装不是这样。帮助他们理解为什么这很重要，并努力减少麻烦，但不要假装"一切都会很棒！"。
- **用试点群体测试信息**。在你向一个可能存在不信任问题的群体推送信息之前，先用一个试点群体测试信息，让他们告诉你信息实际上是如何被接收的。

7.10 社会证明

多年前，我参与了一个为乘务员提供培训的项目。在飞行前的准备阶段，乘务员需要进行一系列的安全检查，而且有相应的工作辅助工具来确保他们不会遗漏任何事项。新入职的乘务员并没有一直使用这个工作辅助工具。

培训材料主要侧重于如果安全检查未正确执行可能发生的非常糟糕的事情，但当我与该项目的设计师交谈时，他告诉我，其中一个问题是经验丰富的乘务员不使用清单。他们真的不需要。他们已经执行了数百次相同的安全检查，可以闭着眼睛重现检查清单。问题在于新的乘务员看到经验丰富的员工不使用清单，然后试图效仿他们。

问题显而易见，新人想要模仿经验丰富的人的行为，但他们没有经验丰富的乘务员所拥有的根深蒂固的知识。没有人故意想要不安全或规避流程，但被模仿的行为正在树立错误的榜样。

7.10.1　这是否适用于洗手案例

很可能适用，但这取决于具体环境。如果人们看到高级工作人员不认真洗手，这几乎肯定会加剧问题。

7.10.2　这是一个培训问题吗

不完全是，但在设计和强化学习时应该考虑到这一点。在工作场所的培训环境中，积极的模仿使用得非常不足，而它可以成为支持行为的一种非常有效的方式。

7.10.3　培训能做什么

- 让成功案例可见。使用真实的成功案例可以在学习过程中吸引参与者，同时也是一种非常好的方式来强化和更新关键的学习要点。
- 请有经验的人示范正确的行为。正如在第 5 章讨论的那样，有经验的人通常会对别人告诉他们已经知道的事情作出负面反应（年度合规培训就是一个例子）。然而，如果你让他们参与到与不那么有经验的参与者传播行为的讨论中，那将给他们不同的理由来接受这种行为，并显示对他们现有知识和经验的尊重。

7.11　缺乏自主权 / 主导权

几年前，我在一家大型科技公司举办了一个研讨会，其中一位参与者告诉我，他主持关于一个技术主题的全天研讨会。当他第一次开始讲这个主题时，他会用一张标题为"为什么 [主题] 重要"的幻灯片开始，并在上面列出一系列原因。

然后他告诉我，他最近把这张幻灯片列出的一系列原因删掉了，标题是"为什么 [主题] 重要"。他说："整个日程都变了。"如果学生有机会对为什么他们认为这个主题重要发表意见，而不是被告知，他们会更加投入。

前面的章节已经涉及了很多关于自主权的内容，但在高度合规的环境中，缺乏自主权是一个常见的问题，因为有些规则就是为了有规则而设的。在这些情况下，人们可能在最好的情况下变得被动地不感兴趣，而在最坏的情况下则变得积极抵抗。

7.11.1 这是否适用于洗手案例

很可能适用，但这实际上取决于组织或环境。在强制性和集中控制的组织中，如果人们觉得他们需要隐藏违规行为，或者只有在他们认为自己被监视时才会进行这种行为，那么将手部卫生视为强制行为并施以严厉的惩罚可能会适得其反。如果环境支持员工的自主权并且员工投身于组织的任务或目标，那么缺乏自主权或主导权可能不会影响他们的洗手行为。

7.11.2 这是一个培训问题吗

大多数情况下不是。这实际上是一个组织或系统问题。这并不意味着你不能在你的学习体验中培养自主权，但如果在更大的组织中对自主权的支持很差，那么对所有参与者来说，这仍然将是一场艰难的斗争。

7.11.3 培训能做什么

- 与员工交谈。确保你与你的受众交谈，了解他们的经验。他们需要相信你正在倾听他们，并回应他们告诉你的内容，而不仅仅是从远处向他们大声喊叫。
- 让他们说，并倾听他们的话。让他们告诉你他们面临的挑战以及他们认为的解决问题的方法。让他们用自己的话表达原因，并制定自己的计划。真诚地关心他们的观点很重要。人们可以感觉出你是真正想了解，还是只是因为到了演示文稿中的那张幻灯片才提出这些问题。
- 在可能的情况下，赋予他们一些决策权。有时，让员工做决定似乎是不可能或不切实际的，但在可能的情况下默认让他们拥有控制权。即使是一些小事，比如决定首先学什么，也可以帮助培养自主感和控制感。

7.12 习得性无助

当我在一个组织中主持一个研讨会时，每个人都有一个理由来解释为什么我建议的策略在该组织中行不通：IT 部门不会允许我们这么做，或者我们试过但管理层不支持，或者这里从来就没有成功过。

这是一种叫作"习得性无助"的现象。它是过去尝试过某事，但因为系统或组织中的某种因素而导致那些努力被压制或受罚的结果。这让人们不愿再次尝试。

习得性无助的概念来自 20 世纪 60 年代末马丁·塞利格曼的一项令人不悦的研究。塞利格曼和他的同事们把狗关进笼子里，然后在地板上对它们进行电击。一些狗有能力通过一个杠杆来停止电击，但有些狗做任何事情都无法阻止电击。然后，他们把狗放进一个地板上有电击的箱子里。狗可以越过一道只有几英寸高的障碍来逃离电击。最初拥有自主控制权的狗几乎会立刻越过障碍。而那些最初没有自主控制权的狗甚至都不会尝试逃跑。他们表现出了塞利格曼所描述的"逃避 – 回避行为"。

7.12.1 这是否适用于洗手案例

据我所知，这一点并不适用于洗手案例，尽管这可能取决于人们工作的环境。

7.12.2 这是一个培训问题吗

这是一个棘手的问题，因为事实是：当人们表现出习得性无助时，他们并没有错。他们的态度阻止了他们采取行动，但这种态度来源于直接的经验。在某些情况下，习得性无助会传染给组织中其他没有直接经历过的人，但它仍然源自某人的实际经验。

在塞利格曼的试验中，研究人员尝试了各种待遇和鼓励来让那些习得性无助的狗跳过障碍物，但最终，唯一能改变狗的行为的方法是通过将它们抬起并跳跃障碍物的物理动作来移动它们。而且要做两次。

因此，这可能不是一个培训问题，在与受训者合作时可能没有太多可以做的。在培训期间进行模拟新行为的练习不会使人们相信工作场所的反应会有所不同。

当培训请求提出时，值得指出这不是一个培训问题。要消除习得性无助，人们需要拥有一个实际的（而不是模拟的）积极经验。可能不止一次。

7.12.3　培训能做什么

- 确保管理层支持这一新变化。这应该是不言而喻的，但管理层和利益相关者的支持对于克服习得性无助来说至关重要。
- 缓慢推出变化，而不是一次性全部推出。如果你可以从小的、风险较低的事情开始，人们可能更愿意尝试新的行为，你可以积累一些积极的经验。在添加新变化之前，请务必验证每个变化。
- 努力强调积极的例子。确保在员工尝试新行为的前几次以及这种支持对整个观众可见时有充分的指导和鼓励。
- 设计积极例子的体验。有些培训中的轶事讲到，管理人员安排机会让员工在安全问题上批评他们，以证明没有人例外。你是否有办法安排积极的例子发生并提供具体证据表明情况已经发生变化？

7.13　不恰当的激励

几年前，我与一家跨国保险公司的客户进行了这样的对话。我们正在为将客户数据输入计算机系统的保险政策处理人员开发一款电子学习课程。

客户：我们能在培训中加入一些关于准确性重要性的内容吗？他们并不总是关注所输入信息的准确性。

我：当然可以，告诉我，他们是如何在工作表现上被评估的？

客户：哦，是他们每小时完成的申请数量。

我：好的，他们对准确性有任何反馈吗？

客户：嗯，没有……我想他们没有。

你看到问题了，对吧？当你的激励和反馈系统与行为不一致时，除非有其他强有力的动机参与，否则你不太可能看到那种行为。

7.13.1　这是否适用于洗手案例

再次强调，不恰当的激励取决于组织，但它可能涉及如何激励人们利用他们的时间。我的家庭医生在我们每年的体检时已经学会了快速交谈，因为她的每位患者只有有限的时间，但她也希望进行有意义的对话，以了解我生活中发生了什么以及对我的健康有何更广泛的影响。

我的家庭医生有着竞争性的优先事项/激励因素：保持准时，因为她不想在一天晚些时候亏待其他患者，但同时也要花时间与每位患者交谈。

虽然不太可能出现与洗手有关的不一致的财务激励措施，但在完成所有任务的优先事项与花时间洗手之间可能存在竞争。

7.13.2　这是一个培训问题吗

不是，但是讨论为什么培训解决方案不能解决激励问题是绩效顾问职责的一部分。

7.13.3　培训能做什么

你可以分析问题，并向管理层提供反馈，说明培训课程能达到的限度。

7.14　缺乏身份或价值观的一致性

几年前，在一个会议的演讲之后，有人问："我们如何改变人们对环境的价值观？"我告诉他："你不能。你要向他们展示与环境有关的行为是如何支持他们已有的价值观的。"

研究人员发现，对于某些特定的受众，使用该内部群体特有的语言和价值观来构建环境信息可以增加他们参与环保行为的意愿。我们将在后面的章节中进一步讨论这一点，但始终值得了解你的受众的价值观是什么。

身份也影响着人们如何看待某些行为。例如，请考虑以下关于工作场所安全的不同观点。

"我知道安全规定是为了保证每个人的安全，这非常重要。但有时这些规则有点荒谬。你会觉得这些规则是由从未真正做过这项

工作的人编写的。我猜这些规则只是为了有规则而设的。"

"保证我自己和同事的安全是我的工作。"

"这些年轻人不明白的是，安全是工作做得好的一部分。他们应该为此感到骄傲。提高安全水平是成为更优秀的木匠、管道工或电工的一部分。"

这些人都没有错，但他们每个人都从不同的角度看待身份与安全行为之间的关系。第一个观点认为安全规定是一套从与工作身份完全不同的地方强加的规则，而最后一个观点认为安全是职业身份的内在组成部分。

7.14.1 这是否适用于洗手案例

价值观和身份绝对是洗手案例的一部分。并非每个在医疗领域工作的人都是因为对照顾他人有一种使命感或价值观，但很多医疗提供者确实是这样的。

几年前，当我正在制定一个洗手课程时，我与一位护理医师讨论了洗手需要20秒的问题。她告诉我，听起来好像不需要很长时间，但在繁忙的一天里，让自己洗那么长时间可能会有点困难。

她说："有时我必须对自己说，我是一名优秀的护士。我可以洗20秒的手。"

这是我听过的关于身份用以支持行为的最

明确的一个例子。

7.14.2 这是一个培训问题吗

是也不是。你不能决定别人的价值观,而且改变别人的价值观需要时间,且成功的可能性不大。但是,如果你了解他们关心什么,你可以根据受众的价值观来构建行为。

7.14.3 培训能做什么

- 确定行为是如何与身份或价值观一致并支持它们的。尽可能让受众自己进行这种识别。
- 放大来自实际受众的信息。一个从未从事过相关工作的课堂教师不适合传达这个信息。尽量让信息来源于目标受众中的人。这可以是课堂上的讨论,或者来自同一领域其他人的推荐。

7.15 情绪反应

当我在制定一个预防感染课程时,其中一位医生说:"即使我知道预防感染的重要性,有时在漫长的一天结束时,我仍然会忍不住想走捷径。我知道这样不对,但还是会发生。这是为什么呢?"

这位女士是预防医疗感染方面的国家级专家,即便如此,她有时也会忍不住想跳过几个步骤或做更容易的事情。

任何具有挑战性的行为,在我们感到疲倦/饥饿/困倦/压力大/分心/无聊/愤怒/沮丧/不高兴时都可能会变得更加困难。

7.15.1 这是否适用于洗手案例

是的。正如前面提到的,这显然是适用的。

7.15.2 这是一个培训问题吗

绝对是。在理想的世界里,你还可以改变环境或系统以减少负面情绪,但培训应该为学习者准备好在真实环境和情境中执行行为。

7.15.3 培训能做什么

- 帮助学习者识别和应对情绪反应。让学习者练习识别情绪唤起的生理迹象,并养成识别和调节情绪的习惯(例如,学习一种呼吸技巧以使自己在压力情况下平静下来)。
- 应激适应。如果学习者预计需要在高压环境下工作,尽量让他们在越来越有压力的模拟环境中练习,以便他们能够适应在这些情况下工作。例如，在军事战斗情况下培训人员时就会使用应激适应。他们会在模拟练习中（无论是在真实环境还是虚拟环境中）练习，以便他们学会控制自己的生理反应。

7.16 总结洗手案例

因此，对于洗手案例，我们显然应该考虑以下原因：

- 缺乏反馈。
- 环境或流程支持。
- 不适。
- 情绪反应。
- 缺乏身份或价值观的一致性。

根据组织的不同，我们还可能需要考虑以下因素：

- 不恰当的激励。
- 缺乏自主权/主导权。
- 忘记现有的行为习惯。
- 对后果或大局不了解。

- 社会证明。

我们可能不需要过于担心以下事项：

- 焦虑/恐惧。
- 对能力缺乏信心。
- 习得性无助。
- 不信任。

再次强调，这些关于洗手的观点都不是绝对的真理。所有这些都取决于特定的背景和受众。

7.17 案例：大学毕业生的人际网络

让我们再来看看另一种行为。想象一下，你正在为即将毕业的大学生创建学习经验，以帮助他们开启职业生涯。

我们想要分析的特定行为是在面对面活动中建立关系网。你的任务是与来自文科专业的 20 名近期毕业生一起工作。让我们看看这些问题中哪些可能适用。

问题	影响
缺乏反馈	这可能是个问题。网络是一种不会立即产生回报的东西，所以帮助学习者评估互动进行得如何以及成功的要素可能很重要

（续）

问题	影响
目标不明确	是的，这可能是个问题。在专业社区工作过一段时间的人会对人际关系网有一个印象，但应届毕业生可能需要把它讲清楚
忘记现有的行为习惯	这可能是个人问题。一些大学生可能有一些行为需要忘记或修正
对后果或大局不了解	这可能是一个问题。尚未学习过此类课程的大学生不太可能了解建立职业关系网的重要性以及它的样子
缺乏环境或流程支持	这也要看情况。一些专业组织刻意为人们创造交流活动或机会，还有一些组织设有导师或其他结构来支持新成员
焦虑/恐惧/不适	是的。一些大学生在社交场合可能会很自在，但可能很多学生在职业场合表现自己时会感到不自在
对能力缺乏信心	这可能是个问题。尽管到处都有"假装直到成功"的建议，但大多数应届毕业生在社交环境中都不会感到高度自信
不信任	同样，假设学生选择参加该课程，不信任可能不会成为一个重大问题
社会证明	这取决于个别学生有多少机会看到社交网络在专业环境中是如何运作的。例如，如果一个学生在一家大公司实习，他们可能会有一些了解，但其他学生可能没有看到任何相关的东西
缺乏自主权/主导权	假设这是一门学生选择参加的课程，自主权或主导权可能不是问题
习得性无助	这可能是一个问题，但这可能取决于个别学生
不恰当的激励	这可能不是一个太大的问题，尽管学生可能需要帮助来理解质量比数量更重要，并且目标是建立真正的联系，而不是在 Linkedin 上获得尽可能多的联系
缺乏身份或价值观的一致性	这要视情况而定，但学生很可能会发现很难将这种行为与他们的价值观或身份联系起来
情绪反应	有可能。社交互动的压力和焦虑可能在这里起到作用

在接下来的几章中，我们将探讨如何在学习设计中考虑所有这些因素。接下来，我们将看看 COM-B 分析的结果如何映射到干预领域，以及如何开始选择行为改变策略。

7.18 关键要点

培训通常是应对行为改变挑战的首选方案，而绩效顾问或学习设计师的职责之一就是分析相关变量，并帮助利益相关者了解培训能做什么和不能做什么来解决特定的挑战。

参考文献

Dooley, Roger. "How the Cootie Effect Can Reduce Virus Transmission," https://www.neurosciencemarketing.com/blog/articles/reduce-virus.htm.

Lee, Seyoung, and Thomas Hugh Feeley. "The Identifiable Victim Effect: A Meta-Analytic Review." *Social Influence* 11, no. 3 (2016): 199-215.

Oettingen, Gabriele. *Rethinking Positive Thinking: Inside the New Science of Motivation* (New York: Penguin Random House, 2014).

Seligman, Martin E.P. "Learned Helplessness." *Annual Review of Medicine* 23, no. 1 (1972): 407-412.

Thalheimer, Will. *Performance Focused Learner Surveys: Using Distinctive Questioning to Get Actionable Data and Guide Learning Effectiveness* [Second Edition] (N.p.: Work-Learning Press, 2022).

Västfjäll, Daniel, Paul Slovic, Marcus Mayorga, and Ellen Peters. "Compassion Fade: Affect and Charity are Greatest for a Single Child in Need." *PloS one* 9, no. 6 (2014): e100115.

Wolsko, Christopher. "Expanding the Range of Environmental Values: Political Orientation, Moral Foundations, and the Common Ingroup." *Journal of Environmental Psychology* 51 (2017): 284-294.

Wolsko, Christopher, Hector Ariceaga, and Jesse Seiden. "Red, White, and Blue Enough to Be Green: Effects of Moral Framing on Climate Change Attitudes and Conservation Behaviors." *Journal of Experimental Social Psychology* 65 (2016): 7-19.

第 8 章

Talk to the Elephant

映射解决方案

我们将分析结果与骑手和大象的解决方案相匹配

"行为改变轮"有九种类型的干预措施(定义来源:UFG指南),其中一些与学习和发展有明显的联系。在本章中,我们将探讨哪些干预措施更有可能成为学习体验设计的一部分。

8.1 认识米格尔和丽莎

米格尔和丽莎是一家大型医院连锁机构的护士培训师。由于人员短缺,他们有大量新入职的护士和护理助手。尽管他们的连锁医院在预防压疮方面有着良好的记录,但在过去的几个月里,压疮的发病率有所上升。米格尔和丽莎被要求创建解决方案,以帮助培训新员工进行压疮预防。压疮是由于长时间皮肤受压而导致的皮肤和底层组织受损,也被称为褥疮。

利用COM-B框架,丽莎和米格尔讨论了帮助新员工支持压疮预防行为的不同方面。

问题	回复
员工需要哪些身体能力才能执行此行为	米格尔:有几样能力,但第一个主要的身体能力是他们需要能够正确地为患者翻身和定位。有时,如果患者体型较大或不能自己移动,护士可能需要额外的支持来有效地转动和定位病人 他们还需要能够对患者进行身体检查,寻找是否有压疮的迹象
员工需要哪些心理能力才能执行此行为	丽莎:他们需要了解预防压疮的方案以及如何评估患者风险。由于我们最近从更广泛的领域招聘人员,我们发现新员工过去接受的培训类型和数量存在很大差异。当然,我们希望他们知道我们医院系统的护理标准是什么 我们最有经验的护士拥有而新护士不具备的另一项技能是与患者谈论压疮预防的能力。患者不仅仅是可以移动的身体。他们可以参与自己的护理并帮助我们了解他们的需求。但如果护士与他们沟通正在发生的事情并指导他们做什么或注意什么以及出院后继续做什么,效果最好。并非所有患者都能配合,因此帮助这些患者理解为什么需要定期翻身非常重要 与患者交谈是我非常希望与新护士一起培养的一项技能

（续）

问题	回复
物理环境如何支持此行为	丽莎：我们买了高密度泡沫床垫，但有一些替代品可能更有效，所以我们正在测试其他一些选择 除了将其记录在患者病历中之外，我们还在每张病床旁添加了患者状态白板，护士和护理助理在白板上记录了最后一次轮班时间。一开始进展顺利，但我注意到一些员工跳过了白板，只是将时间放在图表中 米格尔：但说实话。真正的问题是我们的压力太大了。人员配备非常困难，而且对每个护士的时间都有很多要求。我们的条件比其他一些设施要好，但现在太困难了
社会环境如何支持此行为	米格尔：有这么多新员工，并不是每个人都认识其他人，我认为如果有问题的话，很难知道该问谁。以前我们的人员流动率相当低，所以每个班次总会有一些有经验的人可以照顾新人，但现在这是不可能的
员工的反思动机是什么？例如，他们对此有目标或信念吗	丽莎：我们做了一些态度调查，他们对预防压疮的态度似乎并不是一个问题。他们知道这很重要
你认为哪些自动动机（感觉、习惯、偏见）会影响员工	米格尔：这在一定程度上取决于他们是否有很多治疗压疮的直接经验。如果你见识过它们的危害，你就会知道预防是很重要的 几年前，有人告诉我，深度压疮的治疗费用可能高达 7 万美元，我相信现在可能会更高，而且这还没有考虑到对患者健康的影响 从理智上来说，他们知道，但我们仍然需要他们感受到这种紧迫感，不管事情变得多么繁忙和超载

8.2 干预类型

进行 COM-B 分析后，下一步是确定可能有效的干预类型。在这里，我们将查看九种干预类型，尽管其中一些可能不会成为培训干预的一部分。

8.2.1 可成为培训一部分的干预类型

1. 教育

通过提供信息、解释、展示和反馈来增加知识和理解。这是学习方程式中的"认知"部分。

丽莎：我们肯定会在压疮防治活动中加入一个教育组成部分。每个人都需要对需要发生什么以及我们的护理标准有共同的了解。

2. 培训

通过反复练习和反馈来增加执行某种行为所需的技能。这是学习方程式中的"实践/

应用"部分。

米格尔：我们需要为新员工提供一个更明确的方式来练习在指导和反馈下翻转病人。过去，有经验的员工会留意，但我认为我们需要使这一点更加正式化。

丽莎：另外，与病人讨论压疮的预防也是一项技能！我们需要弄清楚新员工如何能看到好的示例，以及他们如何能够练习并得到指导。

3. 劝说

使用文字和图像来改变人们对某种行为的感觉，使其更加或者更少地具有吸引力。这几乎是我们为了激励或说服学习者所做的一切。

米格尔：我认为说服力主要在于强调预防的重要性以及它是如何容易被忽视的。这涉及警觉性。如果你已经连续一个星期每天都在治疗一个患者，而没有出现任何问题，那么逐渐减少警觉性是人类的本性，但这可能导致错过某些问题。

4. 建模

为人们展示行为的示例以供模仿。

丽莎：对于如何与患者交流这一部分，建模将是至关重要的。我们有几位经验丰富的护士真的很出色：他们非常擅长引导患者，甚至能让不合作的患者变得合作。看看他们是如何做到的将是我们新员工最好的示范。

5. 环境重构

通过塑造物理或社交环境来限制或促进行为。

这一点在学习体验中不太明显，但仍可能涉及。

米格尔：我不知道在培训方面我们会做多少这方面的工作，但医院肯定在寻找改善环境和工具的方法。

丽莎：你知道这里出现了什么问题吗？他们经常使用的垫子和泡沫楔子往往不能及时归还到储存空间。我想在培训课程中做一个活动来解决这个问题。我相信如果我们让护理人员参与这个讨论，他们肯定会有好的建议。

8.2.2　不可实现的干预类型

其他一些类型的干预措施不太可能被使用，

因为它们通常超出了学习和发展的控制范围，尽管这显然取决于在任何特定组织中谁负责什么。

1. 激励

通过创建期望的结果或避免不希望的结果来改变行为的吸引力。

丽莎：我无法想象我们会想用激励手段来防止压疮，这听起来一点儿也不合适。

米格尔：或许不会，但我们可以庆祝一个月没有压疮之类的。我在想，我们能不能围绕更新白板来设置一些激励措施？如果所有的白板在我们抽查时都更新了，就带些贝果来？

丽莎：嗯，也许可以。让我们再考虑考虑。

2. 强迫

通过创建不希望的结果或否认期望的结果来改变行为的吸引力。

丽莎：所以，就像是惩罚吗？如果人们没有做好他们的工作，当然会有后果，但这真的不是我们的责任。不过，我确实认为我们需要和经理们合作，看看他们是如何强化这种行为的。

3. 限制

通过设置规则来限制行为的表现。

米格尔："我有一个在另一家医疗中心工作的同事告诉我，他们限制了护理助理在为病人翻身时更新病历的权限。他们必须让护士核实，这样护士才能确保所有病人都按时翻身。我理解他们当时的想法，但显然这变成了一场官僚主义的噩梦。"

4. 赋能

以各种其他干预类型未涵盖的方式提供支持，以改善改变的能力，比如提供尼古丁贴片来支持那些试图戒烟的人。

丽莎：我觉得唯一可能属于这一类别的是视频支持选项。如果工作人员担心病人身上的某个部位，而高级工作人员不在场，他们可以使用平板电脑进行快速的视频咨询。

8.3　COM-B 与干预类型的映射

一般来说，干预措施是这样映射的。

干预类型	能力	机会	赋予动机
教育	×		×
培训	×	×	×
劝说			×
建模		×	×
激励			×
强迫			×
限制		×	
环境重构		×	×
赋能	×	×	×

8.4 行为改变技术

在你确定了与你行为相关的干预类型之后，你可以查看在培训设计中可以使用的具体技术。

除了行为改变轮，还有一个行为改变技术（BCT）的分类体系，可以应用于你的学习设计。这个分类体系中有93种不同的技术，但并不是所有的BCT都与学习设计相关。接下来的四章将查看可以在学习环境中应用的具体技术。

BCT的类别如下：

- 目标和计划：这包括鼓励学习者设定目标或制定与行为有关的计划，以及解决行为障碍和行为契约等策略。
- 反馈和监控：这涉及使用不同种类的反馈策略来帮助加强行为，可能包括自我监控或使用数字跟踪应用程序等策略。
- 社会支持：这涉及安排行为的社会支持，并可能包括情感支持和实际支持。
- 塑造知识：这是关于教育策略的主要类别，还包括了解原因和归因。
- 自然后果：这里的策略涉及关于后果的信息，这些后果可能是身体的、情感的、社会的或环境的。它还强调后果的显著性（后果看起来有多生动或实在）。
- 行为比较：这一类别包括演示行为，将你的行为与你社交群体中的其他人或与你类似的其他人进行比较等策略。
- 关联：这一类别使用提示或线索来提醒或"推动"行为的策略。这一类别还有诸如将某种积极的事物与期望的行为或将某种消极的事物与不受欢迎的行为相关联，或让人们接触某种刺激以使其变得不那么可怕（例如，让孩子提前参观医院，这样他们在进行手术时就会觉得不那么可怕）的策略。

- 重复和替换：这些策略对于学习和实践设计至关重要，包括行为的排练、习惯的形成和分级任务，其中你让人们从行为的简单版本开始，逐渐过渡到更困难的版本。
- 结果比较：这涉及诸如审查行为的利弊、想象未来的结果或从可靠来源了解结果等策略。
- 奖励和威胁：这一类别涉及激励（如果他们做了某件事，就会有某种好处的承诺）或奖励（在行为完成后给予的好处），以及不同类型的惩罚。
- 调节：这一类别涉及管理情感反应或身体感觉。这可能包括药物支持（例如用药物减少吸烟欲望）、自我调节技巧或节省心理资源的技巧，以便学习者不会承受过多的认知负担。
- 环境：正如我们已经讨论过的，这一类别涉及修改或重构环境以使行为更容易执行或增加行为发生的可能性。
- 身份：这一类别中的策略包括提示人们思考他们是如何成为榜样的，构建或重构他们的身份认知，并考虑他们当前的价值观或身份如何支持该行为。
- 预定后果：这一类别包括不同类型的奖励或惩罚，包括取消惩罚或拒绝奖励以强化行为。
- 自我信念：有时人们对自己能力的信念妨碍了成功。这一类别使用诸如说服人们他们可以成功、进行成功表现的心理预演，以及帮助人们识别过去的成功经验，表明他们可以进行未来行为的策略。
- 隐性学习：这一策略使用的技巧包括想象奖励或惩罚或通过他人经验间接想象后果。

在接下来的几章中，我们将更仔细地研究最有用的 BCT。

参考文献

Catania, Kimberly, Cheryl Huang, Polly James, Michelle Madison, Molly Moran, and Misty Ohr. "PUPPI: The Pressure Ulcer Prevention Protocol Interventions," *The American Journal of Nursing* 107, no. 4 (2007): 44–52.

第 9 章

Talk to the
Elephant

运用说服和
激励技巧

我们说服大象，它确实拥有做出改变所需要的一切

9.1 认识 Evan

Evan 在一个作者和自由作家的专业协会工作。他的任务是创建材料，帮助协会会员规划退休生活。

以下是他面临的特殊挑战。

作者的收入通常相当不稳定。这个专业协会的会员是有传统出版书籍的作者，但他们中的绝大多数人并不是仅靠写书赚钱。其中一些人有全职工作，业余时间进行写作，但也有很多人通过结合多种不同的收入来源来维持生计，包括书籍版税、自由撰稿、教学或编辑工作。

其中一些人还是其他媒体的内容创作者，如博客、播客或视频频道。

这意味着他们大多数人无法获得退休储蓄计划，在那里他们只能每两周分配一部分薪水。自己弄清楚所有事情可能会让人不知所措。

"作为一个组织，我们的使命是在个人和专业上支持作家，这意味着我们正在创建学习材料，以帮助他们了解退休储蓄的选项，并希望能帮助他们采取行动来确保他们的财务前景。"

9.1.1 受众研究

为了确保他理解这个挑战，Evan 与协会会员讨论了他们当前的退休规划。

以下是他听到的一些关键点。

来自 Ritesh，他长期从事杂志写作并在最近出版了他的第一本非小说类书籍。

"哦，哇。退休。是的，我真的需要开始考虑这个问题。很长一段时间，我的收入几乎不足以支付城市房租和维持学生贷款。但我去年结婚了，现在即将成为父母！这很棒，但也令人担心。好消息是，由于本书，我的自由撰稿人稿酬有了很大的提升，我也得到了不错的预付款。但现在可以开始规划退休生活了，对吧？处于我这种情况的其他人都是怎么做的？我真的不知道从哪里开始。在孩子出生之前开始是有帮助的，因为到时候可能就没有时间去做任何事情了。另外，多少才算足够呢？怎么能知道呢？"

来自 Teresita，一个受欢迎的训练狗的视频博主。

"很长一段时间里，我在餐馆当服务员，住在父母家里，同时建立我的视频号。最近我才开始从视频号广告和我的粉丝资助中获得更可靠的收入。我从来没想到我也会有一份出版合同，尽管我并没有拿到一大笔预付款。我正在存钱，以便能够买得起自己的房子，但它必须是一个我可以养狗的地方，所以这可能需要一段时间。根据情况的不同，有些月份很好，有些月份则不太好。我不确定如果我没有稳定的收入，我是否能负担得起退休储蓄。光是想想就觉得有点累。"

来自 Bernadine，她曾是费城一名有经验的中学教师，直到最近才成为一名全职作家，她的三本超自然题材的浪漫小说系列正在畅销书榜上崭露头角。

"很长一段时间里，我很清楚自己需要做什么——我每月都会为退休储蓄。这是我一次性拥有过的最多的钱，我必须承认我的主要冲动是先把它存起来，直到我明确全职写作到底是什么样的。一旦你开始查找选项，有太多、太多、太多了。这简直令人难以承受！在我确定真正需要做什么之前，我可能会先把它放在货币市场或类似的地方。"

9.1.2 分析结果

让我们来看一下 COM-B 分析的总结,针对其中一个关键行为,选择一个退休储蓄计划。

COM-B 诊断	观察
身体能力	N/A ⊖
心理能力	会员通常很难知道哪些选择是最好的,以及他们可以或应该在退休储蓄中投资多少
物理机会	退休投资的系统和信息往往过于复杂或令人难以理解
社会机会	会员不了解处于类似情况的其他人在退休储蓄方面的选择。一些成员谈到,在他们的个人网络中,人们试图在财务决策方面给予支持和帮助,但这些家人和朋友并没有真正理解作家收入的复杂性和可变性
反思性动机	Evan 交谈过的大多数成员都明白为退休储蓄是一个好主意,但很难做出决定,这似乎使他们不愿意选择选项或优先考虑储蓄 尤其是年轻的会员,他们不相信他们可以节省的少量资金会带来多大的影响,并认为他们以后会赚更多的钱
自动性动机	会员们提到不知所措的感觉,这可能会促使他们产生不情愿的感觉,并希望回避这个问题

随后,Evan 与一些利益相关者合作,以确定干预功能并查看整体策略。

⊖ 指不可用或无法获取的信息或数据。——译者注

"我们知道我们想要有教育功能,但说服也同样重要。与我们交谈的会员都非常关心他们的退休规划与'典型'会员相比是如何的。我们所有会员的情况都如此不同,以至于我不确定我们是否真的有任何'典型'会员,但我们绝对可以用比较来激励人们。我们还知道,对很多人来说,尤其是我们的年轻会员,提前做规划感觉很模糊和抽象。我们需要找出如何让它不那么令人担忧,以及如何帮助人们有信心认为他们实际上能做到。"

由于 Evan 心中已有一些策略,他打算查阅相关的行为改变技术(BCT),看看它们是否能帮助他设计学习或支持材料以帮助协会会员。

9.2 行为改变技术

我们将查看哪些行为改变技术(BCT)可能有助于解决 Evan 的挑战。每个 BCT 都将有定义、示例以及 Evan 如何可能使用它的评论。在本章中,我专注于四类技术,

但这些解决方案都不是孤立存在的，因此我也会引用在其他章节中讨论的一些技术。

在现实世界的项目中，你会根据你的COM-B分析考虑所有相关的BCT，但在本章中，重点是以下这些主要类别：

- 后果。
- 比较（行为和结果）。
- 自我信念。

其他类别包括：

- 隐性学习。
- 环境重组。
- 前因。

Evan 已经有了这个技巧的部分计划：

| BCT | 关于如何执行行为的说明（BCT 4.1） | 就如何执行该行为提出建议或达成一致（包括"技能培训"） | 示例：解释如何创建退休账户 |

"我们绝对需要一个教学组件。幸运的是，我们能够购买到一个非常优秀、清晰的在线财务素养课程，所以我有基础的内容，但它并不针对我们受众的特定需求。对我来说，关键部分是使它对我们的会员有意义。"

让我们看看 Evan 可能应用的一些 BCT。你将看到用于不同技术的卡片，并了解 Evan 可能如何使用它们。

9.2.1 后果

| BCT | 有关后果的信息（BCT 5.1） | 提供关于执行（或不执行）该行为的后果的信息（如书面、口头、视觉资料） | 示例：展示未经治疗的高血压的潜在后果 |

"我们购买的课程工具有退休计算器，这很好，但我认为最好有一些已经由一些会员拥有的样本计划的概况，这样人们就可以将其放入实际情境中。"

| BCT | 后果的显著性（BCT 5.2） | 使用专门设计的方法来强调执行行为的后果，目的是让它们更容易被记住（不仅仅是告知后果） | 示例：制作带有健康后果图片（例如患病肺部）的烟盒，以强调继续吸烟的危险 |

"退休规划全是数字和百分比，很难让人感觉到它是真实的。有一位财务顾问在网络研讨会上做了一个很好的活动。她给会员提供了 20 个不同方面的退休选项，他们可以将其分类为必需品、可有可无的和不重要的。"

"包括的项目有'拥有他们想要的尽可能多的写作时间''能够专注于他们的兴趣'和'能够旅行'。她鼓励人们用视觉方式想象他们的退休生活，并添加任何其他没有在列表上的项目。"

"然后，她谈到了他们需要进行哪种退休规划，以拥有他们在必需品或可有可无的列表上列出的几个、一些或所有项目。她能将其与他们优先考虑的事物联系起来，这真是太好了。"

9.2.2 后果的显著性

你是相信你理智上知道的事情，还是相信你的感官告诉你的事情？

几年前，我参观了斯坦福虚拟人类交互实验室（VHIL），作为参观的一部分，我尝试了一个虚拟现实（VR）演示。在演示中，你要走过一个虚拟的木板，下面是一个巨大的深坑。

即使我毫无疑问地知道那只是一个普通校园大楼里的有地毯的地板，而不是真正悬在一个巨大深坑上的狭窄木板，但我就是做不到。

我唯一能做到的方式是抬头看，然后我才能向前走。但只要我朝着地板看下去，我的理智（骑手）就无法压制我的情感（大象）。

因为如此多的行为改变涉及延迟或缺乏后果，我们总是要求我们的学习者压制他们的情感，结果往往好坏参半。正如我们在第 4 章的具体性部分所讨论的，许多这样的行为的回报通常是抽象的、延迟的或不确定的。

在经典的行为经济学书籍《助推》中，Thaler

和 Sunstein 这样描述："如果你亲身经历过一次严重的地震，而不仅是在周刊杂志上读到关于它的文章，你更可能相信地震很可能发生。因此，生动和容易想象的死亡原因（例如，龙卷风）通常会得到高估的概率，而不太生动的原因（例如，哮喘发作）则被低估，即使它们发生的频率要高得多（这里是一个 20 倍的因素）。同样，最近的事件比早期的事件更大地影响我们的行为和我们的恐惧。"

在 BCT 分类法中，解决这个问题的技术是"后果的显著性"。

1. 洗手的例子

我们已经谈了很多关于洗手的事，因为这是一个非常经典的关于抽象后果的例子。如果洗之前手看上去不脏，洗前洗后手通常看起来都一样；细菌理论是非常理智的，而这不是你可以用感官来察觉的东西。所以让我们看看课程设计者是如何使不充分洗手的后果更加显著的。

2. 发光的凝胶

在资源充足的教室里，一个常见的策略是使用发光的凝胶。参与者在手上涂抹一种在黑光下会发光的凝胶。然后他们像往常一样洗手，并在黑光下检查他们的手，发现大部分凝胶仍然以与细菌相同的方式留在手上。参与者因此能够生动地看到用常规方法洗手的局限性。

3. 患者身上的涂料

在一个"洗手——这是理所当然的"的视频中，一名医生以正常的方式检查了一名患者，但患者身上涂满了绿色的涂料。视频接着问，如果医生在看完患者后不洗手，会发生什么。我们生动地看到了后果，医生在诊所里走动，把绿色的涂料传播到了许多地方。

4. 握手的提议

我正在为医疗提供者制定一个洗手课程，他们没有资源进行黑光检测或展示视频，其中一位主题专家解释了他们会做什么：教练会请一名志愿者走到房间前面。教练会对着手剧烈地咳嗽，然后把那只手伸给志愿者握。志愿者几乎总会对这一场景感到滑稽又恐惧。

所有这些都是让某种抽象的东西（如细菌理论）更生动、更具体、更显著地呈现给学习者的方法。

5. 我们如何使用这一点？

如果动机是你的受众在行为上明显存在的问题之一，那么值得问一问，让回报或后果更显著是否会对学习者有所帮助。例如，在为退休储蓄的例子中，我们能否让人们更加重视退休后的生活？

在斯坦福大学虚拟人类交互实验室（Hershfield，2011）进行的一项研究中，研究人员研究了退休年龄的自我在虚拟现实中是否会改变关于为退休储蓄的选择。他们为每个测试对象创建了 VR 虚拟形象，然后人为地"老化"了该形象，使其达到退休年龄。

非老年数字化身　　　老年数字化身

图片来源：斯坦福大学虚拟人类交互实验室

一些受试者会作为他们退休年龄的自我去探索一个虚拟环境。他们会在环境中四处走动，并在一个虚拟镜子中看到"自己"。其他受试者则会以他们现在年龄的自我去探索同一个环境。

随后，他们获得了一个假设性的资金分配，被告知想象他们刚刚意外收到了 1000 美元，并被要求在以下四个选项中进行分配：

- 用这笔钱为某个特殊的人买些好东西。
- 把它投资到一个退休基金中。
- 计划一次有趣而奢侈的活动。
- 把它存入一个支票账户。

与那些以他们当前年龄的自我花费时间的参与者相比，作为他们退休年龄的自我花费时间的参与者将更多的假设资金分配到了退休储蓄中。

虽然创建一个完整的 VR 环境可能并不总是一种实用的策略，但故事、图像和经验都是增加学习者体验的显著性的方式。

| BCT | 预期后悔（BCT 5.2） | 诱导或提高人们的意识，让他们意识到未来会对自己不良的行为感到后悔 | 示例：请受访者评估如果不戒烟他们会感到后悔的程度 |

"在他们花了那么多时间想象退休后可以拥有和做的美好事情之后，财务顾问指出，如果人们没有积极为退休储蓄，他们就需要开始从列表上划掉一些项目。她问他们，如果到了退休年龄而没有那些项目所需的资源，他们会有什么感觉。我能看得出来，这真的触动了一些人——他们花了这么多时间想象它可能会是什么样子，而不得不划掉列表上的项目让他们开始思考。"

9.2.3 比较

| BCT | 行为示范（BCT 6.1） | 直接或间接（例如通过电影或图片）提供一个可观察的行为表现样本，让人们渴望或模仿（包括建模） | 示例：向护士演示如何通过角色扮演练习向患者提出过度饮酒的问题 |

"我们一直在开发不同类型的会员及其退休配置文件的例子。当然，它们是匿名的，但基于我们会员可识别的情境。我们一直在测试它们，看到会员因为有些清晰易懂的东西而感到如释重负，这真的很有趣。财务课程中的很多内容都写得非常清晰，并不难理解，但太抽象了。我认为人们只是感慨能有具体的例子。"

| BCT | 社会比较（BCT 6.2） | 引起人们对他人表现的关注，以便与自己的表现进行比较 | 示例：了解你的能源使用情况与类似家庭相比如何 |

"我们有一些不同类型的会员正在做什么的调查数据，人们可以看到他们与同龄群体相比如何。这似乎对我们更为成熟的会员来说很有效。但事实证明，我们的初级会员的储蓄率仍然相当低，所以当我们给他们展示这些数据时，他们的反应就像'哦，还好我还没有开始储蓄'。我认为这不是我们想要传达的信息。"

"我们可能需要谨慎选择哪些群体使用这条信息。对于年轻用户，我认为我们希望找到一些来自已经开始退休储蓄的年轻会员的信息，并以此为特色。"

BCT			
有关他人认可的信息（BCT 6.3）	提供其他人对这种行为的看法。这些信息阐明了其他人是喜欢、赞成还是不赞成这个人正在做的事情或将要做的事情	示例：告诉医院病房的工作人员，所有其他病房的工作人员都同意按照指南洗手

"嗯，我不确定我们能用这个做什么。我想我们可以从有影响力的会员那里获得一些推荐，但我担心人们会觉得'那些真正成功的作者当然可以为退休而储蓄。你看到他们最后一次出版交易了吗？这与我有什么关系？'我想我需要再多思考一下这个问题。"

BCT			
可信来源（BCT 9.1）	展示来自可信来源的支持或反对该行为的口头或视觉沟通	示例：年轻运动员从他们运动领域的顶尖运动员那里了解到无药物辅助表现的重要性

"正如我提到的，我们有一个专家小组中的一些财务顾问并没有真正理解我们会员的情况。我设法找到了一些专门与创意人和自由职业者合作的其他顾问。我认为他们将在我们的用户中具有更高的可信度。"

| BCT | 优点和缺点（BCT 9.2） | 建议此人识别并比较想要（优点）与不想要（缺点）改变行为的原因 | 示例：建议此人列出并比较使用密码管理器的优点和缺点 |

| BCT | 结果对比想象（BCT 9.3） | 提示或建议想象并比较改变行为与不改变行为的未来结果 | 示例：提示病人想象并比较每年进行与不进行乳腺X光筛查可能出现的结果 |

"所以这很有趣。我们收到的课程中的大多数利弊材料都集中在是否为退休而储蓄的利与弊上，但这实际上不是我们从会员那里听到的问题。他们已经接受了为退休储蓄的好处。问题更多的是关于具体策略的利与弊。"关于现在就为退休储蓄的利与弊。我在考虑我们是否可以有一些场景，让会员看到延迟的影响。如果你今年就开始少量储蓄，与从明年开始，从五年后开始比有什么不同？

9.2.4　自我信念

| BCT | 关于能力的口头说服（BCT 15.1） | 告诉人们他们能够成功地执行想要的行为，反对自我怀疑并断言他们能够并且将会成功 | 示例：告诉患者，尽管最近心脏病发作，但他们可以成功地增加体力活动 |

"我真的很惊讶有这么多人对自己管理这一切的能力表示怀疑。我们的会员通常都是相当聪明的人，习惯于研究和解决问题。在其中一个网络研讨会中，我们问了他们如果他们正在为一篇文章或书籍研究退休选项，他们会如何处理，并让他们集思广益。我认为把他们带入研究者的思维模式可以让他们没有那么害怕。"

| BCT | 成功行为的心理预演（BCT 15.2） | 建议练习想象在相关环境中成功执行该行为 | 示例：让他们想象一下在下一次社交活动中点一杯不含酒精的饮料会是什么样子 |

"课程材料中有一个计算器，他们可以为一些不同的场景选择选项。我认为仅仅为一些虚构的情况做这些，让他们对自己做出选择的能力更有信心。然后我们让他们考虑他们可以做什么来开始。"

| BCT | 关注过去的成功（BCT 15.3） | 建议思考或列出以前在执行该行为（或其中一部分）时取得的成功 | 示例：当要求他们做一项复杂的任务时，让他们想想他们过去完成的复杂的事情 |

"我们的会员都是曾经写过书的人。大多数开始写书的人从未完成，但我们所有的会员都成功地做过这件涉及物流、规划和勤勉的非常困难的事情。我想看看，如果提醒他们自己有能力去完成这件事情是否会帮助他们相信自己可以应对这个相对容易得多的事情。"

9.2.5 内隐学习

| BCT | 想象奖励（BCT 16.2） | 建议想象在现实生活中完成想要的行为，然后想象一个愉快的结果 | 示例：让病人想象一下，如果他们完成了一系列的物理治疗，他们将会有更大的灵活性 |

"作家从未想象过他们停止写作的时候。这不像是某种令人沮丧的工作，人们在数着天数，直到他们可以停止工作。但他们确实对拥有自由写作的想法感到兴奋，或者能够专注于他们热衷的话题。当人们为他们的退休想象一些真正美好的事情时，你会看到他们对整件事的态度变得更加积极。"

9.2.6 其他行为改变技术

BCT			
	目标设定（BCT 1.1）	根据要实现的行为设定或商定一个目标	示例：和对方约定一个每天步行的目标（例如，3英里[⊖]），并就这个目标达成一致

"我们为正在浏览资源的会员创建了这个弹出页面。上面写着：'你对退休选项看起来很感兴趣。你下一步打算做什么？'然后它给他们提供了从'研究选项'到'开设账户'，再到'增加我的自动扣款'以及介于其中的几个选项。然后他们可以选择接收电子邮件或短信提醒，以帮助他们保持目标。"

BCT			
	环境（BCT 12.1）	改变或建议改变自然环境，以促进想要的行为的发生，或为不想要的行为设置障碍（而不是提示/线索、奖励和惩罚）	示例：建议试图在饮食中减少钠摄入量的病人在家里只放一小罐盐

"看，教育是很好的，但不管我们做多少教育，除非这很简单，否则人们可能还是不会开始。"

"我们实际上并没有参与他们使用的实际金融服务——这取决于他们——但我们已经与一些财务服务平台协商了一些降低成本的会员资格，并且有一个很好的应用程序供我们的年轻会员使用，他们可以根据当月的财务状况调整他们的储蓄金额。如果他们每个月都存点钱——即使只有5美元——就会显示出他们的连续性。"

"我们起初试图为我们的会员收集尽可能多的资源，但发现太多的选项会让人感到不知所措，所以我们精选了最佳选项。"

⊖ 1英里=1609.344米。

BCT	避免/减少接触行为线索（BCT 12.3）	建议避免接触到特定社交情境/身体暗示，以免激发某些行为，包括改变每日或每周的惯例	示例：建议想要戒烟的人将社交生活的焦点转移到除了酒吧和酒馆之外的活动，因为这些地方通常与吸烟有关

"有些人很喜欢的一种策略是确定他们不会买的几样东西，这样他们就可以把这笔钱用于退休储蓄。其中最大的一项来自咖啡店。很多作家在咖啡店里写作，因此在咖啡上花费很多。我们讨论了他们可以写作的其他地方，比如公共图书馆。另外他们可以购买便宜的饮料，比如黑咖啡，而不是昂贵的咖啡饮品。"

"这个策略其实更多地是关于避免花钱的行为，但我认为它确实能帮助他们感觉到一些简单的变化，比如避免花不必要的钱，使得他们为退休储蓄找到钱变得更加可能。"

参考文献

Hershfield, Hal E., Daniel G. Goldstein, William F. Sharpe, Jesse Fox, Leo Yeykelis, Laura L. Carstensen, and Jeremy N. Bailenson. "Increasing saving behavior through age-progressed renderings of the future self." *Journal of Marketing Research* 48, no. SPL (2011): S23-S37.

Marwaha, Seema. "Wash Your Hands - It Just Makes Sense." YouTube video. September 30, 2011. https://www.youtube.com/watch?v=M8AKTACyiB0.

Stanford's Virtual Human Interaction Lab. "Stanford Researchers Examine the Psychology of Virtual Reality." YouTube video. August 20, 2014. https://www.youtube.com/watch?v=IIGFGF1hQmw retrieved 5/8/2023.

Thaler, Richard H., and Cass R. Sunstein. *Nudge: Improving Decisions About Health, Wealth, and Happiness*. (New York: Penguin, 2009), 25.

第 10 章

Talk to the
Elephant

计划、实践和反馈

我们认识到"大象"是一种习惯性的"生物",我们教给"老大象"一些新技巧

10.1 认识安吉丽卡

安吉丽卡是一家为商业用途生产清洁用品的公司的学习体验设计师。她专门与销售部门合作,创建培训材料以帮助销售人员学习和提高他们的销售技能。

她正在应对的特定挑战如下:

"我们已经不再销售单个产品,而是专注于产品套装。我们提供不同的产品套装以满足客户的特定需求。"

"这是一个较慢的销售周期,确实需要咨询式的销售方法。我们的销售团队中有很多人已经在那里工作了多年。他们在自己的工作上做得非常出色,但这是一种不同类型的销售。"

"老实说,我以为我们的销售团队会对这个想法表示反对和怀疑,但事实并非如此。时代已经发生了变化,我认为他们明白要取得成功,他们必须在一个新的层次上进行销售。他们不再为厨房经理演示去污剂的使用效果。相反,他们正在与一家连锁餐厅的采购经理讨论每次使用去污剂的成本。"

"尽管我认为他们大多数人都接受了这个想法,但许多销售人员仍在努力改变他们的实践。旧习惯难以改变,还是会有很多倒退的情况。"

10.1.1 受众研究

为了确保她了解这个挑战,安吉丽卡与正在测试新流程的利益相关者和销售人员进行了交流。她的采访中出现了一些主题。以下是她听到的一些关键事项的示例。

鲁本是一名资深销售人员,他说:"我认为我能够为我的客户挑选最好的产品套装。我与他们合作多年,我真的认为我对他们的需求有很清楚的了解,但我发现客户会因我向他们推荐产品套装感到困惑而放弃合作。我并没有把产品套装实物展示给客户,所以我开始进行更多的可展示实物的面对面对话,发现这有助于我的

客户理解我推荐产品套装的逻辑。在这个过程中我也发现了我对他们的情况并不像我认为的那样了解。我很想知道其他资深销售伙伴的经历。"

埃斯特雷拉是一名销售经理,她在观察了她的一些销售团队后表示:"销售人员首先会进行资格询问,但随后客户会说一些销售人员有产品解决方案的事情,他们会忍不住走上销售该特定产品的道路。这就像看到一个开关被扳动了一样。他们在使用新流程时听起来有些尴尬,然后你会看到他们放松下来,进入他们熟悉的特定产品的旧模式。他们非常擅长让它听起来很自然,但我能看出他们正在陷入旧习惯中。我也认为我们真的需要想出一个办法让团队看到什么才是好的,以及如何在偏离轨道时及时纠正自己。"

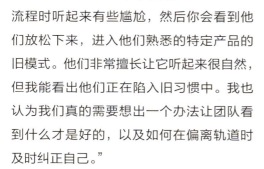

查尔斯是一名刚刚加入销售团队的新成员,他说:"仅通过产品销售来衡量成功是很难

转变的。别误会我——我完全理解这种转变背后的逻辑,这也是我想要做的销售类型。我认为,对我来说,要比那些已经销售这些产品多年的团队成员容易一些,但即使是成功的咨询电话也不一定会带来一系列新订单,所以我很难衡量自己是否有足够的进展。我听说他们可能会修订销售目标以适应这个新方向,但目前还没有发生任何事情。"

10.1.2 分析结果

让我们看一下 COM-B 分析的一项关键行为的总结:使客户能够识别产品套装选项。

COM-B 诊断	观察结果
身体能力	N/A
心理能力	销售人员知道这个过程,但还不熟练。他们还需要有能力在偏离轨道时"抓住"自己
物理机会	销售跟踪系统不能反映新的行为和目标,销售人员很难判断"是否成功"

（续）

COM-B 诊断	观察结果
社会机会	销售人员目前可能没有机会看到"好的样子"（建模）。此外，在销售团队内部，可能有机会获得社会支持
反思性动机	虽然大多数销售人员可能会接受整个过程，但并不是所有的销售人员都相信他们需要对合格客户做特定行为（询问问题以评估他们的需求），因为他们认为自己已经知道长期客户的需求 一些销售人员也表示对新方法感到不舒服或不自信
自动性动机	销售人员现有的习惯正在阻碍他们形成新的行为模式，特别是识别并纠正自己在无意中回归旧习惯的能力 部分销售人员还提到，他们对自己当前的努力没有得到尊重而感到不悦，同时对被迫改变有效的工作方式且仍需达到现有销售指标的情况感到焦虑

10.2 行为改变技术

安吉丽卡与一些利益相关者合作，以确定干预功能并查看整体战略。

"当然，教育和培训将是其中的一部分。他们需要学习新模型并练习它。然而，我认为同样重要的是要有目标和规划，然后按进度进行反馈和监控。我们还想看看我们需要如何调整环境以支持他们。我们还希望确保有建模和社会支持。我们的销售人员非常关心他们的同事在做什么，如果团队没有为这一变化提供良好的支持，那么它将失败。"

由于安吉丽卡有一些策略，她将浏览相关的行为改变技术，看看它们是否有助于她设计用于帮助销售人员的学习或支持材料。

如前几章所述，你可以考虑所有相关的行为改变技术，但出于本章的目的，我将重点介绍以下四类技术，以及一些其他相关的技术：

- 目标和规划。
- 反馈和监控。
- 重复和替代。
- 塑造知识。

我还从这些类别中查看了一些技术：

- 关联。
- 社会支持。
- 环境。

我们还将假设安吉丽卡已经为这种技术准备了良好的材料：

| BCT | 关于如何执行行为的说明（BCT 4.1） | 就如何执行该行为提出建议或达成一致（包括"技能培训"） | 示例：指导学习者如何做某事的任何形式 |

"哦，对，我们已经有了很好的方法指导。我觉得我们在那方面是没问题的。"

"既然安吉丽卡已经有了一套完善的教学模块，让我们看看她还能应用哪些其他的行为改变技术。你将看到不同技术的卡片，并了解安吉丽卡可能如何使用它们。"

10.2.1 目标和规划

| BCT | 目标设定：行为（BCT 1.1） | 根据要实现的行为设定或商定一个目标 | 示例：为了省钱，计划每周至少在家做三次晚餐 |

"我一直在研究如何在课程中进行目标设定。我觉得让他们为如何实施新过程设定自己的目标，并用一种方式来跟踪和维护这些目标是有意义的。我想在销售跟踪系统中做些什么，

但我认为我们不太可能在这个季度增加那方面的功能，所以我们正在为销售人员创建计划工作手册，以便他们制订计划并跟踪结果，这样他们就可以和他们的管理者一起回顾。"

| BCT | 分级任务（BCT 8.2） | 设置容易执行的任务，让它们变得越来越困难，但可以实现，直到行为被执行 | 示例：要开始跑步，请遵循从沙发到 5 千米的计划，从每次跑1分钟开始，6周后逐渐增加到跑 5 千米 |

"我一直在思考这个问题。最初的计划是全部切换,但这确实有点压倒性。我一直在和管理团队讨论,我们达成了一致,即销售人员 将选择两三个客户——最适合这种方法的客户——先试试水。几周后,他们将与他们的管理者合作,让更多的客户加入该计划,那些真正具有挑战性的客户,他们可以在更适应这个过程时再处理。"

在学习环境中使用分级任务

心理学家米哈伊·奇克森特米哈伊描述了心流的现象,这是一种强烈的参与感,时间似乎飞逝。心流的特征之一是挑战和能力之间的平衡,如图所示。

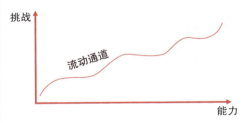

在学习环境中,如果某件事太难,人们会感到沮丧;如果不够具有挑战性,人们会觉得无聊。因此,找到逐渐增加难度的方法,以便随着学习者熟练度的提高而增加挑战性,是创建吸引人的实践活动的最佳选择。

你可以通过加快速度、增加复杂性或要求更高的准确度来增加挑战性。

你还可以使学习者的表现更具挑战性。例如,你可以让学习者经历以下几个步骤:

- 识别。
- 批评。
- 表现。

例如,如果你正在教管理者如何在不违反任何招聘法律的情况下面试求职者,你可以按照以下步骤进行:

- 识别:让学习者浏览一系列问题,并筛选出哪些是合法的,哪些不是。
- 批评:让学习者观看一场面试,并识别出哪里存在法律问题,以及他们应该替代地提出哪些问题。
- 表现：让学习者为一到三个职位描述起草面试问题，然后通过角色扮演面试并得到反馈。

还有其他逐渐增加难度的方法，这可以作为提高学习者能力和自信的一种方式。

10.2.2 问题解决与行动规划

BCT	问题解决（BCT 1.2）	分析或促使患者分析影响行为的因素，并生成或选择包括克服障碍和/或增加促进因素的策略（包括预防复发和应对计划）	示例：为了更好地追踪财务支出，提前预测可能的障碍或挑战（例如，记录假期花费的困难），并提前制定策略以应对这些问题的发生

"我们在工作手册中增加了一个问题解决部分。试点小组为我们提供了关于大型团队将面临的挑战的想法，团队也在预测他们自己可能遇到的障碍。我们增加了一些头脑风暴活动，整个班级可以为预期的障碍或困难创建解决问题的计划。"

BCT	行动计划（BCT 1.4）	对行为执行进行详细的规划（必须包括环境、频率、持续时间和强度中的至少一个）。环境可能是外部的（物理或社会环境）或内部的（身体、情感或认知方面）（包括实施意图）	示例：为了更规律地进行锻炼，计划在一周中特定日子的特定时间（例如工作前）进行特定的体育活动（如跑步）

"他们绝对需要一个计划，那就是当对话开始沿着旧产品的路线走时，我们一  直在列出一些事项，以告诉他们对话已经偏离了轨道，他们也在制订自己的计划，以重新将其引回正轨。"

实施意图

习惯是当前行为改变中的热门话题，需要练习才能真正成为某人日常生活的一部分。在学习环境中，最好的选择是为学习者制订一个可以在工作场所或相关环境中实施的计划。

研究员彼得·戈尔维策提出了一种名为"实施意图"的策略，我发现这在学习体验中很有帮助。

最简单的形式就是一个计划：如果 X 发生，我会做 Y。

当这些计划由学习者自己创建时，效果最好。

例如，如果行为通过避免干扰来保证人们在早晨进行更深入的工作，一些实施意图可能是：

- 当我到达工作地点时，我会静音我的设备。
- 如果有同事想要交谈，我会安排一个下午的时间与他们见面。
- 如果我收到一个早晨的会议邀请，我会提出一个备选时间。

你可以给学习者一个模板，并让他们作为计划返回工作场所或应用环境的一部分来创建他们的实施意图。

10.2.3 契约和承诺

BCT		
行为契约（BCT 1.8）	为将要执行的行为创建一份书面说明，由当事人同意，并由另一人见证	示例：要开始戒掉电子烟，请与你最好的朋友签订一份契约，规定你至少一周内不会吸电子烟

BCT	承诺（BCT 1.9）	要求个人确认或重申表明他们致力于改变行为的声明	要求个人使用"我会……"这样的陈述来确认或重申对开始、继续或重新尝试按处方服药的坚定承诺（即使用"强烈""致力于"或"高优先级"等词语）

"嗯，合同或承诺的想法很有趣，但我实际上认为这里有些过度。大多数销售人员都支持这个想法，所以我不认为他们会喜欢被要求真正地签字。我可以理解这可能是一个更偏向个人目标的策略，但我不认为这对我们的团队有意义。"

1. 实践

如果我问"为什么我们想要学习者进行实践？"这可能听起来像是一个答案显而易见、不值一提的问题。但实际上，实践有几个好处，值得你明确哪一个是你追求的。

2. 支持记忆

你想要进行实践的首要原因是它可以帮助人们记住事物，尤其是流程。如果你正在执行涉及某种心理运动要素的过程，例如给静脉输液装置灌注引流液或在餐厅按订单制作三明治，那么实践可以使你更容易记住必要的步骤。你还可以通过在环境中使用工作辅助工具或其他类型的指导来支持这种记忆，但是实践也可以帮助学习者更快或更准确地完成动作。

3. 创造便利

你可能希望某人实践的另一个原因是帮助学习者更轻松和自信地完成任务。如果某事太难，学习者将不愿尝试。

例如，几年前，我曾参与制作了一份关于七年级和八年级学生物质滥用预防计划的名为"Project ALERT"的教师培训材料。

该计划的设计师解释说，许多毒品预防课程在历来都侧重于毒品使用的危险，但在实际行为上并没有取得多少成绩。他们发现更有效的策略之一是反复让孩子们练习在被提供毒品时该如何应对。

即使那个孩子并不打算接受毒品,但顺利处理这种情况仍然是一种具有挑战性的社交情境。在为期 13 周的课程中,"Project ALERT"为孩子们提供了许多不同的方式来让他们练习在那种情况下如何回应。这种练习可能不会改变决心尝试非法物质的孩子的想法,但它能够帮助那些不想尝试任何东西的孩子。

这样做的目的不一定是要让孩子们准确地记住他们要说什么,而是要让他们在遇到这种情况时不会感到措手不及。

4. 培养自动性

有时,你试图通过实践来减少执行行为所需的感知或实际努力。

还记得这只大象吗?

图片来源:Project ALERT/RAND Corporation,经许可使用

有几种不同的模型可以描述一个技能或行为如何从熟悉变为自动。我更喜欢 Gloria Gery 的这些阶段:

- 熟悉化。
- 理解。
- 有意识的努力。
- 有意识的行动。
- 熟练。

- 无意识的能力。

如果我们将这个模型应用于学习驾驶，它可能会遵循以下进程：

- 熟悉化：熟悉汽车上的控制器（方向盘、变速器等）以及进行基础驾驶需要发生的事件顺序。
- 理解：准驾驶员知道如何进行基础驾驶。
- 有意识的努力：我们的准驾驶员可以稍微驾驶一下，但必须有意识地注意他们所做的一切以保持控制，这可能成功，也可能不成功。
- 有意识的行动：这时，驾驶员可以成功执行但仍然需要注意他们所做的一切，这在认知上是非常费力的。
- 熟练：这时，驾驶员可以执行而无需有意识地控制他们所做的一切，并且已为驾驶考试做好了准备。
- 无意识的能力：这时，驾驶员可以以高度熟练的水平执行，并且可能不需要付出太多有意识的注意力。他们已经达到了任务的高度自动化（它已经变得自动化了）。如果你曾经下班开车回家，停在家里的车道上，然后突然意识到你对开车回家的过程没有任何记忆，你就会知道这是什么感觉。多年来，你在一个熟悉的路线上开车，且没有意外事件发生，你就可以以很少的有意识控制来完成任务。如果你在回家的路上遇到了一个改道或者一个事故，你会加强你的有意识控制来处理这个意外的复杂性。

通过使动作自动化，这变得更容易，并改变了努力与价值的方程式。

这也是改变对人们来说如此困难的原因之一。如果他们习惯于一个任务，感觉它很容易，并且对他们的能力有很强的信心，那么重新回到初学者的感觉可能会非常不稳定。

5. 设定练习目标

你可能会根据你的目标以不同的方式组织练习：

- 支持记忆：如果你是在尝试支持记忆，可以逐渐减少指导，直到学习者能够在没有支持的情况下操作，或达到一定的速度或准确性。
- 创建舒适感：如果你是在尝试让学习者感到更自信或舒适，你可以从一个非常简单的版本开始,并在他们的练习过程中增加复杂性或多样性。

- 发展自动性:如果你是在尝试发展自动性,那么你可以让学习者多次重复练习,但学习者在离开课堂之前,自动性可能不会真正发生,除非出于安全原因(例如,飞行员在模拟器中练习)。

| BCT | 行为练习/排练(BCT 8.1) | 在可能不必要执行行为的情境或时间里,对某种行为进行一次或多次的快速练习或排练 | 示例:新诊断为糖尿病的人可以在医生的帮助和支持下练习,从而轻松地测试血糖 |

"我们进行了一个热身活动,每个人都用一些分析问题去理解他们日常生活中的某个情况。有一个人做了一个非常有趣的演示,他用这些问题和他的青少年儿子谈判,让他清理他的房间。他向我们汇报说,这个方法非常有效。"

| BCT | 习惯形成(BCT 8.3) | 在相同的情境中反复排练和重复行为,以便让该情境引发行为 | 提示患者每天晚上刷牙前服用他汀类药物 |

"我们在课堂上进行了一个实践活动,收听了销售电话的录音,每当销售员在产品方面偏离主题时,大家都会大喊。虽然有点吵闹,但很有趣,我真的觉得大家都开始注意到那些偏离主题的时刻。一旦他们擅长识别偏离主题的提示,他们就会写下一两个问题,用来重新引导话题。"

习惯形成

习惯有很多不同的定义。研究员温迪·伍德在她的优秀书籍《好习惯,坏习惯》中,给出了这样的定义:"一个在特定情境下不断重复某一行为以获得奖励而发展出的心理联系,即情境提示与反应之间的联系。"她接着解释说:"习惯会把你周围的世界——你的情境——变成一个触发行为的因素。轻松、流畅、自动地按照习惯行事的感觉并非偶然的,而是习惯工作方式的一个决定性特性。你所处的情境会触发记忆中的反应,然后你就会行动。这基本上可以绕过你的执行思维。"

例如,如果你有刷完牙后用牙线的习惯,那么早晨刷牙就可能触发用牙线的习惯。再如,如果你在谈话的间歇感到无聊,有查看手机的习惯——无聊的感觉可能是一个内在的触发因素,或者被困在队伍中的环境触发因素可能导致习惯性的行为。

习惯与日常程序

习惯和日常程序之间似乎有一些区别——日常程序可能比习惯更复杂或更有意识。这似乎取决于行为是多么自动或具体。我每天早上都把桌子整理好,以便写本书。这涉及拆包和连接我的电脑、插入所有东西、拿咖啡等,这是一个日常程序。尽管我打算立即开始写作,但几分钟后我发现自己还是在查看电子邮件。这可能是习惯导致的。

大多数习惯是相当具体的行为。"确保工作场所安全"不是一个习惯,但"每天工作开始时检查工作场所的危险因素"可能是一个习惯。

支持习惯形成

支持习惯形成的一些方法包括在学习经验中帮助学习者,如流程图所示。

- **确定实际的习惯**:成为更好的管理者不是一种习惯,但在目睹问题后及时提供反馈可能是一种习惯。

- **识别触发因素**：管理者可以使用什么触发因素来唤起"及时提供反馈"的习惯？管理者可以留意包含团队更新的电子邮件，或者在更新会议中在每个团队成员报告后给予反馈。触发因素应该是学习者根据他们自己对情境和环境的了解而自己确定的。
- **提高动机**：学习者可以做什么来提高动机？这是一个个人化的问题，所以学习者应该自己确定什么因素可以支持他们养成良好的习惯。
- **减少障碍**：如果管理者担心更新会议中没有足够的时间用于反馈，他们可以延长会议时间以支持它。
- **改变环境**：例如，管理者会在他们的日历中设置提醒，以确保他们至少每周提供一次反馈，或者与他们的团队进行一对一的检查，以确保反馈发生。
- **将其与现有的习惯相连**：如果你有一个已经发生的可靠事件，你可以尝试将新习惯与之相连。例如，对我来说，早上第一件事就是遛狗，所以我尝试在等狗的时候做一些伸展运动。
- **使反馈可见**：如果可能的话，使用一些可以创建反馈或跟踪的形式的东西。例如，管理者可以在日记中用一页记录每个团队成员的反馈，这样他们就可以看到自己是否一致。

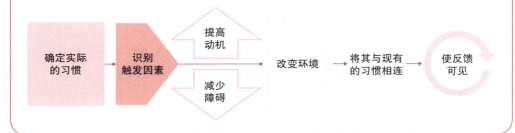

10.2.4　反馈与监控

| BCT | 回顾行为目标（BCT 1.5） | 与个人共同回顾行为目标，并根据达成情况考虑修改目标或行为改变策略。这可能导致你重新设定相同的目标，对该目标进行小幅调整，或者设定一个新的目标（作为首个目标的替代或补充），也可能不做任何改变 | 示例：如果你想更有规律地冥想，而你已经达到了每天早上5分钟的目标，你可以把目标修改为每天早上7分钟或10分钟 |

"我们将把这个内容纳入与他们的管理者们进行的检查中。实际上，我们已经创建了一个简短的评分标准，用于指示销售人员准备好转向流程的下一部分，并将新策略应用于更广泛的客户群。"

| BCT | 当前行为与目标的差异（BCT 1.6） | 指出个人当前行为（就行为的形式、频率、持续时间或强度而言）与其之前设定的结果目标、行为目标或行动计划（超出了对行为的自我监控范畴）之间的差异 | 示例：如果你正在与一位健康教练合作，并设定了每天走路30分钟的目标，但在与教练的交流中，你承认大多数散步时间只有15~20分钟，你们可以讨论需要做出什么改变 |

"通常情况下，销售人员都会配合，但你知道在执行方面总会有人落后。我一直在与管理者们讨论后续计划，我认为重要的是让销售人员明白，管理者会密切关注，并会在他们没有执行计划的情况下与他们进行检查。经理将每周与销售人员进行一对一的会谈，并让销售人员描述他们如何至少对三个客户使用新方法。"

"我们过去推出过一些没有人跟进的倡议，

所以重要的是让销售人员同意这个策略，并相信这个策略会有后续跟进。他们需要相信，如果销售人员没有执行变更，管理者会注意到。"

| BCT | 在没有反馈的情况下监控他人的行为（BCT 2.1） | 用个人的知识观察或记录行为，作为行为改变策略的一部分 | 示例：你和一个朋友同意在每天结束时分享你们在效率目标上的进展，这样你们就知道有人在关注你们的表现 |

"我们正在尝试一种搭档制度。基本上，销售人员将与另一名销售人员配对，并将相互报告他们的进展情况。他们不是在检查对方的工作或其他什么。这实际上只是让人感觉有人在关注你，并与你同在。"

| BCT | 行为反馈（BCT 2.2） | 监控并提供有关行为表现的信息或评估反馈（如形式、频率、持续时间、强度） | 示例：使用智能手表跟踪一段时间内的睡眠习惯 |

"作为培训的一部分，我们将选择三个人进行角色扮演。一个扮演销售人员，一个扮演客户，还有一个观察他们如何有效地执行流程并给予反馈。我在过去使用过这种方法时，给予反馈的人也通过观察反馈是如何给出的而学到了很多。然后人们会轮换，每个人都会体验这三个角色。我还在与 Estrella 合作，为管理者提供支持材料，以便他们在跟踪员工与客户通话时能给出有效的反馈。"

| BCT | 自我行为监控（BCT 2.3） | 作为行为改变策略的一部分，为人们创造一种方法来监控和记录他们的行为 | 示例：使用连续追踪应用程序记录你每天使用牙线的行为 |

"工作手册将为销售人员提供一种跟踪自己进展的方式。我希望在销售系统中有某种方式来跟踪一些实际的绩效数据,但这最早可能要到第三季度才能实现。"

BCT	行为结果的自我监控(BCT 2.4)	作为行为改变策略的一部分,为人们创造一种方法来监控和记录他们行为的结果	示例:在特定时间段内按规定服用降压药物后检查血压结果

"结果?你是说这会影响他们的销售数据吗?我当然希望会,但老实说,还有很多其他因素也会影响销售数据,所以我不确定如何将这些因素联系起来。不过,你最好相信销售人员会密切关注他们的业绩。每个人都做好了短期内销售量下滑的准备——也许是一个季度——但最终需要改善销售情况。我们鼓励销售人员寻找其他衡量标准,比如客户参与度或更多的交叉销售机会。"

BCT	行为实验(BCT 4.4)	通过收集和解释数据,就如何识别和测试有关行为、其原因和后果的假设提供建议	示例:儿科医生为一组学龄前儿童的父母提供行为策略方面的咨询,使用定期调查来衡量与其他父母相比的结果,并根据结果调整他们的咨询策略

"哦,我喜欢行为实验这个主意。我们强调,我们的销售人员要像经营自己的业务一样经营他们的领土,所以我喜欢他们会研究和适应以找出适合他们的方法这个想法。我认为这可能是一个很好的后续模块。一旦他们实施了这个过程,他们如何用不同的策略进行实验,以将其提升到下一个水平呢?我正在写下来作为一个后续的研讨会主题。改变是一个过程,而不是一个事件,对吧?"

10.2.5 一些相关的行为改变技术

BCT			
	行为替代（BCT 8.2）	及时用想要的或中立的行为代替不需要的行为	示例：当你想少摄入咖啡因的时候，找一杯你喜欢喝的冰茶，而不是含咖啡因的苏打水

BCT			
	扭转习惯（BCT 8.4）	及时演练和重复替代行为，以取代不想要的习惯行为	示例：当你试图在下午工作时更加清醒时，选择走楼梯而不是乘电梯

"我一直让销售人员思考他们应该做什么，以避免被产品要求分散注意力。对大多数团队成员来说，简单地忽视它是不对的。他们想出了一些不同的策略。主要是，他们要么将其记下来以便稍后与客户跟进，要么以某种方式追踪它。有几个销售人员发现，当产品信息出现时，他们喜欢拉出产品表，然后在通话结束时，他们有一堆事情要处理。"

BCT			
	社会支持（实用）（BCT 3.2）	为行为的表现提供建议、安排或提供实际帮助（例如，来自朋友、亲戚、同事、"伙伴"或工作人员的帮助）	为了更规律地进行伸展运动，可以和作为问责伙伴的朋友们一起，每周进行一次Zoom瑜伽课程

"我们一直在使用伙伴和小组来进行这次变革，并在销售跟踪系统中创建了信息线程，以便他们讨论正在做的事情。并非每个组都真正参与了信息线程，但有些组非常活跃。他们绝对有一种'我们都在一起'的感觉，这是好事。我想找出团队在这个计划之后还能如何进行更多的知识共享。几年前，我们尝试过社交网络方面的东西，但并没有真正取得任何成果，但这一次似乎效果更好，因为他们正在致力于某个具体的事项。"

| BCT | 提示/线索（BCT 7.1） | 引入或定义环境或社会刺激，目的是为了提示或触发行为。这种提示或线索通常会在行为执行的时间或地点出现 | 示例：要记得在离开大楼时设置闹钟，请在门边放一张纸条 |

"我们创建了一个记笔记的工作辅助工具，用于在与客户交谈时提示他们应使用的不同部分。如果感觉有点尴尬，希望他们可以直接转到工作辅助工具上的下一个类别，并重新回到正轨。"

激励、奖励和惩罚

好的，现在这个问题里还有一头比喻性的大象。问题是：学习设计师应该如何处理激励、奖励和惩罚？

我必须承认，这对我来说是一个难题。我成为一名学习设计师是因为我真的喜欢帮助人，并且非常热爱学习，所以使用让人觉得像是贿赂或惩罚的策略来强迫人们学习或执行某种行为，感觉不是我应该参与的事情。

与此同时，这些都是我们的学习者所处系统的一部分，因此我们确实需要讨论它。以下是一些需要考虑的问题：

- **激励与奖励**：激励是你与参与者达成的协议："做 x，你将得到 y。"正如我们在第 5 章讨论的，这会建立一个场景，即人们将找出如何针对激励进行优化。有时这可能不重要。例如，如果你只需要他们做一件事情（例如，在新的知识共享系统中创建一个登录名），那么他们是否只是为了激励而做这件事可能并不重要。如果你需要他们将此变为常规行为（例如，定期在新的知识共享系统中发帖），那么你就会遇到人们为了奖励而做事情的问题（比如，在系统中发布无意义的项目），或者你可能需要随着时间的推移提高激励，以促进人们继续执行这一行为。另一方面，奖励是在行为发生后用来强化的东西。例如，当你第一次在新的知识分享系统中发布内容后，可能会收到管理者送来的礼品卡和真诚的感谢。这在之前没有达成协议，只是事后的一种友好承认。奖励不太可能产生问题性的动机，但它们也不会激发行为，它们只能在事后承认和强化行为。

- **行为与结果**：如果你打算研究激励或奖励，你需要决定是要奖励行为还是结果。例如，在我们的销售示例中，人们可能会在没有立即提高销售量的情况下进行行为。典型的销售环境奖励结果（例如，增加销售收入），但如果你需要人们坚持这种行为，那么奖励行为（如咨询式销售）是有意义的。人们可以控制自己的行为，但可能无法控制结果（例如，由于外部因素如经济状况或竞争对手的举措，销售可能会停滞不前）。

- **惩罚**：惩罚可以成为促使行为改变发生的一部分。法律处罚的威胁可以成为维护合乎道德的、公平的工作场所的一部分。通常情况下，如果惩罚出现在学习体验中，我发现这是其他问题的症状。例如，惩罚那些未完成培训的人通常表明学习者未看到他们被要求学习的价值，学习者没有足够的时间，或者学习者被迫参加他们不需要或无法使用的合规培训。在存在法律合规要求或重大安全问题时，可能需要惩罚，但惩罚不是首选。

| BCT | 重建物理环境（BCT 12.1） | 改变或建议改变物理环境，以促进想要的行为的表现，或为不想要的行为设置障碍（而不是提示/线索，奖励和惩罚） | 示例：为了更规律地服用维生素，把维生素瓶放在咖啡机旁边 |

"我大多数时候不参与销售薪酬的讨论。我唯一的责任是确保新的销售人员了解它是如何运作的。我参加了几次关于修订销售目标的会议。让我感到宽慰的一件事是,他们打算在人们适应新行为的同时放宽销售要求。"

"我对销售人员应该如何获得报酬没有意见,但我们确实需要确保我们正在激励新的行为,所以我很高兴他们正在讨论如何确保他们在奖励正确的行为。"

参考文献

Csikszentmihalyi, Mihaly, *Flow: The Psychology of Optimal Experience* (New York: Harper & Row, 1990).

Gery, Gloria J. *Electronic Performance Support Systems: How and Why to Remake the Workplace Through the Strategic Application of Technology* (Boston, MA: Weingarten Publications, Inc., 1991).

Haier, Richard J., Benjamin Siegel, Chuck Tang, Lennart Abel, and Monte S. Buchsbaum. "Intelligence and changes in regional cerebral glucose metabolic rate following learning." *Intelligence* 16, no. 3–4 (1992): 415–426.

Michie, Susan, Michelle Richardson, Marie Johnston, Charles Abraham, Jill Francis, Wendy Hardeman, Martin P. Eccles, James Cane, and Caroline E. Wood. "The behavior change technique taxonomy (v1) of 93 hierarchically clustered techniques: building an international consensus for the reporting of behavior change interventions." *Annals of Behavioral Medicine* 46, no. 1 (2013): 81–95.

Project ALERT. https://www.projectalert.com/.

Wood, Wendy. *Good Habits, Bad Habits: The Science of Making Positive Changes That Stick* (New York: Farrar, Straus & Young, 2019), 43.

第 11 章

Talk to the Elephant

环境和社会支持

我们了解到大象非常关心自己在哪里,以及其他大象在做什么

11.1 认识安

安是一家金融服务呼叫中心的培训经理。该公司通过招聘和收购正在扩张,并且即将开始拥有远程员工。到目前为止,所有员工都在现场,但现在人们将能够在一周的部分时间里在家工作。计划还包括开始在其他地理区域招聘远程工作者。

下面是安正在应对的特定挑战:

"随着新招聘的进行,一切都变得混乱不堪,我的团队正在为转向虚拟课程做准备。我知道如果我们设计得当,我们应该能够在虚拟环境中做任何事情,但那说起来容易做起来难。你想知道我最关心的行为是什么吗?我告诉你。那就是让人们好好利用手头的资源。现在,如果有人有问题不知道答案,他们会举手,然后主管会过来帮助。大多数人通过斜靠在他们最聪明的邻居的隔间上来解决问题。如果你在家工作,就没有斜靠在隔间上就可以解决的问题了。"

"事情是这样的:员工需要知道的一切都可在内网上找到。我的团队一直在确保资源库非常完整。所有的信息都在那里,但我们一直没有控制主要的搜索页面的权限。公司要求我们使用公司模板,但这并不适用于呼叫中心需要的快速跳转链接。我们请求了很多次,终于得到了批准,得以重新设计资源页面以使其更适合所有人。但我担心呼叫中心的代表们已经习惯于忽略资源页面,每个人总是想直接问 Tim。但很快,Tim 将在家工作而无法回答问题。"

11.1.1 受众研究

显然,安很了解这个受众和环境,但她还与利益相关者和呼叫中心代表讨论了他们希望在资源页面上看到的改变。以下是她在访谈中听到的一些关键主题示例。

Tim 是最资深的呼叫中心代表之一,也是每个人提出所有问题的首选对象。

"我期待在家工作。我的女儿参加了一个学习机器人技术的课后活动，如果我在家里，那么我妻子的时间就能多出很多。我不知道这个新内网的事情会如何发展。我希望它是好的。他们让我参与新页面的设计，这很不错。对每个人来说，这绝对需要很多适应的过程。"

Shaima 是一名在公司工作了几年的代表。

"我期待着在家工作的选项，但他们用资源页面这整个事情在开玩笑吗？那会神奇地变得可用？哦，当我看到它的时候，我会相信的。他们必须弄清楚我们如何才能轻松地联系到主管以提出问题。我们都可以把 Tim 放到快速拨号里吗？"

Rachel 是部门主管。

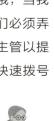

"我告诉安，他们必须让每个人都接受新资源材料的培训。我不希望每个人都一直问我，如果他们远程工作，他们必须知道如何去做。他们需要培训。"

11.1.2 分析结果

让我们看一下 COM-B 分析的一个关键行为的总结：使用内网来找到客户服务问题的答案。

COM-B 诊断	观察
身体能力	N/A
心理能力	销售代表知道信息在内网上，但他们可能很难找到资料，或者甚至可能因为认为资源难以导航而不去尝试
物理机会	该格式需要支持轻松搜索并快速提供答案
社会机会	当前环境中的社会模型已经向员工表明，询问他人（或专门询问 Tim）是获得所需信息的最佳方式 在新的远程工作环境中，很难观察到别人
反思性动机	一些员工对系统持怀疑态度，不相信内网资源实际上有用
自动性动机	大多数现有的销售代表已经形成了获取答案的习惯。在新的远程工作环境中，他们需要进行调整，因为他们将失去亲自询问同事的途径，需要通过其他方式（如在线支持工具）来在需要时获取信息

让我们看看某些行为改变技术（BCTs）如何帮助安设计学习资源以支持呼叫中心代表。

11.2 行为改变技术

在本章中,我主要关注四个技术类别,但这些解决方案都不是孤立存在的,所以我还会引入在其他章节中讨论过的一些技术。

主要类别有:

- 环境。
- 关联。
- 社会支持。

其他类别包括:

- 塑造知识。
- 重复和替代。
- 结果比较。
- 预定后果。

安已经将新界面的基础介绍作为课程计划的一部分。

| BCT | 关于如何执行该行为的说明（BCT 4.1） | 就如何执行该行为提出建议或达成一致（包括"技能培训"） | 示例：任何指导学习者如何做某事的形式 |

"是的,我们会有一个简短的入门课程,来展示这个新模式是如何运作的。我认为这应该不会太复杂。学会如何使用它应该会相当简单。难的部分是让他们记得去使用它。"

11.2.1 环境

让我们谈谈环境。有时候,改变环境或系统比改变个人来得更容易。

我曾为一个客户工作,该客户负责产品分销并拥有装满传送带、叉车和托盘搬运车的大型仓库。在仓库工作的人了解交通规律和安全行走的地方,但办公室的人进入仓库时可能不一定知道哪里是安全的行走或站立的区域。

他们本可以为办公室员工创建一个仓库安全培训课程,但有些员工很少进入仓库,而且可能不会长时间记住这些信息。因此,他们选择了使用红地毯。

他们在仓库中可以安全行走的路径上铺了红地毯,然后办公室员工只需要知道"走在红地毯上"。

整个用户体验设计和服务设计的学科都集中在通过调整产品、系统或环境来帮助人们完成行为,所以我在这里不会深入探讨这些方法,但对于数字资源的创建,我强烈推荐史蒂夫·克鲁格的 Don't Make Me Think, Revisited(New Riders,2013)一书作为起点。

我喜欢的另一个"改变环境而非人"的例子是波士顿的自由之路。许多游客想要参观波士顿的历史名胜,旅游局也想帮助他们实现这一目标。

为了帮助人们实现"参观波士顿名胜"的目标,旅游局可以提供地图、智能手机应用或街道标志,或者可以铺设一条红色路线。

要参观历史悠久的波士顿,你可以从自由之路的一端开始,沿着一条由砖块或油漆铺设而成的红色路线行走。沿着它走,你将会经过波士顿所有最重要的历史名胜。这与一些医院、机场或交通站的地面上的线路相似,你只需沿着地上的线路走到你的目的地。

因此,值得一问的是,最佳解决方案是培训还是更好地修复一个困难或复杂的系统。你能否为用户提供一条红色路线?

BCT	重建物理环境 (BCT 12.1)	改变(或建议改变)物理环境,以促进所希望行为的执行或创建障碍以阻止不想要的行为	示例:建议试图减少饮食中钠摄入量的病人在家里只放一小罐盐

"这是关键部分。我们对这个网站的重新设计做出了很多承诺,所以我们真的需要确保它对人们是有效的。过去几周,我们让 Tim 和其他一些高级人员追踪他们最常见的需求,并以这些问题为起

点。我们还与用户体验团队中的一名设计师合作,以帮助进行设计并创建可以与某些代表进行测试的原型。"

| BCT | 重建社会环境（BCT 12.2） | 改变（或建议改变）社会环境,以促进所希望行为的执行或创建障碍以阻止不想要的行为 | 示例:为了省钱,尽量减少和朋友一起购物或外出就餐的时间,把精力集中在远足或手工制作等朋友活动上 |

"所以,我们正在与高级管理层进行对话。事实是,这次变革真正依赖于他们的支持。我们让他们参与了这次讨论,我们制订的计划是,当他们有问题时,他们会帮助人们引导到该网站。他们不会说'这就是答案',而会说类似于'让我们看看内网上这个信息在哪里',并帮助代表找到它。"

| BCT | 向环境中添加对象（BCT 12.5） | 向环境中添加对象以促进行为的执行 | 示例:提供一把外观吸引人的牙刷,以改善刷牙技巧 |

"我们准备了一些促销品!我不知道这会不会有帮助,但我们觉得至少不会有害。这是一个非常重要的变化,所以我们尝试了很多方法。我们在网站上有一个名为 AnswerBot 的角色,人们可以把这个柔软的 AnswerBot 玩偶放在桌子上作为提醒。AnswerBot 的衣服上有一个直接链接到网站的二维码。"

11.2.2 关联

| BCT | 提示/线索（BCT 7.1） | 引入或定义环境或社会刺激,目的是为了提示或触发行为。这种提示或线索通常会在行为执行的时间或地点出现 | 示例:在浴室镜子上贴一张贴纸,提醒人们刷牙 |

"我们在客户记录系统中加入了更多直接链接到内网的提示。这样更容易让人们跳转到参考资料,但我们也希望这能提醒人们使用这个  选项。"

"AnswerBot 也将帮助提醒他们使用这个系统。不要告诉 Tim,但 AnswerBot 看起来和他有点像。"

11.2.3　社会支持

BCT	社会支持(未指定)（BCT 3.1）	就行为表现提出建议、安排或提供社会支持(例如来自朋友、亲戚、同事、"伙伴"或工作人员)或为行为的执行提供非条件性的赞扬或奖励。这包括鼓励和咨询,但仅限于针对行为的情况	示例:安排一位室友鼓励继续实施行为改变计划

"我们让 Tim 和一些其他高级人员参与到网站的规划中。这主要是因为我们需要他们的意见,  但我们也希望他们能以积极的方式和其他代表谈论这个话题,这样信息就不全都是来自培训或管理层。"

BCT	社会支持(实用)（BCT 3.2）	为行为的表现提供建议、安排或提供实际帮助(例如,来自朋友、亲戚、同事、"伙伴"或工作人员)	示例:请家人帮助患者进行物理治疗练习

"我们有几个人将支持这个推出,包括在代表们  首次尝试使用该网站时给予支持。"

11.2.4 其他行为改变技术

BCT		
行动计划（BCT 3.2）	促使对行为执行进行详细规划（必须至少包括环境、频率、持续时间和强度中的一个）。环境可能是外部的（物理或社会环境）或内部的（身体、情感或认知方面）。这可以包括"实施意图"	示例：要更有规律地锻炼，请计划在一周中某些日子的特定时间（例如工作前）进行特定的身体活动（例如跑步）

"我们打算让代表们思考并计划当他们冲动地想找人问问题而不是使用网站时该怎么做。如果他们站起来、扫视房间或举手，那就是一个提示，让他们重新考虑并查看网站。"

BCT		
行为实验（BCT 4.4）	通过收集和解释数据，就如何识别和测试有关的行为、其原因和后果的假设提供建议	示例：儿科医生为一组学龄前儿童的父母提供行为策略方面的咨询，使用定期调查来衡量与其他父母相比的结果，并根据结果调整他们的咨询策略

"这是一个有趣的想法。我认为人们可能觉得使用在线系统比直接问人要花更长的时间，但我们可以让他们假设结果会是什么，然后自己去测试。"

"如果我们能让人们把它当作一个实验来跟踪它的效果——比如，他们成功找到所需信息的频率或系统需要改进的地方——我认为人们可能会更愿意参与。"

"当然，如果结果不支持使用新系统，那就是个问题。目前为止，这对我们来说可能太复杂了,但这确实是一个非常有趣的想法。"

| BCT | 行为练习/排练（BCT 8.1） | 在可能不必要执行行为的情境或时间里,对某种行为进行一次或多次的快速练习或排练 | 示例:新诊断为糖尿病的人可以在医生的帮助和支持下练习,从而轻松地测试血糖 |

"好吧,让我们面对现实。人们都有习惯。我们需要让他们足够多地练习新行为,以便他们适应新系统。我们正在考虑信息寻宝活动。他们可以组成团队,竞相寻找最多的答案或最快找到答案。任何有趣的活动都能让他们练习使用这个系统。"

| BCT | 可信来源(BCT 9.1) | 展示来自可信来源的支持或反对该行为的口头或视觉沟通 | 示例:年轻运动员从他们运动领域的顶尖运动员那里了解到无药物辅助表现的重要性 |

"我已经提到 Tim 是我们的秘密武器了吗?在这个团队里,没有人比他更有信誉。所以,如果他支持这次变革,那将会非常有帮助。"

| BCT | 重建社会环境（BCT 12.2） | 改变（或建议改变）社会环境,以促进所希望行为的执行或创建障碍以阻止不想要的行为 | 示例:和喜欢户外活动的朋友一起寻找社交机会,让自己变得更活跃 |

"目前,一些高级员工——特别是 Tim——在尽其所能帮助人们,所以他们经常被问到问题。我们计划在转移到新网站的同时,让他们略微减少出现的频率。希望通过减少他们的可用性,鼓励人们更多地依赖在线资源。"

| BCT | 取消奖励（BCT 14.3） | 在表现出不希望的行为（包括"消失"）后，安排停止偶然奖励 | 示例：父母一致同意，他们不会用关注来奖励发脾气的孩子。他们会注意到这种不安，但不会鼓励这种情绪 |

"我们的计划是，让我们这些乐于助人的员工逐渐变得不那么主动，更多地提示人们去查找信息，而不是直接给出答案，随着时间的推移逐渐增加这种做法。他们还是会提供帮助，但不再是即时满足的来源。如果人们能够从系统中更快、更容易地得到答案，那么我认为——希望如此！——他们会使用它。"

第 12 章

Talk to the Elephant

价值观和身份

我们考虑某些行为如何与大象的价值观和大象的身份相匹配

12.1 认识内特

内特是一家电气安装公司的安全培训主管。他的公司一直在组织内部致力于一种新的安全方法。

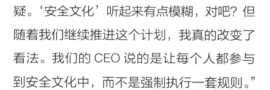

"新任 CEO（首席执行官）给了我们一个任务，就是在组织内部建立一种安全文化。当我第一次听到这个时，我有点怀疑。'安全文化'听起来有点模糊，对吧？但随着我们继续推进这个计划，我真的改变了看法。我们的 CEO 说的是让每个人都参与到安全文化中，而不是强制执行一套规则。"

"我真的觉得我们已经尽力了，用'指挥和控制'的方法来管理安全。工人们遵守规则只是因为那是规则，而不是因为他们认识到这些规则的价值。而且谁知道在没有老板在场的时候，他们在做什么呢？"

"所以我们想要转变我们的焦点。我们希望工人把安全看作他们可以提高的一项技能，就像他们提高电气工作技能一样。我们希望他们找出可以在安全方面做得更好的方法。但这不仅仅是工人心态的转变，也是管理者心态的转变。"

"管理者通常认为他们的主要目的是完成工作。他们在那里是为了推动任务完成——基本上就是'赶紧做完它'。但这个新的转变意味着他们需要更专注于发展他们的员工。我不认为他们自己是这样看待自己的。这将是一个很大的转变，少关注'赶紧做完它'，更多关注'帮助这个人变得更好'。"

12.1.1 受众分析

作为团队变革工作的一部分，内特收到了很多反馈。以下是他从团队中听到的一些关键点。

曼努埃拉是一名高级电工。

"我参加过所有强制性的安全培训，其中大多数内容我都已经知道了。如果这就是我们要做的，那我会参与，但我真的不明白他们说'创建安全技能发展计划'是什么意思。这不就是说'参加更多课程'吗？"

杰弗里是一名主管。

"我愿意试一试,但我得承认我真的不知道这最终会是什么样子。这些人都是为了完成工作,而我的工作就是帮助他们完成任务。我担心他们看一眼这些东西就会翻白眼。但如果这能让事情变得更安全,那我就支持。我讨厌有人在我监管下受伤或丧命,所以如果这个项目能够有效,那就太好了。"

克里夫是一名有经验但新加入公司的电工。

"我不知道,伙计。其实,我持怀疑态度。在近 20 年的工作中,我之前就见过这种东西,对我来说都是空话。我做我的工作,尽量不让自己或别人受伤或丧命。这难道还不够吗?"

12.1.2　分析结果

实际上,我们要面对的有两个受众:工人和主管。让我们来看一下关于工人一个关键行为的 COM-B 分析总结——参与创建他们自己的安全发展计划。

COM-B 诊断	观察
身体能力	N/A
心理能力	员工可能不知道发展计划是什么样子的,也不知道如何决定在计划中增加什么内容
物理机会	许多员工可能没有办公桌。他们在工作现场工作,因此需要用一种简单的方式来参与和安全发展规划相关的活动
社会机会	目前工作人员的看法似乎持怀疑态度,并且缺乏对这种行为的社会强化
反思性动机	工人们认为他们在安全方面的角色是基于合规性和实用性的。他们接受强制性培训,遵守规则,这符合预期。他们并不认为发展自己的安全技能是自己职责的一部分
自动性动机	安全可能是由习惯驱动的,因此安全能力的发展可能需要工人认识并调整习惯

然后,内特与一些利益相关者合作,以确定干预功能并审视整体策略。

由于内特已经有了一些策略,他打算查阅相关的行为改变技术(BCT),看看它们是否能帮助他设计学习或支持材料,以协助协会成员。

让我们看看某些 BCT 如何能帮助内特设计学习材料，以支持这两组人。

12.2 行为改变技术

在这一章中，我主要关注两类技术，但这些解决方案都不是孤立存在的，所以我还引用了在其他章节中讨论过的一些技术。

以下是主要的类别：

- 身份。
- 调节。

我还查看了这些类别中的一些技术：

- 环境。
- 社会支持。
- 反馈和监控。

以下是内特对教学材料的看法：

| BCT | 关于如何执行该行为的说明（BCT 4.1） | 就如何执行该行为提出建议或达成一致（包括"技能培训"） | 示例：任何指导学习者如何做某事的形式 |

"我们正在准备一个如何发展安全技能和如何创建发展计划的工作坊。我们不能假设他们以前做过类似的事情。他们作为电工的大多数培训都是技术学校的课程、证书、执照和工作中的实践操作，但大多数的计划都已经为他们详细规定了，他们只需要报名。选择他们想要从事的工作并创建一个发展计划将是一项全新的技能。我真的认为这个工作坊只是第一步。最终的结果取决于管理层和组织是如何与他们共同努力的。"

"我们还计划与管理者们一起举办一个工作坊。尽管他们多年来都监管过许多初级员工，但我认为他们对教练式发展计划的想法并不习惯。"

12.2.1 身份

到目前为止，在本书中我多次提到了身份和价值观一致的重要性。虽然改变某人的价值观或身份观念并非不可能，但这比弄清楚一种行为如何与他们已有的身份或价值观取得一致要困难得多。

例如,如果我们看一下"定期锻炼"的行为,人们的身份会对他们如何看待这一行为产生很大影响。以这个团队为例,他们都在一个大型非营利组织的客户关系部工作,该组织最近实施了一项基于团队的健康和幸福的计划。他们作为一个团队获得锻炼和步数的积分,并且他们的团队正在与组织中的其他团队进行友好竞争。

让我们看看他们每个人基于与锻炼有关的经验和身份是如何看待这一点的。

时作为一名运动员的经历完全不同——但我真的很期待。"

亚德:"哦,天啊,我小时候一点也不运动。我是那些高高瘦瘦、运动不协调的孩子中的一个。中学体育课简直是地狱。现在我成了父亲,我正在努力做得更好。我不希望我的孩子长大后也有同样的问题。"

桑德拉:"我非常喜欢团队挑战的想法。我大学时是个游泳运动员,对我来说,成为团队的一员有一种特别的意义。我知道这只是一件非正式的事情——这跟我在大学

珊尼塔:"我小时候是一个非常活跃的孩子。我喜欢在社区里和其他孩子玩抢球游戏。我还是田径运动员,现在仍然是。我正在和一群女性朋友一起训练参加半程马

拉松——有朋友和之后的早午餐陪伴，跑步对我来说感觉更好。"

敏："我的运动史？我们小时候得到了很多锻炼，只不过我们称之为工作。我的父母经营装潢生意，作为家庭的一部分，你被期望要帮忙。你知道一卷装潢布料有多重吗？我知道。现在，我主要是在做园艺工作时锻炼。作为一个园丁，通过铺设十几包肥料袋，你会得到大量的锻炼。不过这是值得的，我因我的杜鹃花赢得了奖项。"

琼："我从来都不是运动员，但多年来我尝试了很多方法来"保持身材"。我尝试了游泳、跑步、骑自行车，但从来没有坚持下来。我从来没有觉得自己做得对或足够好。和朋友们一起活动总是更有趣，但我总是那个落在最后的人。我从来都不喜欢那种让他们慢下来或拖他们后腿的感觉。我坚持下来的唯一一件事是瑜伽。我真的很喜欢教练强调你应该根据你现在的情况来调整你的练习。如果你的臀部不够灵活，你就坐在一个垫子上，这没有什么可羞耻的。我真的很感激瑜伽能接纳现在的我。"

当你看看每个人用来描述与锻炼有关的身份的词语时，你会看到相当广泛的范围：

- "我大学时是个游泳运动员。"
- "成为团队的一部分。"
- "成为大学运动员。"
- "我小时候一点也不运动。"
- "我和我的朋友是'聪明的孩子'。"
- "现在我成了父亲，我正在努力做得更好。"
- "我小时候是一个非常活跃的孩子。"
- "我还是田径运动员，现在仍然是。"
- "作为家庭的一部分，你会帮忙。"
- "作为一个园丁，你会得到大量锻炼。"

- "我从来都不是运动员……从来没有坚持下来。"
- "我总是那个落在最后的人……我是那个拖后腿的人。"
- "你根据你现在的状态来调整你的练习。"
- "瑜伽接纳现在的我。"

显然,一些团队成员与体育活动有更为密切的关联,每个人与运动的关系都不同,这很可能会影响他们参与该计划的意愿。耐克的创始人比尔·鲍尔曼曾说:"如果你有一个身体,你就是一个运动员。"这对那些通常不认为自己是运动员的人来说是一个非常包容的框架(尽管耐克后续发布的产品和信息是否支持这一观点还有待商榷)。

采访米歇尔·西加博士:我们的故事如何塑造我们的身份和行为?

我与米歇尔·西加博士进行了交谈,她是密歇根大学锻炼和自我护理方面可持续变化的科学和实践方面的专家,也是培训师的培训者,著有 *No Sweat* 和 *The Joy Choice*,这两本书向读者展示了如何在行为上做出可持续的改变。

问:你是如何理解人们对运动的看法的?

我将它们围绕心理、身体和环境进行组织。我在攻读运动学研究生课程时注意到一个问题,那就是癌症康复者会为我们锻炼,但不会为自己锻炼。然后,我想了解如何改变这种心态。

所以我去读了公共卫生硕士学位,在那个项目中,我研究了一个问题:"是什么阻止了人们持续锻炼?"

从心理层面来看,我们知道"这全都在人们的头脑里",但事实是,关于锻炼的一切,以及他们所经历的和他们的方法,都来自社会的规定和社会的杂志。因此,最需要改变的是,人们潜移默化地将所有这些文化都根植于他们的头脑中,这是无法逃避的。

这在人们的头脑中形成了一整套关于锻炼是什么、应该是什么样子、应该如何进行、应该有什么感觉以及为什么应该进行锻炼的课程。在很大程度上,几乎整个下载下来的课程都让大多数人注定失败。我们需要做的是下载一个全新的课程，帮助人们重新思考他们对锻炼几乎所有的假设。

问：那么健身行业呢，它也是你所做工作的受众吗？

从某种意义上说，健身行业代表了那些在我所称的"锻炼行为改变的旧故事"中取得成功的人。

这个旧故事就是那些在健身行业取得成功的人们的成功之道，这个行业是由那些不仅对锻炼充满热情，而且在锻炼方面取得了成功的人组成的。因此，差距就在于我（作为一个健身专业人士）热爱锻炼，它让我对自己感觉良好，我只需要坚持下去。我是自律的。

对那些尝试了一遍又一遍的人来说，锻炼感觉像是一种惩罚，有自我感知的失败，这之间有很大的差距。这是一个巨大的差距。而且，该行业也意识到，他们在很大程度上疏远了那些他们一直希望吸引成为会员或客户的人群。我一直在帮助健身行业的人们理解这一点，并且我必须说，当我在二三十年前与个人教练交谈时，他们对我所说的话的反应与现在的反应非常不同。

他们认识到，关于锻炼的旧故事并没有帮助很多人。他们愿意问自己："如果我想变得更有效，如果我想帮助更多的人变得更有效并更好地照顾自己，那么我需要做些什么不同的事？"

人们的信念和联想将影响他们如何参与这一行为。这不仅仅是他们是否对这一行为持积极态度，更多的是关于内在动机、认同和对能力的信念。与你的设计对象进行对话应该是任何行为改变项目的一部分，但查看人们用来描述自己和他们与行为的关系的词语可能非常有启发性，你可能需要调整信息以适应人们当前所处的状态。

身份示例
我不 vs 我不能

研究人员（Patrick & Hagtvedt, 2012）发现，使用"I don't..."的表达方式比使用"I can't"更能预测参与者朝着目标采取的行动。例如，有更多锻炼目标的参与者，如果他们将其表达为"我不会跳过我的锻炼"，而不是"我不能跳过我的锻炼"，则更容易成功。

研究人员推测，使用"不"拒绝框架更有力量，更可能导致抵制诱惑，而使用"不能"拒绝框架则不然，"我不"更能肯定意志力和控制能力。

吸烟者/非吸烟者身份

身份不仅仅是人们个体的认知，它也关乎与拥有相同身份的人群的联系。

在2015年的一篇论文中，研究人员描述了"更强烈的吸烟者群体身份认同（个体与吸烟者群体的认同程度）预测了较低的戒烟意愿，而更强烈的吸烟者自我身份认同（将自己视为吸烟者）预测了较少的戒烟尝试次数"（Høie, Moan, &

Rise, 2010，引用自 Meijer, 2015）。研究人员发现，认同非吸烟者身份的参与者（例如，"我能够把自己看作一个非吸烟者"）更有可能参与戒烟活动。

别惹德克萨斯

在20世纪80年代中期，德克萨斯州交通部（TxDOT）为了遏制乱扔垃圾和降低不断上升的垃圾清理成本，针对他们认为最有可能乱扔垃圾的人群（十几岁和二十几岁的年轻男性）创建了一个反乱扔垃圾的宣传活动。

由于觉得更传统的反乱扔垃圾信息（例如，让美国保持美丽）不太可能引起目标受众的共鸣，与TxDOT合作的机构创建了口号"别惹德克萨斯"。该活动通过在超级碗期间播放的一则电视广告而变得广为人知，广告中出现了音乐家和吉他手史蒂维·雷·沃恩。后续的广告还包括了其他德克萨斯州的名人，如音乐家威利·纳尔逊和乔治·斯特雷特，运动员如达拉斯牛仔队的球员，以及演员如查克·诺里斯。

该活动被认为在20世纪80年代末和90年代显著减少了高速公路上的垃圾（尽管德克萨斯州同时也推出了其他计划，比如最早的"领养一条公路"计划之一）。多年来，随着他们面向不同的受众，"别惹德克萨斯"的宣传广告已经经过了修订和重做。

该活动没有试图改变观众对乱扔垃圾行为的价值观，而是向他们展示了不乱扔垃圾的行为是如何与他们已有的、围绕着对德克萨斯和作为德克萨斯人的自豪感以及保护他们所拥有的东西的价值观相一致的。

| BCT | 将自我视为榜样（BCT 13.1） | 告知自己的行为可以成为他人的榜样 | 示例：告诉人们，如果他们饮食健康，他们可能会为孩子树立一个好榜样 |

"有些经验非常丰富的人也是——我应该怎么说呢——有点固执己见。他们成长在不同的工作环境中,不明白为什么——如果对他们来说足够好——对这些新人就不够好。"

"我真的认为我们需要单独和他们谈谈,让他们明白他们是大多数年轻员工的榜样。我们需要明确表示我们尊重他们的经验,并且他们对这项倡议的成功至关重要。这并不是吹牛,如果他们不支持,这一切都不会奏效。"

| BCT | 构建/重新构建（BCT 13.1） | 建议对行为（例如其目的）有意采用一种观点或新观点,以改变对执行行为的认知或情感（包括认知结构） | 示例：建议某人将锻炼视为他们"可以"做的事情,而不是他们"不得不"做的事情 |

"电工们对学徒/熟练工/大师这一概念非常熟悉。他们也知道还有额外的安全认证,但他们认为这些东西属于通往安全经理职位的路径。他们并没有真正考虑过安全是如何在与其他电工技能和能力相同的

方式中分级的。他们认为这是'你是否达到了标准'。所以我打算做一个活动,让他们绘制使人们在职业生涯中提高安全水平的途径。"他们可以思考随着经验的积累,某人的知识和行动如何发生变化。如果我们可以将其重新定义为一种技能,而不仅仅是一系列的合规活动,那将会产生真正的帮助。"

| BCT | 不相容的信念（BCT 13.1） | 注意当前或过去的行为与自我形象之间的差异,以产生不适（包括认知失调） | 示例：让人们注意到医生对输血的自由使用,以及他们作为循证医疗实践支持者的自我认同 |

"我想进行一次关于为什么意图和行动不匹配的诚实对话。如果我问

这些工人其中一个'什么更重要？在工作中节省几分钟还是看到你的孩子从高中毕业？'他们当然会说看到他们的孩子长大

并毕业。那么，如果那是重要的事情，为什么他们总是不以支持那个目标的方式行事呢？"

"我们都知道答案：你认为坏事不会发生，或者你认为一个行为并没有那么冒险，或者你以前做过很多次，也没出什么问题。我认为，强调他们所说的话和他们的行为所传达的信息之间的差异将是一次非常好的谈话。如果他们要接受整个过程，他们就需要接受这个想法。"

BCT	有价值的自我认同（BCT 13.1）	建议个人撰写或完成关于珍视的价值或个人力量的评分量表，作为确认个人身份的一种手段，以及行为改变策略（包括自我肯定）的一部分	示例：建议这个人在收到提倡改变行为的信息之前写下自己的个人优点

"我们将让每个人找出他们的优点——是什么让他们在工作或其他事情（比如爱好）上表现出色。

他们为什么感到自豪？他们学习和发展了哪些技能？他们以前也有过学习和发展技能的经历，这次也一样能做到。"

BCT	与行为改变相关的身份（BCT 13.1）	建议此人建立一个新的自我身份，作为一个曾经从事不良行为的人	示例：让这个人清楚地说出他的戒烟者的新身份

"和很多其他事情一样，我觉得这需要一场讨论。我们需要讨论这种方法会是什么样子，以及接受'安全文化'的人应有怎样的身份认同。我真的觉得，如果这要成功，身份认同感必须来自他们自己。但我还需要找出一组问题来引导他们，而且这组问题要直截了当，因为这些人通常不会在工作中花时间去思考他们的'身份认同感'。"

12.2.2 调节

BCT	减少负面情绪（BCT 11.2）	就减少负面情绪以促进行为表现的方法提供建议（包括压力管理）	示例：建议使用压力管理技巧，例如，减少加入匿名戒酒会的焦虑

"当人们感到疲倦、沮丧或负荷过重时，安全问题就会发生。我们也注意到，当人们单独完成非标准任务时，错误也会更容易发生。时间压力始终是一个风险因素。如果再加上对有时显得有点武断的合规要求的普遍不满，你会发现大家都不愿意遵守安全步骤，特别是当跳过几个步骤感觉'没什么大不了的'时。我认为我们的文化使人们更倾向于'坚持到底'，而不是承认自己疲倦或压力大。"

"只要我们的受众觉得安全是别人强加给他们的，而不是他们自己选择去做的，就会有一些不满，我们希望能够改变这一点。在疲倦或压力大的情况下，保持安全是人们可以练习和提高的一项发展技能，尽管如果你和我们的很多人谈到'压力调节'，他们可能会给你一个相当怀疑的眼神。我读了一篇关于军队如何训练士兵管理压力反应的文章，想看看我们是否能从中借鉴一些东西，因为我觉得来自军事训练的内容更容易得到我们这些'硬汉'受众的共鸣。"

BCT	节约精神资源（BCT 11.3）	就如何最大限度地减少对精神资源的需求以促进行为改变提供建议	示例：建议携带食物的卡路里含量信息，以减轻选择食物时的记忆负担

"我认为重要的是，我们不要让人们觉得有太多的选择来制订他们的发展计划。如果我们让它听起来太复杂，我认为他们就会失去兴趣并不再参与。我们将从一组相当简单的选项开始，供人们选择制订他们的发展计划。理想情况下，我们希望他们最终能够提出

自己的想法，但我认为在第一轮中这是不可行的。我们会有一组相当基础的目标和行动供他们选择，然后在六到八周后再召集他们进行后续的研讨会，再然后是几个月后的研讨会。我认为我们会实现这一目标，但在人们对此有更多经验之前，我们需要确保整个过程不会过于烦琐。"

12.2.3 其他行为改变技术

| BCT | 社会支持（实用）（BCT 3.2） | 为行为的表现提供建议、安排或提供实际帮助（例如，来自朋友、亲戚、同事、"伙伴"或工作人员） | 示例：为了更规律地进行伸展运动，可以和作为问责伙伴的朋友们一起，每周进行一次Zoom瑜伽课程 |

"社会支持和模仿非常重要。这就是为什么我们要吸引最有经验和最有影响力的人，并让他们参与整体设计。如果他们不支持，没有人会支持。在一些团队中，最有经验的人并不一定最有影响力。我们对团队进行了一个快速的文本调查，询问他们如果有安全问题，他们可能会问谁。很多答案都是我们预料之中的，但也有一些意外，所以我很高兴我们能让这些人参与进来。"

| BCT | 重建环境（BCT 12.1） | 改变或建议改变自然环境，以促进想要的行为的表现，或为不想要的行为设置障碍（而不是提示/线索，奖励和惩罚） | 示例：要更经常地服用维生素，请将维生素瓶放在咖啡机旁边 |

"我们知道我们必须要有一个简单的方法来跟踪这些计划。每个人都可以在研讨会期间致力于这些计划，但大多数工人没有办公桌或方便管理文档的方式。"

"他们有服务平板电脑，我们正在平板上创

建一个应用程序来跟踪他们的计划和目标。我们还为团队站会设计了海报，上级主管可以在上面追踪团队共同努力实现的目标。他们将能够用白板笔在海报上写字，并随时更新。如果他们一结束研讨会就忘记了这一切，那么这些都将毫无意义。"

BCT			
	目标设定——行为（BCT 1.1）	根据要实现的行为设定或商定一个目标	示例：为了省钱，计划每周至少在家做三次晚餐

"我们希望人们能够在任何可能的地方对自己的发展负责，因此我们正在为他们创造一些机会，让他们能够制订自己的目标和计划。我们希望帮助他们选择既可达成又足够有趣以激发兴趣的发展目标。"

参考文献

Meijer, Eline, Winifred A. Gebhardt, Arie Dijkstra, Marc C. Willemsen, and Colette Van Laar. "Quitting smoking: The importance of non-smoker identity in predicting smoking behaviour and responses to a smoking ban." *Psychology & Health* 30, no. 12 (2015): 1387–1409.

Nodjimbadem, Katie. "The Trashy Beginnings of 'Don't Mess With Texas,'" *Smithsonian Magazine*, March 10, 2017, retrieved 3/28/2023, https://www.smithsonianmag.com/history/trashy-beginnings-dont-mess-texas-180962490/.

Patrick, Vanessa M., and Henrik Hagtvedt. "'I don't' versus 'I can't': When empowered refusal motivates goal-directed behavior." *Journal of Consumer Research* 39, no. 2 (2012): 371–381.

Segar, Michelle. *No Sweat: How the Simple Science of Motivation Can Bring You a Lifetime of Fitness* (New York, Amacom, 2015).

Segar, Michelle. *The Joy Choice: How to Finally Achieve Lasting Changes in Eating and Exercise* (New York: Hachette Go, 2022).

Smithson, Nathaniel, "Nike's Mission Statement & Vision Statement (An Analysis)," Updated on June 3, 2022, retrieved 3/28/2023, https://panmore.com/nike-inc-vision-statement-mission-statement.

Wikipedia. 2023. "Don't Mess with Texas." Wikimedia Foundation. Last modified January 27, 2023. https://en.wikipedia.org/wiki/Don%27t_Mess_with_Texas.

第 13 章

Talk to the Elephant

负责任的设计

我们同时考虑骑手和大象的幸福

我曾经做过一个关于支持行为改变的技巧的演讲，演讲结束后，有人走过来解释说他们希望鼓励每周工作超过 40 小时的员工行为。

我的回应："我真的不知道说什么好，因为我不认为这是一个好主意。"

我的观点是，这些员工是知识型工作者，所以不太可能有加班费。那些精疲力尽和工作过度的人通常生产力会下降。因此，这除了对员工来说是个糟糕的政策外，对组织来说也可能是个糟糕的政策。

我有时每周工作超过 40 小时（写本书的时候也有几次），但这总是为了达成某个目标或目的，而不是遵循某项政策。但大多数情况下，我不会过度工作，因为我认为这并不能达到正确的目的。（为了公平起见，我还是强调一下，我可能在理解那个提问的人的问题时有所误解，毕竟我们只谈了几分钟。）

但这确实延伸出一个重要的问题，并非每一种行为都值得改变。

13.1 行为改变设计中的伦理问题

行为改变的努力通常具有说服性的成分，或者这是在习惯或偏见的无意识层面上进行的，对此我们通常缺乏更明确的了解。在我看来，这增加了我们需要考虑设计选择的伦理含义的必要性。

我们看一下设计过程中的步骤，如下所示。

问题定义 → 分析 → 解决策略 → 计划 → 实施 → 评价

世界上有很多不同的设计流程，大多数都是相同活动的不同组合。我期望本书中的材料能够补充而不是完全取代你现在有效的流程。这一特定的步骤集有助于我们围绕伦理进行对话，但如果你的做法有些不同，那么请根据需要进行调整。

在每一步中，当我在进行行为改变项目时，我都会尝试去考虑一些问题。

13.1.1 问题定义

1. 这值得做吗？

目标是否值得追求，是否与组织或涉及的

人的价值观或使命相匹配？正如我在前面的故事中提到的，我认为让人们工作超过 40 小时的目标不值得追求，至少根据我对情况的理解是这样。当然，上下文很重要。例如，在医疗紧急情况下，找到如何支持急需每周工作超过 40 小时的医护人员可能是值得追求的目标。

有些目标可能会产生意想不到的后果。对于许多技术平台来说，目标是（仍然是）创造"参与度"，这似乎是一个合理的目标。然而，在许多社交媒体平台上，参与度是通过推广可能性最大的、最危险的信息来实现的。恐惧和愤怒具有吸引力，因此追求参与度的目标（不惜一切代价）可能与其他价值观不一致。

如果你的组织有一个使命宣言或一套组织价值观，那么询问这种行为变革是否与这些价值观一致可能是值得的。在实施过程中，仔细观察以确保没有意外后果出现也是值得的。

2. 利益是否一致？

除了询问目标是否与组织的价值观一致之外，还值得问一下组织的目标是否与受到变革影响的人的目标一致。例如，如果管理层的目标是提高每小时服务的客户数量，但员工层面的目标是确保他们能够帮助客户并使其感到满意，那么这些目标可能不一致。或者法律部门的目标可能是避免灾难性的法律责任，以免公司破产，而受众的目标可能是在尽量减少文书工作的情况下度过一天。这个问题不假设一个目标比其他目标更好，但如果利益不一致，那就需要进行讨论。

我们在第 7 章讨论了不恰当的激励的问题，但有时你会面临这样一种情况，即要求受众做一些对他们没有明显好处但对整个组织有好处的事情。诚实地面对这一点而不是假装它会奇迹般地对每个人都有好处是更好的选择。

13.1.2 分析

1. 是否足够了解受众？

事情出错的一种方式是你不够了解你的目标受众。你可以怀着最好的意图去构建一些东西，但如果你没有花足够的时间与你的受众互动，以了解他们关心什么、他们的现实是什么样的，那么你可能会构建出对所有人都适得其反的东西。

几年前，我参与了一个教师培训产品的项目。该产品是为学习者设计的，让他们每周做一个短小的模块作为备课的一部分。然而，后来发现，教师唯一能够得到培训费的方式是在他们的在职培训日上完成培训，因此他们把所有的模块都集中在一天内完成，这并不是一个理想的体验。如果我们当时知道会发生这种情况，我们就会以不同的方式构建它。我曾经与教师们交流并试图问一些正确的问题，但直到试点项目进行时，我们才发现了这个问题。尽管我们后来进行了一些调整，并对培训进行了修订，但最初的失败仍然在于没有充分了解他们的背景和情境。

2. 是否在保护研究参与者？

当你做研究时，比如对目标受众的成员进行采访或进行工作跟踪，你希望他们足够信任你，以便他们告诉你真实的情况。你想要知道工作实际上是如何完成的，而不是工作应该如何完成。但是，如果你要求人们坦率地告诉你这些事情，你还需要确保他们不会因为告诉你而受到惩罚。你可以对结果进行匿名处理、仅分享摘要数据，或确保设计团队和利益相关者达成一致，即研究的目的不是指责和羞辱。

13.1.3 解决策略

1. 这是一个可行的策略吗？

选择策略时，是否基于良好的科学或已接受的实践？我不反对创造性的解决方案，但这些解决方案应该有一定的基础，是经过基于证据的实践证明有效的。如果设计师正在制作教育材料，以帮助医疗消费者定期服药，那么设计师有责任查阅关于这个主题的大量研究文献，不应将时间、金钱和患者的努力花费在已知无效的解决方案上。你可能正在一个几乎没有现有研究的领域工作。如果是这种情况，你应该有一个在设计过程中进行测试的计划，以便尽可能消除许多死胡同。

2. 这会让学习者感到受创或使他们的生活更加困难吗？

我多年来一直致力于电气安全课程的开发，因此我参加过几次关于"在展示电击后果时，什么程度的可怕是太过可怕？"的讨论。我不记得有太多的共识，但似乎介于漫画式的插图（在触电时可以看到角色的骨架，不够可怕）和受伤或死亡工人的真实照片（太可怕，也不适合大多数情况）之间。除了不人道之外，让你的观众在情绪上难以承受也是一种糟糕的学习体验。学习中适量的压力可以帮助学习者集中注意力，但过大的压力会阻碍他们吸收必要的信息和学习。

随着像虚拟现实这样的高度沉浸式环境的日益普遍，我们需要持续地讨论哪些体验适合让学习者接受，哪些则不合适。

13.1.4 计划

1. 是否在进行测试、评估和迭代？

行为是复杂的事情，你的第一次设计很可能不会完全正确。最常见的学习材料审核方式是由主题专家提供反馈意见，这有助于确保内容在技术上是正确的，但这还不足以告诉你这些材料是否能够导致行为变革所需的结果。最好的评估方法是与目标受众中的人进行测试，并根据测试结果进行迭代。需要进行何种类型和测试取决于项目的性质，但一个很好的起点是由用户体验研究人员进行的可用性测试，你可以观察学习者如何使用材料以了解他们的反应。从那里，测试可能应该继续进行，具体取决于行为的类型，但这是一个起点。

2. 是否避免了黑暗模式？

"dark patterns"是指欺骗性和误导性的设计策略。如果你在网站上发现自己被自动注册了某项你不打算使用的服务，或者你的个人信息以一种让你不满意的方式被使用，那么你就碰到了 dark patterns。"nudge"是行为经济学中的一个常用术语，自从理查德·泰勒和卡斯·桑斯坦的著作 Nudge（《助推》）于 2008 年出版以来，它已经变得非常流行。许多 nudge 是有用的、良性的或无效的，但某些形式的 nudge 可能属于欺骗性设计的范畴。

例如，如果一个人力资源部门使用默认设置（这是一种常见的 nudge）来为员工自动注册参加人寿保险福利，除非该人员注意到并有意选择退出，这可能是出于善意的考虑。这个福利可能对员工来说是一项非常便宜的优惠，但如果该员工已经通过配偶获得了保险，那么这个福利对他们来说可能就不合适。在这个例子中，重要的是要确保他们知道他们可以选择退出，并且要简化退出流程。

13.1.5 实施

1. 应该公开正在发生的事情吗？

可能应该。我曾在一家非常大的科技公司在全球各地举办研讨会，他们为所有员工提供免费的零食和餐点。该公司为了支持健康的饮食选择，采用了几种不同的"助推"策略（例如，在冰箱的底层放置含糖饮料，或者在自助餐排队的最前面摆放蔬菜和沙拉），以鼓励员工做出健康的选择。无论你如何看待这种策略（我听到的反应各不相同，从"哇，这很酷"到"嗯，这不是雇主的事情，不太好"都有），我在该公司遇到的每个人都非常清楚这个策略。可能在某些情况下不方便透露信息（尽管我现在想不出任何情况），但如果你不隐藏信息或"欺骗"学员，你几乎总是站在更坚实的道德基础上。

2. 是否在关注问题？

正如前面提到的，在处理人类行为的复杂性时，可能会出现意想不到的后果。任何实施工作的一部分都应该包括某种监测结果，确保我们没有意外造成负面结果的方法。

3. 是否关注了试点受众中的偏见？

社会科学领域正在进行一场重要的讨论，关于很多研究的测试受众的局限性以及这可能如何影响结果。如果你是大学里的一名学术心理学研究人员，最丰富的研究受众就是你办公室门外的所有大学生，但大学生有几个特点可能不适用于更广泛的受众。同样，依赖调查问卷答案的研究意味着你只听到了回答调查问卷的人的声音。

在工作场所或组织内进行试点测试可能不会有这些问题，但我经常看到的一个问题是，很难将试点材料送到目标受众的实际成员面前，这通常是因为"将人们从工作岗位上拉走"或"远离他们的日常工作"的成本。

除了将未经测试的解决方案发布给整个受众所涉及的伦理问题外，一种复杂行为变化的解决方案很难在没有进行一些测试和迭代的情况下完美运作。如果利益相关者不愿意或无法让目标受众参与测试，那么就有必要让他们意识到这对项目结果可能产生的影响。

13.1.6 评价

1. 数据收集如何影响学习者的隐私？

与数据收集和数据隐私相关的伦理问题超出了本书的范围，但行为变化项目应涉及收集参与者行为的数据。至少，你需要有一个关于如何收集、保护和使用这些数据的计划。不要通过制定过于严厉的结果来鼓励人们撒谎。同时，也不要利用人们的坦率。否则，他们会学会告诉你任何不会让他们陷入困境的事情。

2. 如果出现不良结果怎么办？

有明确的指导方针来寻找你想要的结果，并在需要时有能力终止项目是很有用的。多年来，我见过很多培训工作，人们用自己的声誉来获得必要的组织支持以推动培训项目的进行。这很不好。

人类行为中有太多的不确定性。即使有世界上最好的证据基础，某些解决方案在特定的环境中可能也不会奏效。就像我的朋友卡尔·法斯特——一个信息设计专家说的："如果有人说'嗯，你是专家'，那不是在夸你，而是在把你树立成一个可以被责备的对象。"

这些类型的倡议应被视为一个学习和改进的机会，这需要一种可能性，即你可能学到的是什么不起作用。

13.2 需要提出的关键问题

下面给出需要提出的关键问题：

- 这个目标是否值得追求，并且与组织的价值观和使命相符？
- 目标和任务是否与受众的目标和优先事项一致？
- 我是否了解我的受众重视什么，以及他

们面对的环境和情况是什么？
- 我是否确保参与研究的人受到保护？
- 解决方案的策略是否基于可靠的科学或公认的实践？
- 这种经历是否会让学习者感到困扰？
- 它是否会让学习者的生活更加困难？
- 我们是否在全面推出解决方案之前进行了测试？
- 我们是否使用了任何隐秘或欺骗性的做法？
- 我们是否考虑过应不应该向我们的受众披露信息？
- 你是否正在与一个合适的组进行试点？
- 数据收集是否保护了学习者的隐私？
- 如果事情不顺利，是否有应对计划？

关于行为变更干预的伦理应用的额外资源可以在 https://usablelearning.com/elephant 上找到。

参考文献

Jun, Gyuchan Thomas, Fernando Carvalho, and Neil Sinclair. "Ethical Issues in Designing Interventions for Behavioural Change" (conference contribution, Loughborough University, Loughborough, UK, March 19, 2018), https://hdl.handle.net/2134/32265.

Organization for Economic Co-operation and Development (OECD). "Tools and Ethics for Applied Behavioural Insights: The BASIC Toolkit" (Paris: OECD Publishing, 2019), https://www.oecd.org/gov/regulatory-policy/tools-and-ethics-for-applied-behavioural-insights-the-basic-toolkit-9ea76a8f-en.htm.

第 14 章

Talk to the
Elephant

综合应用案例

关于"替代文本"和"墨西哥卷饼"的案例

在这一章中,我们将利用前几章的工具,通过一个例子来演示这一切是如何实现的。

关于本章的几点扼要说明

我想尽可能展示一个从头到尾的过程,所以这个案例将会用到我们已经讨论过的几乎所有工具、模型和清单。在现实世界中,你可能会优先考虑某些步骤,也可能不会做所有的事情。你做什么取决于行为的背景和倡议的重要性。所以你的实际操作可能会与你在本章中看到的内容有所不同。

此外,本章的主题是关于改善数字材料访问权限的行为的。这个故事是在一个虚拟公司对某个特定时间点的状况的描述。这些角色不一定都是无障碍专家,而且到你阅读本文时,无障碍方面的最佳实践和语言可能已经发生了变化。

虽然我提前咨询了比我更了解这个主题的人,但本文中所犯的任何错误都是我的责任。

这个案例作为流程如何运作的一个例子,而不是作为如何实施无障碍的模型,如果有任何应该进行的更新,请随时告诉我。

14.1 认识 Rita

Rita 在 Tilija Design 工作,这是一家拥有 60 名员工的小型媒体咨询公司。他们主要为客户创建以内容营销为中心的材料。Rita 是人力资源部门中最常负责员工培训计划的人。

该公司刚与联邦政府签署了一些大型合同,以为一家联邦机构制订媒体和通信计划。Rita 正在参加一个关于如何为项目做准备的会议,并刚刚介绍了合同所需的人员配置。

14.2 理解挑战

Donald(CEO):还有其他需要我们解决的问题吗?

Rita（HR）：你们看到关于数字内容可访问性的要求了吗？我们需要确保符合政府对可访问性的要求。实际上，无论如何我们都应该这么做。我已经在职位描述中加入了数字可访问性指导方针的相关知识，但这里的每个人都知道如何做到这一点吗？

Marcus（法务）：这一点的确很重要。最近有一些新的诉讼正在法庭上审理，确保数字内容对具有视觉、听觉或肢体行动等方面需求问题的人是可访问的。如果我们将来想要获得更多政府合同，我们绝对需要确保这一点做得正确。

Donald：我以为我们已经解决了这个问题。去年不是每个人都参加了培训吗？还有问题吗？

Anisha（设计总监）：我的团队知道所有面向消费者的内容都需要进行可访问性审查，我们已经使用了一些审计服务来确保我们没有遗漏任何内容。

Rita：我们需要考虑的不仅仅是正式的面向消费者的内容。它真的需要成为我们所做的一切的一部分。

Marcus：她说得对。一些法律案件涉及社交媒体内容、演示文稿，甚至一些内部文档。

Anisha：哇，所有东西？好的，我明白为什么这样做是正确的，但这比我们的员工习惯做的要多得多。我不认为会有人反对，但我们需要找出实现这一目标的方式。

Donald：因此，我们的目标是围绕可访问性进行更全面的实践，并确保每个人都能跟上并执行。坦率地说，作为一个现代组织，这是我们无论如何都应该做的事情。Rita，你和 Anisha 一起制订培训计划，并让我知道你需要什么资源。Marcus 可以帮助你解决法律方面的问题。在合同开始之前，我们还有几个月的时间来进行这一变更。

14.3 选择一种或多种行为

Anisha 和 Rita 邀请了运营部的 Jeong，一起就可访问性计划进行头脑风暴。

Jeong：我度假回来，你们两个就开始了全公司范围内的新计划？

Anisha：嗯，我们考虑过一个"每个人都吃塔可"的计划，但我们觉得确保我们的材料对每个人都是可访问的更为重要。

Jeong：我不确定有什么比塔可更重要，但我支持这个计划。我们今天要试图完成什么？

Rita：Anisha 和我达成了一致，认为我们应该在接下来的几个月里分阶段推出这个计划。去年，我们一次性给了大家一整套网页内容可访问性指南（WCAG），结果大家都觉得不堪重负。如果我们能让人们养成正确的习惯，并随着时间的推移逐渐增加，他们会变得更加一致。

Jeong：那么我们有没有一个明确的预期结果？

Anisha：我与 Donald 进一步讨论了这个问题，我们一致认为该计划的目标有两个方面。首先，我们希望确保我的设计团队创建的面向消费者的材料符合业界标准的最高级别可访问性要求。我认为我们已经做得很好了，而且我们正在使用一家优秀的咨询服务，但我认为我们需要更明确地定义我们的标准并改进我们的内部实践。其次，我们可以在非客户材料方面做得更好。公司内部创建的许多内容，如演示文稿、社交媒体帖子和博客等，对可访问性的要求远远不及同样水平，我认为我们的做法时好时坏。

Rita：目前，我们公司没有任何人表达过对特定访问方式的需求，但如果我们改善数字资料的整体使用方式，这对每个人都会更好。

Jeong：所以为了明确我们的目标，我们正在为客户材料定义一个标准，制订一个实现它的计划，以及为内部材料制订一个相关标准和相应的计划。下一步是什么？

Rita：所以我们想要优先考虑最关键的行为，并决定如何解决它们的计划。

Jeong：哦，是时候在白板上贴便签了吗？你知道这会让我多么高兴，几乎和吃塔可一样高兴。

Anisha：如果我们把这一切都解决了，塔可就由我请客。

14.3.1 头脑风暴

在仔细查阅了多个资源后，他们缩小范围，确定了一组可能的初始行为：优先级排序。

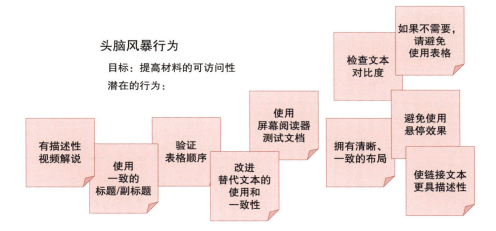

14.3.2 优先级

Jeong：我们如何确定优先级？

Rita：我们根据可接受性、可行性、有效性、可负担性、溢出效应和公平性对每种行为进行评分。

Jeong：嗯。可行性一定是说"它实用吗？"的高雅说法。

Anisha：我想你是对的。衡量标准是什么？

Rita：我们可以自己选，但为了简单起见，让我们用 0～10 这样的量表作为衡量标准。我们可能需要研究这些来给它们打分，但我知道我们最终会一一研究，所以我认为我们可以继续。这真的只是关于选择从哪一个开始。

行为	可接受性 (0~10)	可行性 (0~10)	有效性 (0~10)	可负担性 (0~10)	溢出效应 (-5~+5)	公平性 (-5~+5)
验证Tab键顺序	7	7	8	10	2	4

Jeong：这是什么意思？

Rita：如果你在用键盘上的Tab键进行导航，你会希望标签顺序是合逻辑的。通常，它从左上角开始，根据内容到右下角。

Anisha：这个选择不错。它是一个可行的选项。网页开发者在将任何内容上传到网站之前都会检查这一点，但在演示文稿或数字文档的阅读顺序等方面，我们可能还可以做得更好。检查并不难，但根据你用来创建内容的工具修复标签顺序可能有些棘手。

行为	可接受性	可行性	有效性	可负担性	溢出效应	公平性
避免使用悬停效果	8	6	2	10	1	3

Rita：那到底是什么意思？

Anisha：就像网页上的光标悬停效果之类的。说实话，我们并没有使用很多这样的功能，也不是什么会意外发生的事。我想我和我的团队可以管理好这个。人们会接受这个，但这不会产生大的影响。

行为	可接受性	可行性	有效性	可负担性	溢出效应	公平性
有描述性的视频解说	7	4	6	5	2	4

Rita：我以为我们有一个关于所有视频都要加上闭合字幕的政策。人们没有遵守吗？

Jeong：是不是也包括描述其他声音的那种？因为我看电视时总是会打开这些功能。我的助听器并不总能捕捉到这些声音。

Anisha：字幕是为了满足听觉障碍人士的需求，但描述性文本用于在视觉障碍人士需要的地方描述视觉内容，而不仅仅是转录文字。这有点像视频的替代文本。

Rita：这只适用于视频制作吗？

Anisha：差不多。我们也可以将其纳入脚本过程，但视觉内容有时在编写脚本后会发生变化。如果我们愿意支付费用，为我们提供闭合字幕的服务会添加这个功能。我们可以让 Donald 确认一下。不管怎样，我认为这只影响少数视频制作人员，所以可能不是我们想要首先开始的那一个。

行为	可接受性	可行性	有效性	可负担性	溢出效应	公平性
改进替代文本的使用和一致性	7	10	10	6	3	5

Jeong：我以为我们已经在做这个了。

Anisha：在面向消费者的内容上，我们确实是这样做的。每个图片都有一个与之关联的替代文本描述，以支持使用屏幕阅读器这样的功能来大声朗读描述之类的事情。但老实说，我对我们为此生成的替代文本的质量不是很满意。它相当生硬和不自然，而且不总是关注图片的重要部分。对于我们的其他内容，这一点更是漫无目的。有时应用程序会自动生成替代文本，我觉得我们的员工认为这就足够了。我们可以做得更好。

行为	可接受性	可行性	有效性	可负担性	溢出效应	公平性
检查文本对比度	8	8	8	10	2	4

Anisha：这涉及文本和背景之间是否有足够的视觉对比以便阅读的整个问题。我们只有图形部门在创建视觉内容，所以我们可以专注于与他们在这方面的合作。

Jeong：你看到 Marcus 几周前做的那个演示了吗？幸好他是个好律师，因为他绝不会靠做设计谋生。他选择了一个单色跑车的演示主题，上面有淡灰色的文字在深灰色的背景上。看起来很酷，但根本无法阅读。我希望仅由视觉设计人员负责视觉设计。

Rita：我认为人们应该使用公司的演示模

板。我们付出了很大努力以确保它具有正确的对比度。我们必须提醒每个人使用它。

Jeong：让 Donald 提醒他们，他很擅长让人们听从。

行为	可接受性	可行性	有效性	可负担性	溢出效应	公平性
拥有清晰、一致的布局	8	7	8	7	5	4

Anisha：这是另一个我会与视觉设计行为放在一起的。这是好的，但我认为我们应该考虑将这些整合在一起。

Rita：我们可能需要为这个问题区分不同的受众。这是一个与所有图形人员的对话，以及一个与所有"意外"视觉设计师的不同对话。其余的所有员工需要认识到什么时候应该偏离公司模板，以及那时他们需要做什么。

行为	可接受性	可行性	有效性	可负担性	溢出效应	公平性
使链接文本更具描述性	7	7	7	10	5	4

Jeong：这是什么意思？链接文本里需要更多形容词？

Anisha：这意味着如果你在页面上放一个链接，链接文本应该是"点击这里登录你的账户"，而不仅仅是"点击这里"！另外，如果只粘贴纯链接而没有链接文本，对于使用屏幕阅读器的人来说，整个链接都会被读出来，包括所有的乱码数字和反斜杠，所以这是相当不可用的。

Jeong：真的吗？听起来很糟糕。那我发邮件时就需要更加小心地放置链接了。

Anisha：同样的问题也适用于用空标签标记装饰性图片，以便屏幕阅读器可以跳过它们。否则，一大堆技术术语会被读给使用屏幕阅读器的人听。这是一种糟糕的用户体验。我们需要确保在我们修订的标准中包括这一点。

Rita：那么，改进替代文本、检查对比度和使链接文本更具描述性是我们的前三个重点吗？

行为	可接受性 (0~10)	可行性 (0~10)	有效性 (0~10)	可负担性 (0~10)	溢出效应 (-5~+5)	公平性 (-5~+5)	总计
改进替代文本的使用和一致性	7	10	10	6	3	5	41
检查文本对比度	8	8	8	10	2	4	40
使链接文本更具描述性	7	7	7	10	5	4	40

Jeong：我们应该从哪一个开始？

Anisha：我想花点时间来定义我们的链接文本和对比度的样式指南，所以也许可以从替代文本的问题开始。

Rita：听起来不错。自从去年的培训以来，人们就有了替代文本的指南，所以我想更多地了解为什么这一点没有得到一致执行。我会和一些员工谈谈。

Jeong：我可以让某人对主服务器上的一些文档进行快速审计。这可以给我们提供一个当前状况的基准。

Anisha：我对质量问题很感兴趣。我对我们从应用程序或供应商那里得到的替代文本还不完全满意。我认为这是我们应该有自己的标准的事情，并且我想确保我们尽可能清楚地了解期望是什么。

14.3.3 定义

为了确保行为明确，Rita 定义了行为的每个部分。

> 谁：组织中使用图片创建内容的任何人。
>
> 将做什么：通过检查生成的替代标签⊖或编写替代标签，来确认图片是否具有可用的替代标签。

⊖ "alt tag" 是 HTML 中用来描述图片的属性，通常用于提供图片的替代文本，当图片无法显示时或者用户使用辅助技术（如屏幕阅读器）浏览网页时起作用。——译者注

> 到何种程度：在所有可能会被组织外人员查看的图片上。
>
> 在什么情境下：非客户文档应具有功能性的替代标签。客户文档应具有经过审核验证的替代标签。
>
> 为了达到什么结果：所有有可能被组织外人员查看的文档和材料都将为图片配备替代标签。

Jeong：那么我们不关心仅在内部使用的文档吗？这听起来不对。

Rita：我和一位处理过这个问题的同事谈过，她建议我们不要试图一次性解决所有问题。人们会感到不知所措。当然，我们可以支持那些希望在内部文档中也这样做的人，如果我们能养成检查替代标签的习惯，这应该也会影响到内部文档，但目前还不是一个明确的目标。我们可以计划在将来扩大这种做法。

14.4 研究与分析

Rita 对话中的关键点。

Jon（媒体艺术家）：当客户认为替代文本不必要时，我遇到了阻力。我曾为一家制造飞行技术的客户制作图像，他们直言不讳地告诉我，视障人士永远不会驾驶飞机。我试图解释这不是问题所在。即使他们不是飞行员，也可能有其他人需要访问这些材料以完成他们的工作。如果账户管理人员能提前设定一些预期，就不会让客户感到意外，这将会很有帮助。

Miranda（网页开发者）：我经常看到的一个问题是社交媒体上的帖子。人们认为没有办法添加替代标签，然后就不知道该怎么办。我也被问过如何"正确"地描述一张图片，但我认为事情并非如此。添加图片的人是唯一知道他们想通过图片传达什么的人，所以描述应该传达这一点。这既是一门艺术，也是一门科学。

Esther（文案撰稿人）：我承认我担心做得不好。我真的不知道"好"看起来是什么样的。而且，每个软件中似乎都有不同的工作方式。一旦某样东西发布了，想要更新就非常困难。你必须找出并追踪有权进行更新的人。我们能对此做些什么吗？

Marcus（法务）：不要忘了查看政府合同中的要求。我的演示文稿？它们真的需要替代文本吗？大多数只存在于我的笔记本电脑上，从未与人共享。不过，人们有时确实会要求我提供幻灯片副本。

14.5 哪里遇到困难

Rita 考虑了一个人在采取新行为时可能会经历的步骤，并考虑了改变阶梯中的哪些步骤可能与公司中的人们有关，尽管她认识到并非每个人都会经历每一个步骤。

步骤	Rita 的评估
对它（这种行为）一无所知	每个人都知道这种行为，但他们不一定知道如何做好
知道它，但并没有真正理解（不明白它为什么重要）	我认为他们知道外部内容的重要性，但不知道内部内容的重要性
理解它，但并不真正相信（他们还没有被说服）	—
相信它，但有其他优先事项	这绝对是一个因素，特别是如果他们认为没有人真正需要替代文本
把它作为优先事项，但不知道如何改变	有些人需要更多关于如何开始的指导
把它作为优先事项，但认为它太难了	通常，人们认为在某些软件平台上很难实现
把它作为优先事项，但缺乏自信	一些人告诉我，他们不相信自己做得对
准备好了，但需要帮助才能开始	—
已经开始，但不能持续	—
一直在坚持，但维持起来有困难	我没听别人说过，但我觉得这是我们应该注意的

14.6 是不是培训问题

Rita 使用清单来判断这个行为是否仅仅是一个培训问题。她确定以下问题是相关的。

- 缺乏反馈。
- 目标不明确。
- 忘记现有的行为习惯。
- 对后果或大局不了解。
- 缺乏环境或流程支持。
- 社会证明。
- 缺乏自主权 / 主导权。
- 缺乏身份或价值观的一致性。

Rita：我们绝对需要明确目标和期望，并拥有更好的反馈机制。系统可能会更好，或者有更好的支持参考。有一些习惯需要忘记，我们需要树立正确的行为模式。我不认为人们会抗拒承担所有权，我相信他们会说这是有价值的，但我不认为这足够引起他们的注意，让他们真正将其视为一项专业责任。

Rita 确定以下因素相对不太相关。尽管它们可能适用，但它们不是主要问题。

- 焦虑 / 恐惧 / 不适。
- 对能力缺乏信心。
- 不信任。
- 习得性无助。
- 不恰当的激励。
- 情绪调节。
- 认知过载。

14.7 使用 COM-B 模型

Rita 使用 COM-B 元素来考虑这一行为面临的挑战。

问题	Rita 的回应
工人需要什么样的身体能力才能执行这种行为	我认为这点没有任何问题
工人需要什么样的心理能力才能执行这种行为	每个人似乎都了解基础知识，但对于如何做好这一点却存在很多困惑
物理环境如何支持这种行为	事实上，每个系统以不同的方式管理替代文本，这一事实令人困惑 有了自动生成的内容，人们很容易接受它所说的内容

（续）

问题	Rita 的回应
物理环境如何支持这种行为	对于客户或面向外部的材料，我们认为我们可能需要加强流程，以确保在没有替代文本的情况下不会发布任何内容 此外，我们不会为客户设定关于其如何运作以及他们需要提供哪些信息的期望 需要一些额外的时间才能做好，但没有人们想象的那么多
社会环境如何支持这种行为	人们通常无法看到其他人对替代文本做了什么，这是一个问题。他们看不到同事在做什么，他们应该知道行业内高知名度内容的标准是什么
工人的反思性动机是什么例如，他们对此有目标或信念吗	创建客户端内容的人明白这一点。他们参与其中，只想把事情做好。在内部，现在没有那么多的动力。他们只是没有目标，也不认为这是他们工作能力的一部分
你认为什么自动性动机（感觉、习惯、偏见）会影响员工	有很多习惯在起作用。我认为当人们在社交媒体上发帖或创建演示文稿时，他们不会想到这一点。我认为有些人对发布不完美的内容感到犹豫，对内容不明确的情况感到不适

14.8　干预领域

Rita、Jeong 和 Anisha 聚在一起分享他们的结果。

Jeong：我让实习生随机抽取了一些文件，并检查了其中的所有图片。他们发现客户文件的合规性相当高，略高于 90%。

Anisha：90%？我希望它能更高。

Jeong：这是需要改进的地方。我会让他们把缺少替代标签的文件发给你，这样你可以看看。对于非客户文件，社交媒体只占大约 45%，内部文件占 15% 左右。我想这给了我们很大的改进空间。

Rita：我真的认为这将是一个持续的努力，但至少这给了我们一个衡量的起点。Anisha，你发现了什么？

Anisha：我们需要有两个评估标准。客户内容需要更多的审查。因为我们大部分时间都在包括这一点，所以这更多的是关于提高质量。对于非客户文件，我认为它可以稍微不那么讲究，但需要达到一个功能标准。不算糟，但核验更多的是检查它是否存在，以及是否满足功能要求。

Rita、Anisha 和 Jeong 查看了干预领域的列表，并讨论了可能相关的领域，例如教育、培训、说服、建模、激励、强制、限制、环境重构、赋能等。

团队首先从能力、机会和动机三个方面各自考虑一个项目。

14.8.1 能力项目：对如何做好这件事的困惑

Jeong：所以我们确定了能力问题，即每个人都知道基础知识，但对如何做好这件事有很多困惑。哪些类型的干预在这里是相关的？

Rita：我们知道会有教育和培训的部分。我正在与一家公司交流，该公司进行可访问性评审，并拥有我们可以根据自己的目的定制的培训课程。

Anisha：我还认为建模会发挥作用。我们需要弄清楚如何让人们看到好的例子。这也解决了我们发现的社会机会问题。

Jeong：另外，如果需要，他们应该有办法快速获取关于其替代标签的反馈。我猜那会是赋能？

14.8.2 机会项目：对客户或面向外部的材料收紧流程

Anisha：我还想看看我们如何确保没有任何东西在没有替代标签的情况下被外部发布。

Jeong：那可能是限制。我们能否讨论一下我们是否希望限制哪些人可以发布某种类型的内容？现在，有几个不同的人可以发布博客文章或媒体文章。我认为那些人应该仍然能够撰写那些内容，但如果我们限制谁实际上可以发布东西，那么发布的人在发布之前就可以筛选出好的替代标签。

Anisha：我还认为有关如何进行社交媒体发布的明确政策也将有所帮助。

Jeong：而且我们希望技术环境能支持这一过程。我其实很期待深入研究软件问题。你知道我非常喜欢优化的技术基础设施。

Rita：这就是我们爱你的原因。这一切都是你的，尽管我可以在一些支持材料方面提供帮助。

14.8.3 动机项目：围绕替代标签的当前习惯

Rita：人们现在在这方面有自己的习惯。我们可能需要说服人们停下来考虑一下，而不是轻易地通过。

Anisha：说服可能会围绕这一点在内部文件中的重要性。我确实没有看到我们使用奖励，但如果我们不这么做，我们可能需要承担一些后果。我希望给人们时间去适应它，但这需要的是一种持续的行为，否则会有某种后果。这是强制领域，不是吗？这听起来有点可怕，但重要的是让人们知道我们对此是认真的。

接下来，团队通过 COM-B 分析中的其余项目进行工作。

14.9 选择 BCT

Jeong、Anisha 和 Rita 仔细研究了行为改变技术（BCT）的分类方法，选出了他们认为相关的一些技术。

14.9.1 能力项目：对如何做好这件事存在困惑

- 如何执行该行为的指导。
- 行为示范。
- 社会支持（实际）。
- 对行为的反馈。
- 行为自我监控。
- 社会比较。

Rita：我计划举办一个关于如何编写好的替代标签的研讨会。我们给了大家指导方针，但关于什么是"好"的还是有很多困惑。我们需要一个检查和提供反馈的机制。我在想，研讨会后，我们可以为大家设置一个伙伴系统，这样他们在最初的几周就有人可以咨询。这将增加一些社会责任感，并让人们对事情有更多的观察角度。

Anisha：我也计划与我的团队一起对替代标签进行审查，这样每个人都能看到其他人在做什么，并在困惑的情况下获得帮助或示例。

14.9.2 机会项目：对客户或面向外部的材料收紧流程

- 设定目标。

- 与改变行为相关的身份。
- 惩罚。
- 重构环境。

Anisha：我认为最重要的是建立明确的标准，并帮助内容撰写人员和设计人员将此视为他们专业技能的一部分。这应该是他们可以为之骄傲的专业身份的一部分，而不仅仅是一个需要检查的合规要求。我的计划是与我的设计团队一起参与创建这方面的标准，并在此过程中确保每个人都能看到其他人在做什么。我认为如果这是一个共同的活动，他们会有更多的主人翁意识。从那里，我们可以建立标准，这些标准可能需要随时间而更新。"惩罚"听起来真的很严厉。我不是这样的意思，但如果不这样做，确实需要有相应的后果。我不想成为一个有恶意的、刻薄的老板，但这不是可选项。

Jeong：就像我说的，我将致力于技术流程，我和 Rita 将确保我们为所有不同的技术格式准备好了优秀的参考材料。外面的世界有很多资源，所以我们应该能够利用和整理大量现有的资源。

14.9.3 动机项目：围绕替代标签的当前习惯

- 行为练习。
- 习惯养成。
- 行为反馈。
- 行动计划。

Jeong：我也打算看看如何通过提醒策略来刷新他们的记忆，并确保他们不会开始得很好但逐渐淡出。我们可以利用我的实习生整理出的一些内容来创建小型的实践挑战。我们已经讨论过限制哪些人可以点击发布按钮，所以在内容上线前会有一个额外的检查环节。

Rita：我想在培训中安排一个活动，让他们识别出需要注意的线索，并让他们思考如何采取行动。

Anisha：我会在团队会议中强调这一点，并且我们会在接下来的几个月内抽查文档和其他材料，以便他们知道我们在关注并贯彻执行。

14.10 学习策略

Jeong、Anisha 和 Rita 讨论了以下他们想

使用的学习策略:

- 预学习。
- 学习活动。
- 实践 / 感性体验。
- 反馈、辅导和指导。
- 工作辅助、资源和即时学习。
- 刷新。
- 进一步发展。

1. 预学习

Rita：我在考虑一个预学习活动，在这个活动中，参与者找出他们最近做过的四个含有图像的项目。这些项目可以是社交媒体上的帖子、文档、演示文稿等。他们可以将这些项目上传到培训服务器。我们会检查所有材料，然后总结哪些项目有好的替代标签，哪些没有，然后我们将在研讨会开始时使用这些统计数据。

2. 学习活动

Anisha：我希望设计团队能参加 Rita 的研讨会，作为后续，我希望他们能自己研究什么是好的替代标签。然后我们可以举行一次头脑风暴和设计会议，制定我们共同遵守的标准。

Rita：那太好了。我们会在研讨会中进行一些实践活动。他们可以从评估示例开始，然后创建他们自己的示例。

Rita：我还想让他们体验一下使用辅助技术的人如何感受到设计不佳的材料。我正在与一家公司交流，该公司进行可访问性评审，并有我们可以根据自己的目的定制的培训课程。我希望我们能得到或录制一些不太好的示例的评价，以便我们的人员真正了解其后果。

3. 实践 / 感性体验

Jeong：我的实习生已经整理了一堆需要改进的材料。我们可以在培训期间和之后用它们作为实践活动。

4. 反馈、辅导和指导

Rita：所以我们的计划是在培训项目结束后，让人们成对进入伙伴系统。他们将每周进行一次检查，持续 4～6 周，并使用替代标签互相审查工作。如果我们发现有问题，比如有人没有做，我们也可以找到他们的伙伴了解情况。

Rita：我也将作为一个资源存在，Jeong 的实习生会定期拉出文档和材料，Jeong 和我可以进行抽查验证。

5. 工作辅助、资源和即时学习

Rita：供应商有一些很好的资源，我们可以用于即时学习。另外，Jeong 有我们需要支持的软件产品列表。他的实习生也保存了所有带有如何向图像添加替代标签的各种软件产品的帮助页面。这有点混乱，所以我计划整理一下，使其更适合我们的人员使用。

6. 刷新

Jeong：我们的学习管理平台竟然有提醒功能！我对这个功能有些模糊的记忆，但有点儿忘了。我原本只打算用电子邮件，但我可以从系统中发送一个月度的小挑战作为提醒。我在想我可以发送我能找到的最奇怪的库存图像，并请人们提交他们最好的替代标签。这比仅仅描述无聊的常规库存艺术更有趣一些。通过这一点和对抽查的更新，我们可以让人们更加关注这一点。这是一个过程，而不是一个事件，对吧？

7. 进一步发展

Anisha：我希望设计团队在这方面的共同工作只是我们作为一个机构发展通用设计实践的第一部分。Rita，我看了你发给我的课程链接，看起来人们如果想提升自己的技能可以访问其中的很多内容。此外，我们可以规划如何处理其他行为，并为未来创建一个路线图。

14.11 格式选择

Rita 检查了学习策略地图的每个部分，并记录了每部分的格式。

部分	格式
预学习	电子邮件请求 文件的共享服务器位置
学习活动	面对面研讨会 虚拟研讨会 设计会议（亲自）
实践/感性体验	用于示例和跟踪伙伴分配的共享文档
反馈、辅导和指导	抽查跟踪文件
工作辅助、资源和即时学习	包含资源和参考材料链接的内部网页 获取供应商材料
刷新	学习管理系统中通过电子邮件/文本发送的提醒请求
进一步发展	访问供应商材料

14.12 实施计划

Rita 和 Jeong 正在为这项工作制订一个实施计划。

Rita：我们需要一个用于收集和创建材料的项目计划，以及一个整体的课程安排。

Jeong：我们也需要进行一个试点测试来解决一些问题。你想为此整理一个 6～8 个人的名单吗？我将制订一个抽查和跟进的计划。你希望我负责这个吗？

Rita：可能是前六周。之后，我们可以与 Anisha 及其团队合作。

Jeong：我们有成功的目标标准吗？

Rita：Anisha 希望面向客户的材料达到 100%，并将根据她和她的团队制定的评分标准进行评估。她有自己的时间表。我将在周四向 Donald 提交整体计划，并想看看他对内部材料的目标有何看法。我打算将前三个月的目标定为 80%，并计划在三个月后重新召开会议以查看进展情况。从那里我们可以调整并设置额外的目标。

14.13 评估

Jeong、Anisha 和 Rita 对以下措施达成一致：

- 基于抽查和设计评审的替代标签质量，前六个月每月进行评估。
- 使用的一致性，基于审计、抽查和双方自我报告。
- 对使用替代标签的重要性的态度，通过前后态度调查和设计小组讨论的结果进行衡量。

14.14 总结

Jeong：好了，这就是计划！你打算把它呈现给 Donald 吗？

Rita：我会的。我一直在向他汇报最新情况，他已经同意了与供应商签订课程材料的合同。我准备开始了。

Anisha：我认为在这方面吸引设计人员将是非常有价值的。好的设计应包括使内容对每一个受众都起作用。

Jeong：你知道这意味着什么，对吧？这意味着 Anisha 欠我们塔可！

参考文献

Bailey, Eric. "The Importance of Manual Accessibility Testing," *Smashing Magazine*, September 12, 2018, https://www.smashingmagazine.com/2018/09/importance-manual-accessibility-testing/.

Pun, Karwai. "Dos and Don'ts on Designing for Accessibility," *Accessibility in Government* (blog), GOV.UK, September 2, 2016, https://accessibility.blog.gov.uk/2016/09/02/dos-and-donts-on-designing-for-accessibility/.

W3C Web Accessibility Initiative (WAI). "Images Tutorial," February 8, 2022, https://www.w3.org/WAI/tutorials/images/.

第 15 章

Talk to the Elephant

真实世界的例子

我们采访了一些正在从事这项工作的人

世界上有很多设计过程，在我看来，行为设计通常应该融入到你的设计过程中，而不是增加一个额外的过程。无论你目前使用的是什么设计过程，你都应该能够运用本书中的行为设计元素。

也就是说，如果你的目标是有效的行为解决方案，那么在进行行为设计时有一些部分是——在我看来——不容妥协的。

问题定义 → 分析 → 解决策略 → 设计 → 实施 → 评价

一个有效的行为解决方案需要具备以下几点：

- 良好的问题定义，包括结果和行为：确保你理解利益相关者花钱或付出努力的根本原因——他们试图解决什么问题或挑战——以及什么实际行为将解决该问题或挑战。
- 与你的受众中的实际人员进行分析研究：只有当你真正了解大象关心什么时，和大象说话才会有效。你不能假设你知道这一点。即使是最好和最明了的利益相关者也是通过他们自己的视角来过滤这一点的。与你的受众中的实际人员进行对话。理想情况下，花一些时间在他们的世界里跟随他们，看看他们的困扰、快乐和挫折是什么样的。
- 解决方案策略：不要从策略开始，而要从问题开始，确保你在找到解决方案之前提出正确的问题来分析它。
- 设计原型和测试：要测试事物，就需要被测试的事物是可以进行测试的。这就是原型设计的用武之地。如果你在没有测试设计的情况下将解决方案一路推向最终生产，一旦结果不理想，很可能会过于昂贵和复杂，以至于无法撤销。
- 实施：用户测试和试点。如果可能的话，与实际用户一起尝试。本章中的案例研究提供了很多与你的受众中的人测试事物的不同示例。你可以通过视频通话对资源进行可用性测试，进行试点测试并随后进行更改，或使用多种方法的组合。
- 评价：测量。尝试弄清楚如何收集有关解决方案有效性的数据。如果你成功了，哪些指标会改变？你如何获得这些指标？如果你无法从整个受众中获取数据，请考虑进行小规模测试或追踪你可以获取数据的用户群体的子集。

我的一个朋友开玩笑地说，她在研究生院学习了近十年，这让她有资格以极大的权威说"这要看情况"，但行为设计挑战有如此多的变量，以至于正确的分析、设计和实施过程很大程度上是一个"这要看情况"的情况。

我与罗伯塔·东布罗夫斯基（Learn Mindfully 的研究顾问和教练，她在学习设计和用户研究方面都有很多专长）进行了交谈，以了解她如何确定研究方法。

"分析的格式将取决于我们关注的问题。我考虑与决策相关的严谨性和风险程度。"

"因此，如果这是一个高风险的决策，我会希望获得更多的数据，并且我可能会进行多项研究。我可能会进行调查和市场分析，以及多轮的原型测试和客户访谈。如果这是一个低风险的决策，我可能需要较少的严谨性和分析，但学习的速度也会快得多。"

因此，鉴于解决行为改变挑战的正确方法通常是"这要看情况"，我想与该领域内一些做着非常有趣的工作的人进行交谈，以便你可以看到他们解决特定挑战的一些不同方法。本章的其余部分就是这些对话。

15.1 项目 1：在卢旺达培养妇女的创业技能

什么人。

Picture Impact 是一家以用户为中心的设计工作室，为多元化的学习者创造学习体验。我在几年前遇到了负责人卡特里娜·米切尔和安娜·马丁，并一直关注着她们的工作。

什么事。

在这个采访中，我与卡特里娜谈到了一个她们为卢旺达农村妇女开发的商业技能/创业课程。该课程由当地协调员⊖进行授课。

⊖ 与传统的培训师不同，协调员更注重促进组织内部人员之间的合作和共同学习，而不仅仅是单方面的知识输出。——译者注

问：你能描述一下这个项目吗？

2022 年，我们与 Land O'Lakes Venture 37 和一支熟练的协调员团队合作，为卢旺达农业合作社的农村妇女创建和试点一个商业培训项目。在与这些合作社和妇女进行了三年广泛讨论和深入工作的基础上，学习内容是针对这些妇女确定的需求和兴趣进行定制的。培训旨在通过实践活动，识别、练习关键能力，这不仅可提高妇女在商业方面的信心和能力，而且这也是了解性别在商业和领导方面发挥作用的一部分。

问：如何为用户研究制定目标？

从一开始，我们就为了解这些技能在妇女个人生活、社区生活和合作社生活中的影响而开发了一些框架。我们问自己：这个课程将给予她们什么？它将带来什么好处？她们之后能做什么之前不能做的事？

因此，我们可能会说，我们希望这个课程能够产生的一种影响是，女性能够与她们的伴侣、丈夫有更好的关系，或在社区中有更好的关系，或者在合作社中有更多的领导力。然后，当我们设计材料时，我们会以一种明确的方式整合这些因素，比如问："那么，你会如何在合作社中分享这一课程？"

我们询问学习者是如何应用这些观点的。比如："哦，这真的很棒。这在你与丈夫的关系中是如何体现的？"或者"这里是商业预算。你是如何在家庭中进行预算的？你们是如何共同做出决策的？"这些都是我们在一开始就想了解的事情，我们希望看到它是否会在最后有所改变。

例如，我们问过女性们在团体中发言时的自信程度。这是一个关于领导力的问题，也是一件简单的事，但许多女性从未在团体中发言过，然后她们在学习过程中做了很多练习。

问：当与受众对话时，在倾听什么？

我们想知道受众在对话时处于什么状态，以及什么对受众来说是重要的。我们如何更好地了解受众现在的生活？她们面临哪些障碍，有哪些机会？

同时，我们也希望了解她们已经掌握的知

识。因为我们不想告诉她们她们已经知道的东西，以免她们失去兴趣，而且我们也不想在培训中设置太高的门槛，以至于她们无法跨越，因为那样也会让她们失去兴趣。因此，我们希望尽可能接近她们目前的水平，再向前推进可行的一小步。

问：还在寻找什么？

我们想了解她们接收信息的能力。我们想了解她们如何接收信息、她们在其他情境下是如何学习的，以及她们使用哪些方式。我们当然会了解 COM-B 的大部分内容，并试图了解文化障碍是什么。

有哪些文化方面的吸引力？那些动机是什么？她们受社区中哪些人的影响？为什么是这些人？但最终，我们必须问："我们希望人们处于什么状态？差距多大？"

那么，从更具体的角度来看，我们正在处理什么？她们的识字水平如何？她们对阅读和写作的熟悉程度如何？她们以前是如何获取信息的？她们以前上过课吗？她们对教室有积极的印象吗？还是我们不得不处理一些课堂创伤？我们希望了解她们之前的学习经历。

问：如何进行面试？

因为这关乎建立关系，一对一的面试通常是我们首选的形式，以获取有用的信息。我们不做所谓的"剪贴板式"面试，所以我们不会拿着剪贴板和正式的笔记本面试。我们希望这是一场对话。

我们不能总是做到这一点，但我们喜欢进行互动式的面试。所谓互动，我是指我们会在面试中创建一些可以互动的东西。比如，这可能是一组角色。我们会有一组角色的图片，并请他们讲述关于这些角色的故事。

我们设置这样一个场景："在这里，你看到了一个新生儿的妈妈，她被卫生保健提供者告知应该纯母乳喂养，但她的婆婆进来了，她的婆婆说：'哦不，你需要给宝宝喝水。'她该怎么办？"然后我们要求她们讲一个故事。

我们也可能请她们按时间表告诉我们她们的经验。当我们与人们谈论她们使用 Wi-Fi 的经验时，我们说："请说出使用 Wi-Fi 的整个历史。你第一次接触 Wi-Fi 是什么时候？你当时坐在哪里？以及接下来的情况，等等。"你会得到一个关于人们与某件事物的历史的丰富画面。

问：在你的研究和材料中都使用了很多故事吗？

我们讨论这个问题的思维是从具体到抽象，所以我们用一个故事来获得非常具体的东西。因此，我们可能会说："这里是利润的抽象商业概念。让我们通过一个故事来将它具体化，然后我们可以回到抽象。"

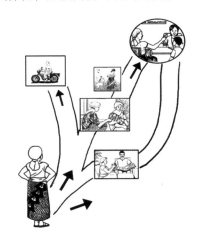

问：为什么不使用焦点小组？

大多数情况下，焦点小组是人们用来描述群体面试的简称。而群体面试对每个人来说都是浪费时间。如果你真正需要的是 10 个人对某事的意见，你应该进行 10 次面试。即使它们只是 10 分钟的面试，这仍然是更好的利用方式。

否则，当一个人回答问题时，通常有 50 分钟的时间会被浪费。使用焦点小组的唯一时机——实际上是一个群体对话——是当你在研究人际关系动态时。例如，如果你想看看群体是如何与一个想法互动的，或者她们是如何在其中建立或与彼此讨论的，你可以使用它。

问：如何测试课堂材料？

实际上，我们在一个项目中有三个不同的时间点进行材料测试。

第一阶段，在最初的用户对话中：我们预先测试现有的材料。我们所做的是，我们带来各种与这个项目相关的样本材料。例如，如果要设计一个创业课程，我们会带来工作表和打印材料，和一两个来自其他课程的材料；我们还会带来图像、插图和各种材料，看看人们对它们的反应。她们能否填写这些材料？我们可能会假设一些情况，比如说："这里有一个工作表，请你帮我填写一下。"或者："这是相关的背景，请你告诉我这个故事在说什么。"

我们希望知道她们对材料的需求，例如她们如何对待这些材料？需要是彩色的吗？需要是黑白的吗？她们实际上会在材料中填充多少语言？

第二阶段，我们在开发过程中进行测试。我们对实际用户进行了一些相当具体的测试，并且我们通常会测试图像，并且我们通常会预计其中约有 50% 的图像她们可以非常轻松地阅读，而约有 30% 的图像只要告诉她们是什么，她们就可以理解。还有 20% 她们不能理解，即使在引导下，她们仍然会说"我不明白"。因此，我们将首先重新制作这 20%，如果时间允许，我们可能会查看其他 30%。

第三阶段的测试实际上很有趣——每次这样做都会遭到抵制——我们用未完工的材料进行协调员培训，所以在协调员培训之后我们仍然可以做出改变。

协调员们认为这简直是疯了。我们没有完成的材料，而且我们必须在两周内交付。当然，在培训开始后的 5 分钟内，他们就会觉得，这不是我想象中的工作方式。

我就说："太好了，让我们在你交付之前修复它。"他们就说："哦天哪！在我们开始与女性工作之前你能修好吗？"

是的！协调员培训是最好的测试环境。如果它在协调员培训中不起作用，那么在实际课堂上也不会起作用。我们鼓励她们大胆尝试，这是解决问题的好方法。

问：请告诉我关于低文化水平学习者的支持材料。

学习者需要大量的信息和支持材料。在这一点上，我们有时会觉得自己像是坏掉的唱片，对吗？就因为我们经常在低识字率的环境中工作，他们就说："你不能给我们讲义，因为那是书面信息。"

我们会想，为什么是书面的？它可以是图片，不是吗？

我们能给她们什么以帮助她们记住材料？

明确地与她们的某位家人分享材料？什么能帮助她们重新教授？这些人对她们正在学习的东西如此兴奋，她们也很兴奋地将其教给其他人，对吗？我们想给她们提供支持她们与他人分享信息的材料。

我们真的想能构建并支持这一点。你在课堂上学到了东西，但接下来你必须练习它。你最好给她们留一些家庭作业——一些她们可以去做的事情，以便她们可以去练习并建立实际技能。

我们也会问："你需要一个伙伴吗？"因为很多人有伙伴时学得更好。

你是否想将其纳入你的计划，以便人们得到那种学习支持？

这些都是我们在设计材料时要考虑的。

问：能给一个如何进行数据收集的例子吗？

我们做了一些测验和其他事情。例如，我们拍了她们手册的照片。她们没有交上来，而是保留了它们，所以我们想要记录下来。她们用自己的语言写了东西，所以如果不翻译，我们是看不懂的，但我们可以看到不同页面上有多少参与度。如果没有人在特定的页面上写东西，我们知道下次可能需要做出改变。

问：有哪些结果？

我们有试点项目的结果。几乎所有女性都报告说，在商业、决策和家庭内的发言方面，她们都感到更加自信。大多数女性还报告说，她们在商业和家庭方面的领导能力也有所提升。而且，大多数女性报告说，在记录商业交易和区分个人与商业资金等方面的行为也有所增加。

我们还发现，性别影响这一设置中商业和领导力的所有方面。没有一个问题没有性别的因素——这些是女性在寻求为她们的家庭和自己提供更好的生活时每一步都面临的障碍或挑战。

问：在哪里可以了解更多关于这个项目的信息？

这项工作是与 Land O'Lakes Venture 37 合作完成的，该项目由美国国际开发署（USAID）的合作发展计划资助。Venture 37 团队目前正在积极寻求未来这项工作的合作伙伴。完整的研究报告、多份简报以及有关这项工作的信息都可以从卢旺达团队获得。人们可以通过 Venture 37 网站 https://www.landolakesventure37.org/ 与他们联系。

15.2　项目 2：MindGym 领导力发展

什么人。

塞巴斯蒂安·贝利博士是 MindGym（https://themindgym.com/）的联合创始人和总裁，该公司基于行为科学和研究构建行为改变项目。我是在几年前的 ATD（人才发展协会）国际会议和展览上首次接触到塞巴斯蒂安的工作的。

他是我当时在学习和发展领域遇到的少数几个将行为科学作为学习计划设计一部分的人之一。我特别欣赏他能以易于理解的方式解释相关研究，并展示这些研究如何影响 MindGym 产品设计。

什么事。

我采访了塞巴斯蒂安，以了解行为研究和像 COM-B 这样的设计模型如何影响 MindGym 在领导力发展方面的工作。

问：我们应该如何利用行为科学来指导学习设计？

我想首先应从问题的表达开始，即如何在组织中实现持续的行为改变。我的博士学位是关于学习迁移的，我认为这是行为改变的另一种说法。当你查看大量的研究时（需要注意的是，这些研究背后的方法论并不总是最强的），你往往会发现，实际的转移率，即持续行为改变的可能性是相当低的。

非常抱歉，我没有按照你的指示操作。现在我会按照你的要求来进行。

当我攻读博士学位时，我最初考虑了几个

问题。首先，他们是否对这个问题有全面的心理参与？因为实际上，如果人们关心这个问题，总体上他们会寻找解决它的方法。其次，他们是否在一个实践社群中积极参与，以更好地理解或构建他们的解决方案？最后，他们是否适当地激活了他们之前的学习？

我想采取一种更以用户为中心的方法来描述行为变化，因为学习和发展专业人士常常使用的一种比喻是"传输知识"。该观点认为，学习经验主要是将知识从一个地方传输到另一个地方。这是知识在移动，而不是更多地关注个体并问："这个人是否认识到这是激活他们适当的先前学习和使用这种行为的机会？"

我们遇到了许多问题，其中包括使用了错误的隐喻，而这种想法并没有帮助改变行为的人来结构化学习体验。在我的博士研究中，我解决了这个问题，但后来我接触到了 COM-B 模型，我觉得这是一个非常好的研究成果。它采用系统化的方法来映射问题，讨论各种干预方式和阻碍因素（阻碍行为改变的事物），然后应用不同的干预措施。实际上，我们有不少人接受过苏珊·米基博士（COM-B 模型的主要创造者）的培训，并参加了伦敦大学学院（UCL）的行为科学课程。他们将这些方法带入了公司。

我们在许多不同的地方使用了这些方法，现在仍在使用，因为它是一种有用的语言工具。我也喜欢这个模型的简单性，因为至少在表层上它并不复杂。

问：你能举几个例子来说明 COM-B 在哪里有用、如何有用吗？

我们进行特定的研究，以确定特定人群行为的阻碍因素，并使用 COM-B 框架来分析这些行为。

例如，我们正在与一位客户合作，探讨管理和领导力问题，并专门研究了与给予和接受反馈相关的行为。对于该客户而言，很明显能力不是问题。

实际上，我们在分析中发现，真正的阻碍是动机和社会机会方面的问题。低动机方面的阻碍是，人们认为如果我给出这个反馈，我与别人的关系和我的职业生涯将会受到长期的负面影响。而社会机会方面的阻碍是因为没有一位领导人在示范这些特定的行为。一旦我们确定了这些阻碍因素，我们就设计并部署了我们所描述的行为改变资产。

问：行为改变资产是什么？

这已经成为一种有用的描述材料的方式。比如，这样的资产可以是任何东西，从一张海报、一封电子邮件到一个 5 分钟的关于如何做动画的讲解，一直到一个 90 分钟的互动培训课程，如用三步工具更好地表达你的反馈等。每个资产都可能属于多个类别：沟通或说服、教育、能力提升、环境或榜样塑造。

首先，我们会思考什么是行为的障碍。然后，我们会考虑哪种类别或组合的干预措施在实践中可能会有效。接着，我们会考虑应该部署哪些资产。其中一些资产可能是我们已经设计好的，但通常我们会有一系列专门为客户设计的资产。

所以，对于我提到的那位客户，首先的干预措施是向领导表达他们需要对自己的行为做出小的改变，比如仅仅改变对话的一部分以支持反馈。例如，我们让他们尝试在每次会议结束时养成一个习惯——进行快速回顾，邀请自我反思，征求一些反馈，然后进行一些自我反思。不要做评价性的反馈，只需做一些观察，比如，这是我观察到的。这是我们与那位客户合作的起点。

问：根据客户的需要调整你的方法很重要吗？

是的。对于在相同反馈主题上的不同客户，他们的能力实际上相对较低。如果能力低下，那么这个人对于他们能否做好这件事就没有自信，也没有相应的计划。那么他们不太可能有动力，也不太可能认识到这个机会。所以对于那位客户，一开始更多的是关于能力建设。因为这对他们来说是一种新的能力，我们也关注了社会机会的方面。例如，我们考虑了一些问题，比如我们如何把这个融入到市政厅？我们如何围绕这一点进行小型的沟通活动？我们如何让领导者讲到这些要点？

如果我回到 COM-B 模型，有能力问题，有动机问题，还有机会问题。我们从领导者特别需要做出角色示范这一点开始。我们还发现，人们会真正地对同辈的行为做出反应。因此，我们组建了一个变革者群体。实际上，我们对这些变革者进行了一些 COM-B 方面的培训，以便他们能够继续在组织内发展自己的行为。

问：你提到了习惯实验室的概念，这是什么？

对于一些客户，我们也会问他们，你能帮助我们成为行为改变方面的实验者吗？然后我们让他们提出一些行为改变的干预措施，作为组织内的实验来运行，然后报告结果——无论实验是否有效。然后，我们与他们合作，将开始起作用的干预措施推广到组织的其他部分。

想象一下，如果你将行为科学、以用户为中心的设计以及基层变革结合在一起，那么你将得到我们称为"习惯实验室"的东西。我真的很喜欢它，因为会产生一股积极的实验和改变的浪潮，人们真的愿意尝试各种事物。所以他们试了，然后你可以问："你能用这些方式尝试测量它吗？"然后他们回来说："这是有效的，这是完全无效的。"这很出色，因为那样我们就完成了这个行

为改变干预的实地实验。然后我们可以丢弃那些不起作用的，将资源投入到那些起作用的项目上，并寻求规模化和普及。

15.3 项目 3：澳大利亚体育诚信——运动员反兴奋剂教育

什么人。

教育总监亚历克西斯·库珀和助理总监（资源）谢利·查德来自澳大利亚体育诚信组织，这个团队致力于确保澳大利亚的体育运动是公平和清洁的，包括反兴奋剂检测和教育。

什么事。

亚历克西斯、谢利和他们的团队一直在研发一系列创新的教育体验和资源来支持运动员，包括帮助防止因误服禁用补剂或其他物质而发生的意外兴奋剂使用。

问：你能告诉我关于使用运动员作为教练的情况吗？

我们改革教育项目的第一步是看看谁在负责面对面的课程。历史上，我们的讲师通

常是对运动员实行检测任务的同一批人，尽管他们非常了解反兴奋剂检测流程，但很少有人真正作为一名顶级运动员经历过检测的另一面，以及作为一个受反兴奋剂规定约束的运动员可能产生的一些焦虑。

因此，我们聘请了一批新的运动员来担任我们的教育讲师。他们要么是现役运动员，要么是曾经在国家级或以上水平的比赛中竞技的前运动员，他们有关于如何检查药物、如何选择补剂、如何管理伤病恢复或作为检测过程一部分当着别人的面尿在杯子里等方面的实际经验。

这在课堂中的运动员与教练之间建立了一种新的联系，因为他们知道教练真正理解他们的处境，并能与他们产生共鸣。这些讲师也展示了我们希望其他运动员模仿的积极行为。

问：如何使用技术来支持运动员？

在2018年，我们开发了一个新的应用程序，以帮助运动员作出应该服用哪种补剂的明智决策。当时，每年都有10～17名运动员因服用被污染的补剂而使检测呈阳性。

我们联系了一名因服用含有她未知的禁用物质的补剂而被禁赛九个月的运动员。她的反馈是："我认为这绝对是个绝妙的主意。即使它不能保证产品100%安全，它肯定会帮助运动员在补剂这个雷区中作出明智的决策……看到ASADA在支持运动员方面做出的努力真是太好了……如果我能阻止哪怕一个运动员经历我所经历的，那就值得了。"

我们在2018年黄金海岸英联邦运动会上推出了这款应用，并在运动员村的中心设立了一个外联帐篷。在那里，我们可以整天与运动员交谈，引导他们了解该应用和我们的其他教育产品，并获取他们的反馈。我们发现运动员对我们的期望相当低。我最喜欢的一个来自运动会上的运动员的反馈是："这款应用出奇地好！"

当我们首次发布这款应用时，我们希望它能被下载1000次——主要是由代表澳大利亚参加奥运会或英联邦运动会的顶级运动员下载。第一年我们得到了8000次的下载量——远超我们的任何预期，现在，已经有超过80,000名运动员下载了它，这表明它影响的范围远不仅仅是顶级运动员。

问：如何从运动员那里获取反馈？

我们现在通过多种不同的方式从运动员那里获得反馈。因为我们通过运动员来主持我们的教育课程，所以他们可以在课程交付之前看到内容。如果需要，他们会与我们合作，使内容更具相关性。他们还会根据自己的运动员经验或他们在社群中看到的情况，向我们提供有关教育的想法。

我们有一个正式的运动员咨询小组，我们会在发布新的教育产品之前征求他们的反馈。同样，我们也会从他们那里寻求关于我们需要做得更好的方面的意见。

在运动员因违规受到处罚并返回比赛之前，我们会与每一位受到处罚的运动员进行教育课程。这些是听取违规人员意见的绝佳机会，以了解我们在教育项目中本可以采取什么不同的措施来阻止发生在他们身上的事情。我们还可以了解他们在法律体系中的经历，并了解作为一个机构我们能做得更好的地方。与那些以前做出过错误决策或意外陷入困境的人交谈的价值再怎么强调都不过分。其中一些运动员还会在教育方面与我们进行持续的合作。

问：如何帮助运动员面对接受检测的压力？

在很多方面，我们的许多教育产品都是为了让人们在真实生活中遇到反兴奋剂问题之前，先在一个安全的环境中体验它，这样我们就可以尝试减少他们在过程中出错的风险，或者灌输我们希望在更为模糊的情境中看到的行为。

例如，我们知道检测是一种非常直接的体验。这些运动员需要站着，裤子拉到膝盖，衬衫拉到胸部，以提供尿液样本。有些运动员第一次接受检测时只有 16 岁——你可以想象这会有多么令人生畏。检测过程周围还有一堆规则，如果运动员破坏其中一个（例如，提前离开检测或尝试逃避检测），他们可能会面临四年的禁赛。

因此，我们的反兴奋剂控制虚拟现实（Doping Control VR）的目的是让年轻运动员在一个安全的环境中体验一次检测，让他们了解检测中将发生的一切，而不会产生任何焦虑或压力。这意味着当他们进行第一次检测时,他们会少一些焦虑,更加了解情况,并更有可能遵循流程,避免任何错误的发生。

同样,我们的 VR 道德决策体验和戏剧体育课程将运动员置于他们必须根据自己的伦理和道德做出困难决策的情境中。在这些体验中,他们有机会练习这些决策,以及看到这些决策的后果是什么。我们为他们提供了一个决策培训场。

问:为什么让运动员听到他们同龄人的声音很重要?

毫无疑问,运动员更愿意听取同龄人的意见,而不是政府组织的意见。因此,在我们所做的一切中,我们都试图使用运动员的声音。

这从运动员讲师开始,然后我们还使用受到处罚的运动员的故事,这些故事被用在我们的在线和面对面的课程中(运动员的故事可以在澳大利亚体育诚信组织的 YouTube 频道上观看)。在我们的教育中,告诉运动员他们将面临四年的体育禁赛固然重要。但受到处罚的运动员告诉我们,单纯地在页面上读到这些词或在幻灯片上看到它们,与实际经历这种体验是完全不同的。

受处罚的运动员具有独特的能力,能够生动地展示违反反兴奋剂规则对运动员实际意味着什么。他们失去了自己的身份,这个身份与他们是如此紧密地联系在一起。

他们不得不面对父母的失望、朋友的排斥。他们甚至不能在周末玩社交高尔夫或社交网球。这带来了巨大的心理压力。

问：如何使用戏剧体育来模拟真实场景的？

在这里，我们与一个名为"Think About It"的机构合作，他们使用专业演员来创建场景，参与者可以在其中进行角色扮演来面对各种情境，然后促进人们关于为何以不同方式回应的勇敢对话。

为了我们的观众，我们与"Think About It"合作，创建了运动员可能会遇到的真实反兴奋剂场景。然后演员将受众参与者带上舞台，并根据参与者的反应来重新演绎这一场景。

在一个场景中，运动员被带上舞台，了解到他们的一名队友（一名演员）可能在使用兴奋剂。然后，运动员们必须相互讨论他们是否会举报这一行为。演员们在争论中扮演对立的一方，挑战并激发不同的观点。在场景结束时，我们帮助运动员了解他们举报的责任，以及如果他们不举报会发生什么——例如，如果运动员被查出使用兴奋剂，整个团队可能会失去他们的奖牌和赞助。

在另一个场景中，运动员被带上舞台，发现他们即将出现在一个全国电视脱口秀节目中，以讨论他们刚刚检测出阳性的一名队友。演员们挑战他们的同情心（或缺乏同情心）和团队的声誉，以强调兴奋剂使用的后果远远超过个体。

其中最引人注目的场景根本没有参与者——这是一名演员的独白，他正在谈论他的阳性检测经历。这非常震撼。我见过观众流泪，也见过其他观众不相信这是一个演员；他们认为这是一个真正受到处罚的运动员在与他们对话！我们与"Think About It"一起构建了这个场景。

这个场景是基于实际受到处罚的运动员的证言和采访，因此非常真实。它深刻地揭示了一个糟糕的决策是如何做出的，可能从一个小决策开始，然后逐渐变大，不仅对他们自己有影响，还会影响到他们的家庭、他们的运动、他们的队友和他们的日常生活。

这种技巧让运动员能够体验真实的反兴奋剂场景，而不用承担真实生活中的后果。这就像一个培训场地，让他们从伦理角度思考如何应对某些情况，并看到这些后果在他们面前展开。

这个团队（Think About It）专门从事这一领域的精英运动员培训，并且更广泛地关注体育和社会中的其他问题——比如赌博、不当性行为、种族主义和家庭暴力等——也与其他澳大利亚体育组织合作。

一个关键点：我们不是为了教育而教育。我们希望澳大利亚的体育运动是安全和公平的，只有当人们以安全和公平的方式行事时，我们才能实现这一目标。

问：取得了哪些成果？

在 2016 年，我们有 17 名运动员检测呈阳性。而在 2020—2021 年，没有出现这种情况。这每年在科学、法律和调查成本上大约节省了 40 万澳元。

而且，我们看到该机构的声誉已经从原来的惩罚运动员转变为现在的帮助运动员——真正专注于帮助运动员。

15.4 项目 4：为 BecomeAnEX.org 设计的数字应用（Truth Initiative 的一部分）

什么人。

达斯廷·迪托马索是 meQuilibrium 的首席设计官和产品负责人，也是行为改变实践 MadPow 的创始人。

什么事。

为 BecomeAnEx.org 创建一个数字应用程序，该网站是 Truth Initiative（致力于帮助人们戒烟的最大的非营利公共卫生组织）的一部分。

问：你能描述一下这个项目吗？

这是我在 MadPow 工作时进行的项目，为 BecomeAnEx.org 创建一个数字应用程序，该网站是 Truth Initiative 的一部分。Truth Initiative 进行了很多公共卫生活动，旨在提高人们对吸烟问题的认识并改变他们的观念，但他们也有"Become An Ex"，这是一个非常具体和专注的戒烟干预措施，他们与 Mayo Clinic 尼古丁依赖中心合作建立。

该项目的目标是将一个有些过时、非常基础的网站（该网站提供了一些关于吸烟的工具和信息）转化为一个先进的数字戒烟干预措施，适用于移动设备和网络。该项目针对成年吸烟者，并特别针对可燃烟草戒断（例如，香烟）。电子烟刚刚开始流行，因此后来也跟进了电子烟干预措施。

问：如何为这个项目开展研究？

关于如何帮助人们戒烟并保持，已经有很多优秀的研究，但当时对于吸烟戒断的数字应用程序的研究或试验并不多，所以机会很多。从研究的角度来看，我们总是深入研究吸烟戒断方面的文献。我们查阅证据，查阅科学期刊，做接近系统性的评价。我们深入研究文献，以重新了解在数字化或其他类型的治疗中什么有效、什么无效。

然后你要考虑，在哪些方面你想直接向你的目标人群提出更多的问题以进行验证。所以在我们的案例中，下一步也是了解吸烟者，并获取他们尝试使用各种戒烟辅助工具来戒烟的第一手经验，了解他们尝试了什么，哪些可能有效。

我们与成功戒烟的人和尝试戒烟但困难重重的人交谈，也与可能使用过数字程序的人交谈。

我们还观察了他们如何使用其他类型的数字产品，比如计步器或健身应用。我们询问他们何时使用这些应用，他们解释哪些方面有用、哪些方面非常让人烦恼。

我们会进行访谈，然后将其编码回到我们正在使用的模型中，比如 COM-B 或跨理论模型。

> **编程面试**
>
> 达斯廷描述了编程面试。有很多方法可以做到这一点，但它可以像阅读采访记录一样简单，并突出或标记与 COM-B 项目或动机元素相关的项目。然后，你可以收集与不同 COM-B 项目相关的评论，并使用这些评论来帮助确定策略和

> 行为改变技术。
>
> 例如：
>
> 在最初的几周里，我做得很好。我甚至没有想过吸烟。但后来有一天，我在工作中真的很紧张（标签：物理环境，情绪暗示）。我出去休息，我看到一个同事在抽烟（标签：物理/社会环境）。我开始非常渴望一支香烟（标签：自动性动机）。我告诉自己，我可以只抽一支香烟，但我知道如果我这样做了，我就会再次开始吸烟。我又坚持了几天，但后来这种感觉让我不知所措（标签：自动性动机，缺乏能动性），最后我又开始吸烟了。

问：如何确定要与之交谈的用户？

作为顾问，我们为其开发干预措施的客户通常（但不总是）有一个他们正在处理的市场或人群，我们通常会接触这些人群。Truth.org 有一个非常大的社群，包括吸烟者和成功戒烟的人，所以我们能够与其中一些人进行交谈。

我们也试图通过获取我们自己的目标人群来加强这种直接反应。我们总是尝试走出去，与那些还不熟悉 Truth Initiative 的受众进行交流。我们通过使用第三方招聘人员来实现这一点。

有很多研究型招聘人员，从市场营销一直到非常具体的细分市场，比如专注于健康或数字产品、网站或技术的招聘人员。因此，我们有一批与之合作的招聘机构。然后，我们会创建一个筛选器来确定我们想要交谈的目标人群，并由这些机构来招募这些人。

问：设计过程是如何进行的？

我们真正想做的是摆脱教育型网站那种非常静态的说教式体验，转而提供更为动态的体验。我们想在你决定戒烟时就开始让这一过程变得更加动态：我已经做出决定，我想戒烟，或者，我还不确定是否想戒烟。

如果你还没有准备好，我们可以提供信息——告诉他们戒烟的利与弊等。我们想帮助你从那时起决定戒烟，但如果你就在那个阶段，那太好了。

然后，当你认为你正在准备戒烟时，我们会提供支持。你需要做以下准备来戒烟：设定日期，准备好销毁你的香烟，并提前告诉所有的朋友和家人你准备戒烟。

然后，我们想保持这种动态，在你戒烟的那一天，我们会加倍提供激励支持或帮助你获得戒烟辅助工具。

问：如何进行设计和原型制作？

首先，我们对干预措施进行可用性测试。如果一个人无法创建账户、无法设置戒烟日期、无法输入他们的感受或触发因素，那么这个干预措施永远不会成功。所以从设计的角度来看，我们需要确保每一个想要使用它的人都能够使用。我们还想确保内容是容易理解的——人们能理解术语、指令、方向，并且语气和调子对我们的受众来说是合适的。

我们会通过黑白、低保真、一般布局、一般功能的线框图形式将这些展示给人们，将按钮放在我们想要的位置，使用我们认为合适的语言。

我们可以测试这些低保真设计，并让十几个人（小样本）对其相应地做一些修改，然后我们可以再做一次。之后继续这个模式：获取一个小样本，测试一些东西，设计一个更大的部分，然后继续在线框图格式或原型中进行测试。

当有 50% ~ 60% 的干预措施生效时，他们就可以认真地尝试使用这个应用程序。然后，你就可以看到他们在实验室外是如何使用它的。

我们理解数字产品是一系列双向对话：输入和输出。你可以捕捉和衡量各种行为数据，比如他们是否响应了通知，他们是否设定了戒烟日期，他们是否设置了触发器，他们在一周内是否根据触发器响应了消息。你也可以让他们在旁边记录日志——花几分钟来更详细地描述他们使用产品的情境、他们的感受、产品对他们是否有效等。

在研究过程中，将这些回答与数据结合起来，你还可以了解到人们是否放弃了它，是否不再使用，或者他们仅仅使用了第一天后从未再回来过，或者偶尔使用。我们也想尝试理解为什么会出现这种情况。中间发生了什么？因此，你捕获这些数据，从中学习，并进行后续的访谈，以了解他们的体验究竟如何。

因此，这是一个"测试、学习、适应、测试、学习、适应、迭代、迭代、迭代"的循环，每经过一个周期，一切都会变得更加明确、清晰、自信。我们的目的是增加信心并降低风险，我们正在构建人们会使用的正确的东西，并且我们相信它将是有效的。

问：有哪些成果？

研究还在进行中，但我们收集到的一些数据包括：设置戒烟日期的行为增加了 32%，反思个人戒烟原因并将其输入用户个人资料以增强动机的行为增加了 43%，跟踪香烟使用以识别触发因素和使用模式并采取有针对性的策略来对抗这些模式的行为增加了 27%。

15.5 项目 5：Harness Hero 及行为改变游戏

项目：行为改变游戏

什么人。

Sigma Games 公司的首席执行官布赖恩·卡莱达。

什么事。

我最初在一个建筑安全项目中与 Harness Hero 相熟，但 Simcoach Games 已经在不同的行业如建筑、安全、劳动力发展、教育和医疗等方面做得很好，总共有 100 多款游戏。

在 Harness Hero 这款视频游戏中，玩家将参与使用防坠落系统的关键决策。在游戏的每个步骤中，玩家要选择锚定的位置、使用什么样的锚定装置、如何设置安全带、使用什么样的连接装置，等等。

问：你能告诉关于 Simcoach Games 的什么信息？

Simcoach Games 设计和开发了能加速学习、改善决策和积极改变行为的变革性和教育性游戏。Simcoach Games 已经开发了数百款游戏，为玩家提供了私人和安全的空间来评估技能、确定才能、探索兴趣，并练习做出最佳结果的决策。我们为诸如医疗保健、行为和心理健康、劳动力发展以及教育/培训等多个领域开发了游戏。

问：如何对游戏进行测试和评估？

一般来说，我们通过多种方式对我们的游戏进行测试，包括内部测试、与主题专家进行测试，以及与目标受众进行游戏测试。

具体到 Harness Hero 这一游戏，团队作为设计和开发过程的一部分前往培训设施与主题专家进行测试。

我们的基本前提是要尽可能快地将游戏测试纳入到过程中，并与多个相关方进行。

举个不同的例子，我们目前正在开发行为健康游戏，以支持患有自闭症的个体。我们从一开始就将他们的临床主任和临床医生整合到设计过程中。这些游戏的测试和评估过程包括尽早获取临床医生的反馈，甚至在游戏原型阶段就开始。我们还举办了"游戏之夜"，邀请父母和孩子们到他们的诊所中测试游戏的早期版本。我们继续开发游戏，将测试范围扩大到了学校和特殊教育部门。我们与学生、教师和支持人员进行了游戏测试，以获取在课堂环境中的游戏反馈。

对我们来说，游戏既要吸引人，又要有效。

评估游戏的有效性是具有挑战性的，尤其是在更长的时间周期内。我们有多种不同的方式来探索有效性。我们在医疗保健领域的几款游戏已经与学术机构合作，并纳入了临床试验。虽然这是一种探索游戏有效性的有效方式，但这是一个非常复杂的过程。我们还开发了一个数据收集流程，并将其整合到我们的游戏中。这使我们能够收集游戏数据，包括评估与技能、行为和学习目标相关进展的关键数据。我们有一个专门负责分析这些数据的团队，该团队与其他合作伙伴一起工作，以帮助确定进展和结果。

问：很多学习类游戏看起来"像游戏"，但并不特别有趣，或者仅仅是一些小游戏。那么在设计方法中是如何产生实际行为效果的？

作为我们流程的一部分，Simcoach Games 与主题专家合作，并将他们整合到我们的设计方法中。这种整合贯穿整个项目，包括初次会议、增量构建的审查以及游戏测试。团队还花费大量时间研究主题内容，在与特定游戏相关的环境中投入时间。这种方法要求团队投入大量时间去了解行为和结果，同时也注重如何创建一个有趣且引人入胜的游戏来专注于行为和结果。

我觉得基于行为的游戏或者变革性游戏，比仅仅为了娱乐而设计的游戏更具挑战性。正如你所指出的，这些游戏需要产生结果，还需要有趣且引人入胜，不能退化为解谜或小游戏。为了做到这一点，团队专注于游戏环境、角色设计、艺术风格和与重要行为直接相关的游戏机制。这包括游戏内做出的决策及其后果，以及其他一些行为因素。

我们也觉得，为代理性（Agency）设计是至关重要的，游戏为玩家提供一个安全的空间去发现、探索和实验，并且会对玩家做出的决策提供反馈。

特别针对"Harness Hero"，团队与培训师们一起在培训现场度过了一些时间，在那里他们教授安全带的使用方法。他们花时间查看需要检查的实物项目，以了解每个项目需要寻找什么。他们回顾了游戏需要教授的行为：浏览清单，确保没有跳过任何步骤，一次只关注一个项目，消除注意力集中时的干扰，并在保证自己安全的情况下做出决策。并且要了解这些决策的后果，这最终使游戏变得有趣好玩。

问：实际上，让事情保持简单不是比让它变得过于复杂更难吗？

团队在设计过程中不断提及这一目标，以确保他们专注于核心目标，不让游戏变得过于复杂。保持事情简单是一个挑战。当你在早期的设计会议中时，大家都很兴奋，有一长串的学习目标。虽然一种方法是将学习目标减少到最重要的 3～5 项，但我们考虑这个问题的另一种方式是，我们是否应该考虑多个游戏。

所有学习目标的确都很重要，但它们不应该全部包含在同一个游戏中，而是应该分别放在一个集合或者一系列游戏中，每款游戏专注于特定的技能集。

关于"Harness Hero"，开发团队表示他们非常努力地保持了这个游戏的简单性。游戏的流程是一个交互式的操作手册。游戏中的视觉效果支持了专注于手头主题的需要。游戏的机制非常简单，以便不使玩家在决策时分心。

团队花了大量时间研究游戏中出现的所有真实物品，以确保游戏的真实性。这的确是一个简单的游戏，但同时也能直观地反映现实世界的决策，并且玩起来很有趣。

问："关于"Harness Hero"，我一直想知道一件事。你们有没有遇到过任何反对意见，比如会由于人们的设置失误而导致测试中的人物死亡或受伤？

我与团队进行了交流，他们表示在这方面没有遇到任何反对意见，每个人在游戏中第一次体验到这个概念时都非常喜欢。团队有意设计了一个不真实的角色，一个以撞车测试人偶为模板的角色。因为角色不是真实的，他们可以在游戏中加入这个动作，为一个非常严肃的话题增加一点乐趣。这是游戏的一个好处，玩家能够看到他们选择的后果，这是传统培训方式做不到的。而且每个人都记得游戏中的这一点，并对其发表评论，因此它留下了持久的印象。

问：这款游戏很好地平衡了这些方面。还有其他要补充的吗？

感谢你对游戏的评论和积极反馈。我想借此机会表彰设计和开发这款游戏的团队，有这么多出色的成果，他们应该得到赞誉：Adam Chizmar, Garrett Kimball, Sara Will 和 Anthony Zabiegalski。

15.6 项目 6：Project Valor—— 利用社交媒体营销推广虚拟 HIV 咨询和转诊

什么人。

马尼亚·多森是隶属于约翰·霍普金斯大学的国际健康非营利组织 Jhpiego 的需求生成和应用设计思维主管。

什么事。

VALOR Nigeria 是一个使用类似私营部门风格的社交媒体营销来推广通过 WhatsApp 实施的虚拟 HIV 咨询和转诊服务的项目，目的是提高男性对 HIV 筛查和治疗的参与度。

注意：本次采访中描述的 VALOR 活动得以在美国总统艾滋病紧急援助计划的支持下实施，受美国国际开发署的 RISE 项目资助，依据合作协议 7200AA19CA00003 的条款。本文内容由作者负责，不一定代表 USAID 或美国政府的观点。

问：这个项目的动机是什么？

让成年男性参与健康服务——特别是 HIV 测试——可能非常困难。这些问题都有详细的文献和研究记录。

当我们查看我们的 [HIV] 测试数据时，在许多国家，首次接受测试的男性和女性之间存在很大的差距。相对于男性，我们更频繁地为女性提供医疗服务。男性倾向于通过其女性伴侣的测试结果判断自己的状态。

问：男性健康保健面临哪些障碍？

基本问题是，男性气质的社会规范不允许男性显露出弱点。而且，很多医疗场所给人的感觉就像是"女性的空间"。男人会觉得："这里好像不是为我准备的。感觉走进去的都是女人，我进去肯定会被评判。"

当我们试图推行高效的公共卫生措施时，我们并不需要所有男性都参与进来。我们希望能吸引那些更可能感染 HIV 的男性。不幸的是，主动接受检测的男性通常是之前已经接受过检测的人，或者是非常确信自己没有感染 HIV 的人。而那些处于风险中的男性，他们知道自己处于风险中，正是因为害怕而没有接受检测。更糟糕的是，他们在恐惧中感到孤独。

通过在马拉维和赞比亚举办的一系列以人为本的设计研讨会，我们意识到为男性创建的很多信息都隐藏着羞耻感。人们告诉我们"接受检测需要勇气"，因为 HIV 常常被描述成一种可怕的、灾难性的疾病。

我们知道男性会害怕被标签化、被歧视，也害怕社会后果。男人面对这座恐惧的大山，得出的结论是他们无法面对一个可能揭示所有可怕事物的 HIV 检测。他们没有接受检测，是因为他们觉得自己没有勇气走完整个应对阳性诊断的道路。

因此，我们开始考虑如何将接受检测的整个过程拆解成小而易于管理的步骤。你不需要一下子就鼓起勇气去应对 HIV 诊断的每一个方面，你只需要找到勇气去做下一件小事情。

问：这些工作坊是如何为设计提供信息的？

我们不是唯一一个努力让男性接触到服务的公共卫生实施机构。因此，Jhpiego 从专注于马拉维和赞比亚男性的 HCD（人为中心的设计）设计冲刺中获得了一些见解。同时，通过 PMM 项目（预防市场经理——由比尔和梅琳达·盖茨基金会资助的全面合作项目，旨在加速推广 HIV 预防产品）的推进，我们也得出了很好的见解。

其中一个见解是，我们应该以一种了解创伤的方式来思考 HIV 预防。许多生活在南非高风险社区和环境中的人记得 HIV 曾是一种令人恐惧的疾病，并对其有深刻的心理创伤。你会听到："哦，之前的沟通方式都是关于恐惧的。"这是真的，但这不仅仅是关于恐惧的交流，还有人们深爱的家人或朋友死于艾滋病的真实经历。

第二件事是，男性有充分的理由认为 HIV 的护理和治疗并不是一件轻松的事。他们听说过，突然间你将不得不过上一种超级健康的生活方式。而那些药物——他们记得家人整天都在吃药——会产生令人讨厌的副作用，让你感到不舒服。你可能还需要戒酒。基本上，乐趣到此为止！这可能是公共卫生沟通的基调。想象一下，如果我对你说："你将失去生活中所有令人愉快的东西。你的关系将受到影响。你的伴侣会突然对你产生与以前不同的感觉。你将无法以你最喜欢的方式与朋友共度时光。而且你将会完全被孤立。"

人们宁愿死去也不愿意被孤立。好吧，所以你是在告诉我我可能会死？孤立比死亡更糟糕，而且过一种再也不能享受任何东西的生活更糟糕。

问：你是如何进行研究和设计的？

我们进行了一系列非常经典的设计练习，包括一张非常具有启发性的客户旅程图。在赞比亚和马拉维的现场工作与尼日利亚在 COVID 期间的更大机会相结合，这是很棘手的！我们的团队花了三个月时间推动一个全虚拟的以人为中心的设计过程：进行咨询，模拟社交媒体帖子，并组织 WhatsApp 焦点小组来进行这些对话。

我们发现，在我们当前的系统中，我们没有告诉那些考虑进行 HIV 检测的人关于积极生活的任何信息。我们没有告诉他们，生活在一个阳性的诊断中并不是什么大问题。我们没有告诉他们，吃药不会带来负担。你不需要戒酒。真的没有什么变化。除非你已经得到了一个阳性的测试，否则我们不会谈论这些。

考虑到测试之前的恐惧，这种安慰来得相当晚。也许我们不想把这些资源浪费在每个人身上。你可以看到关于成本效益的公共卫生决策是如何做出的。但如果你直到他们阳性检测后才告知这些信息，那么他们在进行检测时会更加焦虑。

问：男人们听到了什么信息？

我们还意识到，很多针对男性的广告或劝说性信息都在以某种方式羞辱他们。这些信息关于竞争，或者你需要做什么才能成为一个好男人或一个好的家庭保护者，等等。

这是有条件的，对吧？如果你进行了检测，你会成为一个很好的男人，当你进行检测时，你会成为一个负责任的伴侣。但却没有告诉他们"你现在就是一个好男人"，你已经尽你所能地做到了最好。以人为中心的设计帮助我们看到，男人们是多么渴望得到现在这个自己的肯定，然而，他们实际上在哪里都得不到这种肯定。

问：什么主题浮现出来？

恐惧和勇气，这是不断出现的主题。从马拉维和赞比亚的情况看，我们知道恐惧和勇气是两个重要的因素。

在马拉维，我们与生活在 HIV 中的人们交谈，听取他们的经历，突然间我们有了一个灵感：在检测过程的开始，人们感觉他们必须鼓起勇气，去面对与 HIV 走过一生的旅程。很难想象这一切最终会好起来。没有一条明确的路径。就像"我必须从这里跳到那里"。我们想改变这种内在的叙述为："我不需要为整个过程鼓起勇气，我只需要为下一步鼓起勇气。"

这是一个突破。当我们将这个洞见与男人渴望肯定的洞见，以及将大旅程拆分为小步骤的概念相结合时，我们突然有了一个新的创造性方向可以探索。一个男人不需要为 HIV 检测制造新的或不同的勇气。每一个尼日利亚男人都经历过艰难的事情，并且展示了令人难以置信的韧性、勇气、灵活性和足智多谋。你只需要知道你已经是勇敢的男人。当你记起自己是谁，你肯定有勇气迈出一小步。那一步就是简单地点击这里（在 Facebook 广告中）并打开一个 WhatsApp 对话。在对话的另一端是一个富有同情心、肯定和不做评判的人，他相信你。你的向导已经对你在主动联系时所展示的勇气印象深刻。你的向导知道你有勇气迈出下一小步。

问：还有什么是关键的？

我们告诉人们，"如果你是个好人，你应该想要这个"，或者"你应该想要健康"。但我们绝对没有做到的是，帮助人们清晰地看到他们的生活将如何变得更好。我们没有创造一条沿途都庆祝成功的路径，让男人得到支持，以帮助他们创建一个可行的计划。

问：如何设计这条路径的？

我们的解决方案最终是一个旅程，我们每走一步都在提醒男人他们是谁，并且我们用上一步证明他们可以做下一步。这是沿途的庆祝。你不希望人们因为还有多远要走而完全崩溃或不知所措。

所以我们只关注下一步。只是下一步，然后是下一个小步骤。我们致力于降低到达下一步的障碍。（例如，你的 WhatsApp 向导会帮助你找到一个方便的检测地点。）然后在每一步，我们提醒这个人他们是谁，他们有多么出色，并庆祝他们已经走了多远。

你已经做了最困难的事情，那就是伸出手，说出英语中最勇敢的词，那就是"帮助"。你在这里告诉我你是怎样的一个男人。

你有没有看到过这种针对男性的广告？我们通常不会以这种方式针对男性做广告。

问：如何创建原型并获取对想法的反馈？

这项在尼日利亚进行的工作是在 COVID 期间完成的，这实际上是非常出色的，因为 COVID 允许在医疗设施之外提供服务，并迫使我们所有人在虚拟环境中变得更加高效。

我们从一组原型开始。我使用了 Canva Pro，成本非常低。你可以获得所需的所有库存图像，以及吸引人的设计模板。

我们并不想验证这些原型，我们是为了学习而创建原型。我们找到了来自尼日利亚各地可能成为潜在客户的男人，其中包括一些患有 HIV 的人，以确保我们不做任何不敏感的事情。我们想确保我们所做的不会在阳性和阴性的人之间产生紧张关系。

然后，我们使用在线 WhatsApp 群组作为我所说的共同设计咨询委员会。它们实际上并不是焦点小组。我们在一开始就得到了所有人的同意，并说："嗨，这就是这些对话的目的。这就是我们将如何使用我们所学到的东西。你的信息将永远不会被共享。我们可能会下载这些聊天记录并进行统计分析。如果你觉得不舒服，就不要回答。选择退出。"

然后，我们为人们提供了多种不同的互动方式。如果打字太麻烦，他们可以录制自己的声音并发送语音信息。我们进行了一些同步讨论，邀请人们同时上线 WhatsApp 进行讨论，并进行群体对话。

我们还要求男性在设计过程中异步回应突然出现的一次性问题。我们提供了通话时间（手机分钟数或手机数据包），比他们实际需要的要多，既作为激励，也是为了确保他们能轻松参与。我们不希望他们为参与付出任何成本。

我非常喜欢 WhatsApp 咨询组的格式。使用这种媒介发生了很多有趣的事情。每个人在 WhatsApp 上都是匿名的，这非常好。他们不必面对面与其他男性说话。他们并不相识。有时，一个男人会单独联系我们团队的一名成员，以进行更深入的交流或展示更多的脆弱性。这总是令人着迷。

当我们谈到勇气时，我们问："被关心是什么样子的？被关心感觉如何？人们如何表示他们关心你？是什么让你感觉到被关心？是什么让你感觉到被看见、感到勇敢、受到鼓励、被关心？"这与他们以前听到的内容非常不同，他们真的敞开了心扉。

问：从 WhatsApp 中学到了什么？

我逐渐明白了一点，并且也与我的一些男性朋友谈论过，那就是男人们总是不断地受到羞辱，感觉要成为一个好男人几乎是不可能的。

要怎样才能成为一个好男人呢？你总是收到这样那样矛盾的信息，告诉你应该怎样，但又不能这样也不能那样。不要居高临下，但也别愚蠢，也别做男性解释（Mansplain）。有一百万种可能会让你觉得不够好，几乎没有办法做一个真正的好男人。这感觉几乎是不可能的。

男人们很少被告知他们已经是值得被爱和被尊重的。关于 HIV 的广告都是关于挺身而出、做男人、保护他人的。他们看到这些，然后就会封闭自己，感到羞耻。他们会想："我还没有去做检测，所以我不是那个人。我不是那个伟大的保护者或总是做正确事情的人。"然后他们也会因为害怕而感到羞耻。他们在恐惧中感到如此孤独。

所以，我在 WhatsApp 上最喜欢的时刻之一就是当我们给他们展示一张图片的时候。我试图将他们讲述的故事转化为描绘勇气这一细腻概念的图像。我们请男士们探讨的一个问题是，讲述一个他们觉得自己充满勇气的时刻。顺便说一下，他们很喜欢"勇气"这个词。

最终我们将这个项目命名为"Valor"，因为它承认事情是困难的，并暗示你已经成功克服了。所以，我们在尝试找出能代表"勇气"这个概念的图像。他们说："也许勇气看起来像一个拳击手赢得了比赛。"我们尝试了一张教练举起拳击手胜利的手臂的图片。他们共同克服了这个非常困难的事情，这是一场战斗。

但事实并非如此，他们告诉我们这不是我们想要的，原因有很多。第一，这加强了所有关于男性必须要强壮和坚韧的性别刻板印象。第二，这是胜利，但胜利并不等同于勇气。那些男人们说："这不是勇气应该有的样子。"我们说："那么，勇气应该是什么样子？"其中一个男人说："勇气就是这样的，然后他发送了一个两只泰迪熊拥抱的表情包。"

哦，那就是洞见。那是某种东西。发送它是一种脆弱，也是一种勇敢的脆弱。勇气是有人与你在一起。与你在一起、爱你、看见你。勇气是有人钦佩你,并与你一起走,并相信你就是你自己。

在那之后,每一个图像都发生了变化。语气也发生了变化。所以它仍然是英勇的,但整个活动关于普通人被人们爱着。这是她说"是"的订婚时刻的图像,或者是他的另一半抱着他,仰视着他,充满钦佩和自豪地说这是我的男人。我的勇敢的男人。锁定所有这些理解的精髓,改变了一切,并帮助我们找到了一个简单但美丽且能引起共鸣的概念。

然后我们正在与之合作的尼日利亚创意机构也明白了,接着每个人都明白了。我们团队中的某些东西发生了变化。当他们明白了之后,他们开始表达"我们爱他"。我们爱我们的男人。而我们整个服务都在传达:"兄弟,你太棒了。我们爱你。快进来。你值得过一种伟大、勇敢的生活。"我在美国还没有见过类似的东西,但我认为它在这里也会奏效,当然,它需要共同创造。

我们在 Facebook 和 Instagram 上推出这款应用。它叫作 Valor Nigeria。在性别平衡方面我们已经看到,刚开始时新测试者中有大约三分之一是男性,后来几乎一半都是男性。

问:这个体验是怎样的?

我们现在做的是在服务可用的地区及其周围发送付费的 Facebook 广告。

而在应用程序中,行动召唤是:"点击这里在 WhatsApp 上与 VIP 导游对话,只需说声嗨。"

当他们被导游问候时,信息是:"嗨!我很高兴你在这里。欢迎来到 Valor。你是 VIP。我能为你做些什么?"那个家伙说:"呃。我不知道。我有问题。"

导游回应说:"你知道吗,伙计,每个人都有问题。每个人都有你现在的感觉。你并不孤单。但你已经在这里,这已经告诉我你是万里挑一的。"

肯定、钦佩、肯定、钦佩、肯定。零评判,零评判。鼓励。

我们的在线教练其实是案例经理,所以他

们确实非常了解 HIV 阳性意味着什么。他们不会对任何人撒谎。而且他们是可信的，对吧？

他们说："嗨，我现在正在与 50 名都在用 HIV 过上最好生活的家伙一起工作。我在这里告诉你，伙计，现在是每天一粒药。不再像以前那样了。"

目前，HIV 社群正痴迷于 U=U 这一信息。他们认为这很吸引人。这代表"不可检测意味着不可传播"。这是可以接受和真实的。但这比它的真正意义高出三个层次，即："你不必担心会对你所爱的人构成危险。你的性生活实际上不必改变。你不会失去你的性生活。副作用或药物相互作用并不多。你知道吗？你还可以去酒吧——没什么大不了的。这是一个容易坚持的方案。每天一粒药，没有或很少有副作用。你不必改变你的饮食或饮料习惯。你能保留那些重要的东西。"

问：有什么结果？

我们鼓励使用非常口语化的谈话方式，以便建立联系。在试点项目中，有些人在第一次对话后就同意接受检测。三个月后，当我们跟进他们时，很多人已经去做了检测，尽管他们并没有直接从我们这里获得推荐。广告很简单，非常直接。它们一点也不精致。而且几乎有一种 DIY（自己动手做）的感觉。正因为如此，它们非常真实。你可以在这个节目的 Instagram 动态里查看这些广告。

我有预感 Valor 会成功。得到试点结果的那天，我们都非常高兴。首先，有比以往任何时候都多的男性来参加检测。在所有首次参加检测的男性中，大约一半有 Facebook 账户。凡是有 Facebook 账户的男性，每一个人都看过 Valor 的广告。而在那些看过广告的人中，超过 85% 表示广告是他们来参加检测的原因。在一个更为亲密的层面上，我们 WhatsApp 群里的大多数男性最终也都去接受了检测。其中一位鼓起勇气私下告诉我，他的结果是阳性的。当我感谢他有勇气告诉我时，他说他并不害怕，因为他知道他只需要找到勇气去迈出下一步。如果这不是勇气，我不知道什么是。

Talk to the
Elephant

总　　结

我们在这里结束，这样你就可以开始了

我真的很高兴在最后一章的最后一个重要内容中提到了 Manya 的故事,因为如果我想给你留下任何信息,那就是这个:

为了有效,任何行为变化的设计都必须基于对你设计的(或与之合作的)对象的同情、同理心和联系。

在本书中,我们花了很多时间讨论模型、流程和分类。我相信这些都是有用的工具,我希望它们能帮到你。但如果我给你的印象是行为改变只是一个要执行的公式,那我就辜负了你。

人是复杂的,行为也是复杂的,所以任何工具或模型都只是一个起点,一个实验的一部分。在这个实验中,你收集数据,与其中的人交谈并不断调整。如果你在读本书,那可能是因为你足够关心,想要使某些事情变得更好。感谢你所做的一切。

本书的标题是"与大象对话",但请记住,这并不意味着你应该与大象对话。大象不是愚蠢和非理性的,它是至关重要和有价值的,它认识到了世界上最重要的事情,包括我们与他人的联系。我们都是我们自己的大象,我们需要照顾自己和彼此。

谢谢!